两希文明哲学经典译丛

包利民 章雪富 主编

自然与快乐
伊壁鸠鲁的哲学

[古希腊]伊壁鸠鲁 [古罗马]卢克来修 著
包利民 刘玉鹏 王玮玮 译

Philosophical Classics of Hellenistic-Roman Times

中国社会科学出版社

图书在版编目（CIP）数据

自然与快乐：伊壁鸠鲁的哲学/（古希腊）伊壁鸠鲁，（古罗马）卢克来修著；包利民等译．—北京：中国社会科学出版社，2018.2（2025.6重印）
（两希文明哲学经典译丛/包利民 章雪富主编）
ISBN 978-7-5203-0277-7

Ⅰ.①自… Ⅱ.①伊… ②卢… ③包… Ⅲ.①伊壁鸠鲁（Epicurus 前341—前270）—哲学思想—研究 ②卢克来修（Lucretius 前99—前55）—哲学思想—研究 Ⅳ.①B502.31 ②B502.41

中国版本图书馆CIP数据核字（2017）第140730号

出 版 人	赵剑英
责任编辑	凌金良 陈 彪
责任校对	张依婧
责任印制	张雪娇

出　　版	中国社会科学出版社
社　　址	北京鼓楼西大街甲158号
邮　　编	100720
网　　址	http://www.csspw.cn
发 行 部	010-84083685
门 市 部	010-84029450
经　　销	新华书店及其他书店
印刷装订	环球东方（北京）印务有限公司
版　　次	2004年11月第1版 2018年2月第2版
印　　次	2025年6月第6次印刷
开　　本	650×960　1/16
印　　张	17
插　　页	2
字　　数	237千字
定　　价	49.00元

凡购买中国社会科学出版社图书，如有质量问题请与本社营销中心联系调换
电话：010-84083683
版权所有　侵权必究

2016年再版序

我们对哲学的认识无论如何都与希腊存在着关联。如果说人类的学问某种程度上都始于哲学的探讨，那么也可以说，在某种程度上我们都是希腊的学徒。这当然不是说希腊文明比其他文明更具优越性和优先性，而只是说人类长时间以来都得益于哲学这种运思方式和求知之道，希腊人则为基于纯粹理性的求知方式奠定了基本典范，并且这种基于好奇的知识探索已经成为不同时代人们的主要存在方式。

希腊哲学的光荣主要是与苏格拉底、柏拉图和亚里士多德联系在一起。这套译丛则试图走得更远，让希腊哲学的光荣与更多的哲学家——伊壁鸠鲁、西塞罗、塞涅卡、爱比克泰德、斐洛、尼撒的格列高利、普卢克洛、波爱修、奥古斯丁等名字联系在一起。在编年史上，他们中的许多人已经是罗马人，有些人在信仰上已经是基督徒，但他们依然在某种程度上，或者说他们著作的主要部分仍然是在续写希腊哲学的光荣。他们把思辨的艰深诠释为生活的实践，把思想的力量转化为信仰的勇气，把城邦理念演绎为世界公民。他们扩展了希腊思想的可能，诠释着人类文明与希腊文明的关系。

这套丛书被冠以"两希文明哲学经典译丛"之名，还旨在显示希腊文明与希伯来文明的冲突相生。希腊化时期的希腊和罗马时代的希腊已经不再是城邦时代的希腊，文明的多元格局为哲学的运思和思想的道路提供了更广阔的视域，希腊化罗马时代的思想家致力于更具个体性、时间性、历史性和实践性的哲学探索，更倾心于在一个世俗的世界塑造一种盼望的降临，在一个国家的时代奠基一种世界公民的身份。在这个时代并且在后续的世代，哲学不再只是一个民族的事业，更是人类知识探索的始终志业；哲学家们在为古代哲学安魂的时候开启了现代世界的图景，在历史的延续中瞻望终末的来临，在两希文明的张力中看见人类更深更远的未来。

十年之后修订再版这套丛书，寄托更深！

是为序！

包利民　章雪富

2016 年 5 月

2004年译丛总序

西方文明有一个别致的称呼,叫做"两希文明"。顾名思义是说,西方文明有两个根源,由两种具有相当张力的不同"亚文化"联合组成,一个是希腊—罗马文化,另一个是希伯来—基督教文化。国人在地球缩小、各大文明相遇的今天,日益生出了认识西方文明本质的浓厚兴趣。这种兴趣不再停在表层,不再满意于泛泛而论,而是渴望深入其根子,亲临其泉源,回溯其原典。

我们译介的哲学经典处于更为狭义意义上的"两希文明时代"——即这两大文明在历史上首次并列存在、相遇、互相叩问、相互交融的时代。这是一个跨度相当大的历史时代,大约涵括公元前3世纪到公元5世纪的八百年的时间。对于"两希"的每一方,这都是一个极为具有特色的时期,它们都第一次大规模地走出自己的原生地,影响别的文化。首先,这个时期史称"希腊化"时期;在亚历山大大帝东征的余威之下,希腊文化超出了自己的城邦地域,大规模地东渐教化。世界各地的好学青年纷纷负笈雅典,朝拜这一世界文化之都。另一方面,在这番辉煌之下,却又掩盖着别样的痛楚;古典的社会架构和思想的范式都在经历着剧变;城邦共和体系面临瓦解,曾经安于公民德性生活范式的人感到脚下不稳,感到精神无所归依。于是,"非主流"型的、非政治的、"纯粹的"哲学家纷纷兴起,企图为个体的心灵宁静寻找新的依据。希腊哲学的各条主要路线都在此时总结和集大成:普罗提诺汇总了柏拉图和亚里士多德路线,伊壁鸠鲁和卢克来修汇总了自然哲学路线,怀疑论汇总了整个希腊哲学中否定性的一面。同时，这些学派还开出了与古典哲学范式相当不同的，但是同样具有重要特色的新的哲学。有人称之为"伦理学取向"和"宗教取向"的哲学，我们称之为"哲学治疗"的哲学。这些标签都提示了：这是一个在剧变之下，人特别关心人自己的幸福、宁静、命运、个性、自由等的时代。一个时代应该有一个时代的哲学。那个时代的哲学会不会让处于类似时代中的今人感到更多的共鸣呢？

另一方面，东方的另一个"希"——希伯来文化——也在悄然兴起，逐渐向西方推进。犹太人在亚历山大里亚等城市定居经商，带去独特的文化。后来从犹太文化中分离出来的基督教文化更是日益向希腊—罗马文化的地域慢慢西移，以至于学者们争论这个时代究竟是希腊文化的东渐还是东方宗教文化的西渐？希伯来—基督教文化与希腊文化是特质极为不同的两种文化，当它们最终遭遇之后，会出现极为有趣的相互试探、相互排斥、相互吸引，以致逐渐部分相融的种种景观。可想而知，这样的时期在历史上比较罕见。一旦出现，则场面壮观激烈，火花四溅，学人精神为之一振，纷纷激扬文字、评点对方，捍卫自己，从而两种文化传统突然出现鲜明的自我意识。从这样的时期的文本入手探究西方文明的特征，是否是一条难得的路径？

还有，从西方经典哲学的译介看，对于希腊—罗马和希伯来—基督教经典的译介，国内已经有不少学者做了可观的工作。但是，对于"两希文明交汇时期"经典的翻译，尚缺乏系统工程。这一时期在希腊哲学的三大阶段——前苏格拉底哲学、古典哲学、晚期哲学——中属于第三大阶段。第一阶段与第二阶段分别都已经有了较为系统的译介，但是第三阶段的译介还很不系统。浙江大学外国哲学研究所的两希哲学的研究与译介传统是严群先生和陈村富先生所开创的，长期以来一直追求沉潜严谨、专精深入的学风。我们这次的译丛就是集中选取希腊哲学第三阶段的所有著名哲学流派的著作：伊壁鸠鲁派、怀疑派、斯多亚派、新柏拉图主义、新共和主义（西塞罗、普鲁塔克）等，希望向学界提供一个尽量完整的图景。同时，由于这个时期哲学的共同关心聚焦在"幸福"和"心灵宁静"的追求上，我们的翻译也将侧重介绍伦理性—治疗性的哲学思想；我们相信哲人们对人生苦难和治疗的各种深刻反思会引起超出学术界的更为广泛的思考和关注。另一方面，这一时期在希伯来—基督教传统中属于"早期教父"阶段。犹太人与基督徒是怎么看待神与人、幸福与命运的？他们又是怎么看待希腊人的？耶路撒冷和雅典有什么干系？两种文明孰高孰低？两种哲学难道只有冲突，没有内在对话和融合的可能？后来的种种演变是否当时就已经显露了一些端倪？这些都是相当有意思的学术问题和相当急迫的现实问题（对于当时的社会和人）。为此，我们选取了奥古斯丁、斐洛和尼撒的格列高利等人的著作，这些大哲的特点是"跨时代人才"，他们不仅"学贯两希"，而且"身处两希"，体验到的张力真切而强烈；他们的思考必然有后来者所无法重复的特色和原创性，值得关注。

这些，就是我们译介"两希文明"哲学经典的宗旨。

另外，还需要说明两点：一是本丛书中各书的注释，凡特别注明"中译者注"的，为该书中译者所加，其余乃是对原文注释的翻译；二是本译丛也属于浙江大学跨文化研究中心系列研究计划之一。我们希望以后能推出更多的翻译，以弥补这一时期思想经典译介之不足。

包利民　章雪富
2004 年 8 月

目 录

2016年再版序 | 1
2004年译丛总序 | 1
中译者导言 | 1

上编　伊壁鸠鲁文存

一　致希罗多德信（论自然纲要） | 3
二　致皮索克勒信（天文学纲要） | 19
三　致梅瑙凯信（伦理学纲要） | 29
四　伊壁鸠鲁的遗嘱 | 34
五　伊壁鸠鲁临终书信 | 36
六　伊壁鸠鲁基本要道 | 37
七　《梵蒂冈馆藏格言集》 | 42
八　贤人论 | 49
九　奥依诺安达的第欧根尼铭文残篇选 | 52

下编　万物本性论

第一卷　原子与虚空 | 55

第二卷　原子的运动与性质　| 84
第三卷　灵魂的本性　| 115
第四卷　灵魂的功能　| 146
第五卷　世界和文明的起源发展　| 180
第六卷　天文地理和疾病　| 218

译名对照表　| 254

中译者导言

一

伊壁鸠鲁生活在希腊的巨变的年代。伊壁鸠鲁出生于公元前341年的雅典，在小亚的殖民地萨摩斯。就在他青少年时期，亚历山大大帝的重装兵方阵一步步踏平了古典希腊城邦的独立，也踏破了整个辉煌庄严的古典政治伦理哲学的宏大框架。

在这样一个动荡巨变的时代里，需要新的哲学。而且也确实出现了与古典哲学截然不同的哲学——关注人生苦难和幸福的晚期希腊罗马哲学。其中，伊壁鸠鲁哲学作为一支顺势而出的重要思想流派，开始了它的许多世纪的历程。

伊壁鸠鲁成年后从海外来到雅典，在郊外建立了"花园"，宣传他的新哲学。伊壁鸠鲁给人的第一印象十分另类。不要说"伊壁鸠鲁"这个名字在后世几千年里经常被思想史中各家名门大派当成称手的靶子挑出来批判，即使在他还活着的时候，就已经遭到围攻般的密集抨击（他的回骂也堪称一景）。当时，地中海世界各地的文化人都想到雅典这个世界文化中心一显身手，崭露头角。雅典城门内外，多少抱负甚大的哲学新人在纷纷开张新学校，竞争非常激烈。这么一位在雅典的庞大的文化事业中的不知来历的新到者，却有许多信众从世界各地来追随，而且从此大多痴迷不改，再也不肯离去，这怎能不让既得利益的占据者感到愤怒、郁闷？于是乎，他们对这个倔强的外人评头论足、极尽攻击之能事。骂他是"只知道声色犬马,口腹之乐"的享乐主义已经不算稀奇,因为这也是后世敌对派别所一直津津乐道的题目。雅典以自己的公民身份和文化为荣,所以更能反映当时"雅典特色"的攻击是:查考伊壁鸠鲁的户口,嗤笑他不算正根儿的雅典公民,出生在外省,并且,出身贫贱,少时与母亲挨家挨户推销,还经常"为了几个可怜的小钱"帮那个当乡村语文教师的父亲代课教书。除了家世不够荣耀、公民身份可疑之外,时人还攻击伊壁鸠鲁的学问"业余":他的文章是野狐禅,不合学术规范,里面文献综述自然是没有的,其他人的引文也一概看不到,通篇全是自己的话。而且,学识渊博、深谙哲学史每个细节的雅典人一眼就看出,他所宣讲的原子论和快乐论哲学并非什么新东西,无非是剽窃前人(德谟克里特和昔勒尼派)的结果。

然而令人奇怪的是,在各派名门正宗的雅典哲学的高手的围剿下,伊壁鸠鲁学派并没有被铲除,反而连绵不断,信众多且虔诚,很有一种团体凝聚力。这几乎成了"伊壁鸠鲁派"的一个特点。能在当时大众当中和文化人当中赢得这样的声誉,必然要靠异乎常人的独特贡献,要靠真功夫。如果伊壁鸠鲁真的都像他的攻击者所说的,只是在宣传些粗俗肤浅的唯物主义和享乐主义,那是根本无法说明为什么伊壁鸠鲁派能够别于其他学派的独到的、吸引人的地方,无法说明这个学派怎么能在雅典站住脚并兴旺发达的。

希腊哲学有两大路径。一条是柏拉图路线,另一条是自然哲学路线。各自都有不可替代的深刻性和魅力。伊壁鸠鲁学派代表着希腊自然哲学的伦理精神的最完善状态。一个自然哲学家,一个"唯物主义者",应当有怎样的世界观、人生观、幸福观?要回答这个问题,不能不倾听伊壁鸠鲁。

现代思想家的伊壁鸠鲁解读,也不无启发。当代美国著名哲学家纽斯邦指出,伊壁鸠鲁的重要性在于他提出了对于哲学的崭新理解。伊壁鸠鲁横空出世、惊世骇俗地反对古典哲学的"纯粹学问"或"为思辨而

思辨",直截了当地断喝:

> 哲学论证如果不能帮助治疗人的疾苦就是空洞无益的。正如医术如果不能帮助解除身体的疾病就毫无用处一样,哲学如果不能去除灵魂中的疾苦,也就毫无用处。
>
> 能够产生无上快乐的,乃是摆脱大灾难。这就是最好(至善)的本质;如果一个人思考得当并毫不动摇,而不是在那儿漫步空谈什么至善,那他就能明白这一点。

让我们想象一下:在雅典城外,伊壁鸠鲁的"花园",常常有痛心疾首、为苦所惑的人来求助。甚至,痛苦的普遍性使花园无法一一治疗,以至于公元2世纪的伊壁鸠鲁派第欧根尼(Diogenes of Oenoanda)要到家乡主要交通要道上去立石碑:

> 如果只是一、两个人或一些人但不是大批的人处境悲惨,那么我可以一个个地召唤他们。可现在大多数人都误解关于事物的观念,就像瘟疫一样,而且"病人"会越来越多,那么我决定本着仁爱之心而公开树立这块碑,把拯救众生的药方公之于众……(碑上列出了伊壁鸠鲁哲学主要学说的概要)

什么疾病在人间流行? 在伊壁鸠鲁看来,人们对于死亡的害怕,对于宗教的害怕,出于追求"安全感"而争权夺利、互相厮杀、歹毒凶狠、流血满地的现实种种,说明人的本体深处有病,而且病入膏肓,急需哲学的治疗。

尼采的看法也与纽斯邦相近,他同意伊壁鸠鲁对于"哲学"本质的新看法:哲学的本质并非主流哲学家们的一贯理解——为理论而理论——而在于人类疾病的治疗。伊壁鸠鲁说哲学如果不能治疗人的疾苦,那就没有任何意义;而尼采则说:"任何一种形式的艺术和哲学都可视为人们在成长和奋斗的人生中用以为治疗创伤与帮助前进的凭藉。"伊壁鸠鲁从人的一些表面症状如强迫性欲求难止,诊断出了人性深处被掩盖着的非理性焦虑与惧怕,尼采则分析了人的复仇欲望如何转换成堂而皇之的道德、宗教并更有效地残害人。他们两个人都把伦理学的最重要价值——"善"——规定为对于健康的促进,自然生命的不受阻碍,从而为历来遭受哲学家攻击的"快乐"公开正名。伊壁鸠鲁哲学告诉人应当快乐,怎样快乐;尼采则写下了"快乐的科学"。

我们还必须提到青年马克思。青年马克思十分投入地写下的第一本著作——他的博士论文——就是关于伊壁鸠鲁哲学的。青年马克思虽然不讲"治疗",但是他也认为伊壁鸠鲁的特征在于对于哲学本质的新理解。伊壁鸠鲁哲学的宗旨就是用哲学证明个体性自由独立是存在体系中的一个重要环节,有巨大的自在价值;并且,更重要的是指明"哲学"的本质和功能就在于义不容辞地承担起这一环节的最高表现形式。正是对于现代价值的论证,使马克思回溯到西方最早的"自由"哲学家伊壁鸠鲁。正是对伊壁鸠鲁的喜爱,使马克思不可能忘怀自由。

现时代是一个需要思考自由的意义的时代,是一个需要本体治疗的时代,是一个需要重新思考哲学意义的时代。

所以,伊壁鸠鲁不会过时。

二

伊壁鸠鲁写过许多著作。可惜,大多逸失。不过,伊壁鸠鲁学派的另一个与众不同的特色是:这个哲学不提倡自由讨论和自由思想,它主张的是逐字逐句的背诵,是牢牢记住老师的"基本教义"。伊壁鸠鲁很喜欢写"概要",而且常常在概要的前言中点明这是为了让大家背诵的,并在结尾再一次提醒收信的人要毫无懈怠地熟练背诵他的概要。而这些概要性的书信和格言集留存了下来，我们基本全部翻译出来。这构成我们上编的内容。

上编由包利民根据希腊文、参照一些英文译本翻译。

下编是古罗马的卢克来修的哲学长诗《万物本性论》。这本书的名字 De Rerum Natura，也就是希腊语中的 περὶ φυσεως 或《论自然》。这是希腊自然哲学家在著述中经常使用的书名；伊壁鸠鲁也写过《论自然》，不过只有存目，原书已经逸失。"自然"也可以译为"本性"，所以卢克来修的这本书也可以译为《论自然》或"万物的自然"，但是显得突兀，语意不是十分清晰。至于旧译之"物性论"，虽然紧凑古雅，但是有些过于浓缩，容易引起歧义，被认为是洛克等近代经验论者的那种平面讨论"第一物性、第二物性"之类的文字。所以我们译为"万物本性论"。

伊壁鸠鲁学派的"尊师"特点使它几百年来没有本质上的发展。所以，可以确定，卢克来修的《万物本性论》在严格地重述着伊壁鸠鲁的观点。由于它完整地保存了下来，就为我们相当完整地复现了伊壁鸠鲁的"概要"中所浓缩的许多思想。因此，我们觉得把卢克来修的著作放在这里，是十分合宜的。国外许多翻译者，常常在翻译伊壁鸠鲁的著作时，不厌其烦地一一指出哪一处对应卢克来修书中的哪一处；而翻译卢克来修的《万物本性论》时，又逐一地指出某个观点对应于伊壁鸠鲁著作中的哪一处。我们把它们放在一本书中，正好方便了读者对观。

应当提一下的是，《万物本性论》40多年前出版过一种方书春翻译的诗体译本，具有相当水准，我们在翻译的后期也曾查阅。但是，我们感到还是有出版这个散文体新译本的必要，因为：第一，诗体有自己的缺陷；方书春译本中不少地方为了照顾诗句表达，许多地方不免勉强、倒装、凑字数，而且逻辑和思想常常不易看清楚。哲学思想还是用散文体表达更加自然和清晰。英文学术界中，迄今已经有了近20个《万物本性论》译本，其中既有诗体译本，也有散文体译本，这说明在西方学术界中，人们也感到诗体与散文体都有其不可替代的意义。第二，方书春译本根据的最后译本是 1952 年的，我们主要根据的是 1992 年 MFS 的修订本。它更加具有权威性。

刘玉鹏翻译了《万物本性论》前 3 卷和第 4 卷的前半部分，王纬纬翻译了第 4 卷和第 5 卷的后半部分，包利民翻译了第 6 卷并统校所有译文。

包利民

2004 年 10 月

上编

伊壁鸠鲁文存[*]

---

[*] [古希腊]伊壁鸠鲁著。

一　致希罗多德信（论自然纲要）

1. 导论 [①]

伊壁鸠鲁向希罗多德问好！

希罗多德，对于那些没有能力仔细研读我写的关于自然的所有文字，或者根本无法通读我撰写的那些篇幅大的著述的人，我已经为他们准备了整个体系的一个概要，以便帮助他们充分地掌握最重要的原理，[②] 使得他们在需要的时候，能够依靠对于自然的学习，运用那些关键要点帮助自己。那些对整体理论已经有了相当深入的认识的人，也应当不断背诵整个体系的要点大纲。因为我们常常需要的是一个总体把握，而不是细节知识。

所以我们应当不断回到基本要点上来。我们要牢牢记住它们，以便从中得出整个体系的最主要的概念，并且从中推出所有的具体细节。只要我们好好地理解和记住了整体纲要，那些成熟的研究者的标志就是能

[①] 信中原无小标题。近人有的译本加上小标题，相当符合伊壁鸠鲁的本意，所以我们也加之，放在括号中。本书中凡加括号的标题均为中译者根据文意所加。——中译者注

[②] 这封信只包括最主要的原理；更为一般和具体的学说载于《大概要》中。——第欧根尼·拉尔修注。现存的伊壁鸠鲁书信和格言集等保存在第欧根尼·拉尔修的《著名哲学家的言论和生平》讨论伊壁鸠鲁的那一章中。第欧根尼·拉尔修在引用伊壁鸠鲁的书信时，不时加以自己的评注，我们把它们放在脚注里。

够快速运用他的概念，把每一个概念都回溯到简单的事实和简单的词语上来。除非我们能用简短的公式概括并掌握所有能够详细阐发的思想，否则我们就无法把对全部理论的研习结果浓缩在一起。

既然这条路对于所有从事自然学说研究的人都有好处，既然我自己持续不断地研究自然并且从这种生活中得到最大的宁静，我就为你准备了有关整个理论的基本要素的这么一个概要和手册。

2. 标准

希罗多德，首先要理解词语的所指是什么。这样，当我们需要判断意见或是探讨事情或是解决问题时，就可以回溯到这些所指上来，从而不至于由于要求无限解释词义而使事情无法决断，或是使用没有意义的空洞词语。每一个词语的基本含义所对应的最先概念都必须是清晰明白的，不再有待证明。这样，当我们在探讨研究、解决问题或评判意见时，就有一个可以回溯的支点［标准］。

再者，必须完全遵循感觉，也就是直接印象，无论它是理智的还是其他某种感官的；同样，要遵循直接的［苦乐］感受，以便在遇到有待证明的和不明白的事情时，可以有解决它们的方法。

3. 基本原则

掌握了这些之后，我们现在应当对不明白的事物①进行一个总体的考察。首先，没有任何东西可以从无中产生。否则，一切东西都可以从任何其他事物中产生，而不需要［相应的］种子。再者，如果事物的消失意味着毁灭为无，那么世上的所有东西早就会消失了。然而，事物的总

---

① 指超出感官把握的东西。——中译者注

体过去一直是现在这样，而且将永远是这样，因为在事物的总体［宇宙］之外不存在它可以变化到其中的别的东西。因为在事物的总体之外什么也不存在，从而也就没有东西可以侵入总体并引起变化。

其次，存在总体由物体和虚空所构成。① 物体的存在处处都可以得到感觉的证明。理性在推论不明白的事情时，也必须根据感觉。然而，如果不存在"虚空"或"地方"或我们称为"无法接触者"的东西，则物体将无处存在，也无处可以运动；然而，很明显事物是在运动。除了物体和虚空之外，我们无论是通过观念还是通过观念的类比，都无法想象还存在着其他完整的、独立的实在事物（而不是独立实体的偶性或属性）。

在物体当中，有的是组合物，有的是组成组合物的元素；② 元素是不可再分割（ατομα"原子"）和不可变化的，只有这样，万物才不至于毁灭为无，组合物在瓦解后还会有些东西能够保存下来。这种原子具有"充实坚固"之本性，无处消灭，也无法消灭。因此，本原必然是不可分割的、物体性的东西。

再者，事物总体是无限的。因为有限的东西都有边界，而边界只有通过与其他事物相邻才能够看出来，［事物总体却不是通过与其他事物的比较而被认识的。③］没有边界的事物也就没有界限，而没有界限的事物也就是无限的，而非被限定的。

还有，事物的总体在物体的数量和虚空的范围两个方面都是无限的。如果虚空无限而物体有限，则物体将无法停在任何地方，而在其运动中弥散消逝在无限的虚空当中，因为没有东西可以支撑它们，或

---

① 这一点他在《大概要》的开头和《论自然》的第1卷也说到了。——第欧根尼·拉尔修注

② 他在《自然论》的第1卷和《大概要》的第4、15卷中也论到这一点。——第欧根尼·拉尔修注

③ 这一缺失的前提是西塞罗补上的。见其《论占卜》II, 103。——第欧根尼·拉尔修注

是止住其向上的反弹,把它们挡回来。如果虚空有限,那么无限的物体将无处容身。

此外,原子物体是充实坚固的,组合物由原子产生,毁灭时又复归原子。原子在形状上的差别是多得数不清的,因为从数目有限的相同形状原子不可能产生出如许之多的不同事物。每一种同样形状的原子的数量是绝对无穷的,但是,形状的不同虽然多得数不清,却不是绝对无穷的。①

原子永恒地连续运动着。②［有的垂直运动,有的偏离垂直运动,还有的在组合物内部颤动。］颤动的原子中,有的原子碰撞后相互跳开;有的则只在一个地方颤动,如果它们正好由于相互缠绕而被困锁在一起,或是被其他形状钩扯、容易缠绕的原子包围在一处,这是因为虚空的本性就是把原子分离开来,而对于原子的反弹却无法提供任何抵抗。原子所具有的坚实性使得原子在相互撞击之后反弹,原子的缠绕纠结则使这一反弹成了微小距离的颤动。这些运动没有起点,因为原子和虚空是永远存在的。③

把所有这些话记住,它们足以给研究存在的本性的人提供一个大纲。

此外,存在着无穷多个世界,有的和我们这一个世界相似,有的不同;因为我们刚才已经证明,原子的数量是无穷的,它们在运动中走得极远。世界从中产生或由其构成的原子不会在形成一个或有限的几个世界(无论它们与这个世界是否相像)中被耗尽。所以,没有任何障碍能使无数个世界产生不可能。

---

① 他在下面还说分割不可能无穷进行。——第欧根尼·拉尔修注(可见,第欧根尼·拉尔修可能从一个必须不断展开的纸草卷上阅读伊壁鸠鲁的著作。)

② 他在下面说,既然虚空为轻的和重的原子让出同样的地方,那么所有原子都以相同的速度运动。——第欧根尼·拉尔修注

③ 下面他还说原子除了形状、大小和重量之外没有其他属性,在《十二要点》中他说颜色根据原子的排列不同而变化。原子不可能拥有所有大小尺寸,因为从来就没有被人看到的原子。——第欧根尼·拉尔修注

4. 影像与感觉

（1）视觉 此外，还存在着与固体事物形状相同的形状（τυποι, outlines, films），它远远比所有可以见到的事物都要精微稀薄。因为这类空心的和稀薄的东西完全可能在事物的环境中聚合而成，至于这种东西要保持它们在原来固体事物中所具有的排列秩序和运动，也并非不可能。我们把这些形状称作"影像"（ειδωλα, images, idols）。［影像］通过虚空的运动如果没有半路受到阻挡，能够在理智所能想象的极短时间中达到任何极远的地方。因为快或慢就在于有还是没有阻挡。

在理智所能想象的极短时间中，同一个运动物体不可能同时到达几个地方——因为这是不可想象的；尽管这种"同时到达多处"的现象在可感的时间中是可能的，无论这一运动是从什么我们所看到的哪个地方出发。因为它无论向何处转身，遇到的抵抗都是同样的，尽管在遇到抵抗之前没有任何东西阻滞其高速运转。记住这些要点很有好处。至于影像的极度稀薄性，也不违背感性的证明。它具有极快的运动速度，它在没有阻挡或很少阻挡的情况下能找到各种与自己相适宜的通道，尽管许多甚至无数多的其他原子①在运动中会立即遇上阻挡。

此外要记住，影像能以理智所能想象的最快速度产生。物体的表面连续不断地流出影像，由于其他原子立即补上去，事物看不出来有什么减损。影像可以在很长时间里保持固体事物中原子的排列和秩序，虽然有的时候也会混成一片。由于不需要实体性内容，它们有时可以在周遭环境中快速聚合而成。②这类性质的影像还可以有其他的产生方式。以上所说与感觉都不相违背，我们能看到明明白白的万事万物，这都是由于

---

① 有人译为"许多或无穷原子组成的组合物"，这虽然得不到原文的直接支持，但是似乎接近伊壁鸠鲁的意思。

② 比如海市蜃楼和各种模样的云团。

外部事物连续不断地向我们发来印象。

我们必须知道，正是由于外部事物中有某些东西进入到我们中来，我们才能观看到它们的形状和思考它们；因为认识靠的并不是外部事物在我们和它们之间的空气中印上它们的颜色和形状的本性，或是靠我们［的眼睛］向它们发出光线或其他什么流射物①，而是靠某种来自事物并与其同色、同形并保持相应大小的形状进入到我们的眼睛或心灵里。这些形状运行极快，并因此而使人感到是一个连续的物体，保持着实体中的相互关联，故而这些印象源自于固体内部的原子颤动而产生的相应状态。我们通过直接接触——无论是心灵还是感官——而把握的形状或其他属性的印象，都反映了固体本身所具有的形状或属性，它们或是来自影像整体的连续不断的流入，或是来自其部分的残留。②虚假和错误总是发生在对于尚有待证明或尚未被反证的事情仓促发表意见之中，这些意见后来得不到事实的证明或甚至被反证。[这些意见是我们心中的某种运动，它与现象联系在一起，但是可以与之区分开来。错误就由此发生。]

如果我们没有可以与之进行比较（接触）的东西，那么在画像中看到的或睡梦中出现的景象，还有以其他方式被心灵直观或感官所把握的印象，就不会与我们称作真实存在的东西相符合。如果我们没有察觉在我们心中有一种与感知活动一起出现又与之有别的运动，也就不会产生错误。这一运动如果得不到证明或被证明不对，则错误就发生；如果得到了证明或没有被证明不对，则真理就产生。

我们必须牢牢地坚持这一看法，这样我们才不会放弃建立在明白感觉之上的标准，也不会把错误和真实的东西混为一谈。③

（2）听觉　当说话的人或发出各种声响的东西向我们流射原子时，听觉就产生了。这一流射分解为同类的分子团，它能同时保持相互间的

---

① 德谟克里特、柏拉图等人的观点。
② 影像在路上会受损。
③ 伊壁鸠鲁派反对怀疑派。

关联和独特的单一性，一直延伸到发出流射的事物那里，并常常造成关于该事物的感觉。或者即使没有产生相应感觉，也可以表明外部事物的出现。如果没有某种内在关联的东西向我们流射，就不可能产生这样的听觉。我们没有必要认为空气被话音或其他声音塑造成一定形状。① 因为空气根本可能受到这种作用。实际上，我们的说话震动会立即送出某种分子的流射，这就像呼气一样，于是便产生了听觉。

（3）嗅觉　我们还应当考察一下嗅觉。正如听觉一样，如果没有从物体向我们流射出适宜于刺激感官的分子，我们就不会产生嗅觉。这些流射有的引起混乱和异常感，有的是平静和宜人地进行的。

5. 原子及其属性

再者，除了形状、大小和重量和其他必然与形状联系在一起的性质之外，不应当认为原子还具有现象的其他属性。一切属性都会变化，而原子决不会变化，否则在组合物的毁灭中就不可能有什么坚固的东西留存下来而不可毁灭。这样的东西［原子］使存在不至于在变化中毁于非存在，也不会使存在从非存在中产生。这样，变化只是原子以多种方式变换位置、增减数量而已。这种能够变换位置的东西本身不会毁灭，不具有现象的变化性；它们各有自己的独特分子团和形状；这些必然保持不变。

在我们的经验中还可以看到，当事物外形变化时，它的其他属性都消失了，形状却能够内在地持存下来。属性在变化中不能像形状那样持存不变，而是从整个物体中消失。这一留存下来的东西［原子］足以造成组合体的种种不同，既然必须有某种东西留存下来而非毁灭于非存在。

不能认为原子拥有所有的大小，否则就会受到经验现象的反驳了。②

---

① 这是在反对德谟克里特的观点。
② 这也在反对德谟克里特的观点。

我们应当认为在原子的大小尺寸上有一定的差异，因为承认了这一点能更好地解释感觉和感受中的现象。但是，承认原子具有所有可能的大小尺寸，则无助于对于属性的差异的解释。而且，那就必然要推出我们会遇上能够被看见的原子。可是谁也没有看到这样的事情发生，而且我们也无法想象看见原子的可能性。

此外，我们决不能认为在有限的物体中有无数分子，即使这些分子很小；我们也不能同意事物可以无限分割成越来越小的分子，否则，万物就会空虚化，组合物就会一点点被耗尽。而且我们甚至不能想象有限的事物可以被无穷地分成越来越小的分子，因为当我们说在有限的事物中有无限的分子（不管它们有多么小）时，我们就难以想象这事物的体积还是有限的。显然，无穷的分子必然会有一定的体积；无论这些分子的体积多么小，它们聚合而成的事物的体积就会无穷大了。

另外，有限的东西具有可以分辨的边界，即使它本身无法观察到。我们完全可以想象在这一边界旁还存在着另一条同样的边界；这样的想象可以一直进行下去，在心里无穷地走向一条一条依次排列下去的边界。①

我们必须认为，可以观察到的"最小点"既不是能跨越的（即延展的）东西②，也不是与此全然不同的。它与可以跨越的东西具有某种共同性，但是，它不具有可以分隔的部分。我们只能通过它们之间的共同性来类比想象最小者有不同的"部分"：即"这边的一端"与"那边的一端"——虽然这些"部分"在眼睛看来依然还是同样大小的"最小点"。我们从第一个最小点开始，逐一地观看它们，不是把它们看作是存在于同一个地方，也不把它们看作各自以自身的"部分"相互接触；而是看作在以自

---

① 一切可以看到的物体都是由最小的单位（可以察觉的最小点）所组成的。这些点由于体积有限，所以在数量上也有限。

② 或者：能连续地从一个部分走向另一个部分的。Binone 说，一个数的系列，不管是整数还是分数，都允许这样的过渡发生。但是伊壁鸠鲁这里显然在讨论面积或表面，因为一般来说"可见的"指延展的。

己的独特方式——作为无法分割的单位——量度着体积。如果某个事物的体积大，其中的最小点就多；如果体积小，它的最小点也就少。

我们必须以同样的方式思考原子中的最小单位。显然，那个领域中的最小单位比可感领域中的最小单位要小得多，但是道理是一样的。根据我们这个领域的类比，我们称原子有体积。虽然这一体积很小，可是我们能够在想象中把它放大了来思考。我们应当认为长度的边端是最小的和最单纯的（非混合的）东西，可以充当度量原子长短的单位。当然，这种量度依靠的是我们对于不可见世界的心灵想象进行的。原子的这些最小单位与经验世界中的不可变事物（比如面积的最小部分）之间的关联足以证明我们以上的论证。不过，这些原子中的最小单位不可能拥有运动，所以不可能聚合到一起。①

再者，对于无限空间，我们不能称呼它的"上"和"下"，好像它有绝对的最高点和最低点似的。②我们可以想象，从我们所站立的任何地方向头上方画一条无限延伸的线条（也可以想象向脚下无限延伸）；在这一空间中，任何一点都不可能对我们显得同时是"上"又是"下"，因为这是不可思议的。所以，我们可以思考无限向上和无限向下的运动；但是，那朝我们的头上的运动常常会遇上我们上面的人的脚部；或者说，那朝下走的运动会遇到下面的人的头顶。尽管这样，我们还是可以把两个相反的方向上的整个运动都想象成是无限延伸的。

另外，只要原子在虚空中穿行时没有遇到阻挡，它们的运动速度必然是相等的。只要没有阻碍，重的原子就不会比小的和轻的原子运动得更快；只要小的原子找到适宜自己的通道，没有遇上阻碍，它们就不会比大的原子运动得更快。由于相撞而引起的向上或向边上去的运动，由于自身重量而向下的运动等，速度都不会不同。它们无论朝哪个方向运

---

① 原子的部分不能运动。参看卢克来修《万物的本性》I，第628—634页。卢克来修在阐述中常常展开了伊壁鸠鲁的片言只语。

② 亚里士多德已经这样批判过德谟克里特了。

动，都会以理智所能想象的极快速度一直运动下去，直到受到阻碍为止；这些阻碍或是来自外物的碰撞，或是来自原子的自身重量对碰撞能量的抵抗。

但是，虽然原子的速度是同样的，不同的原子组合体的运动速度却不相同。这是因为组合体中的原子在最短的连续时间中朝着一个方向运动。有时，原子在这种只能由理智思议的最短时间中朝着不同方向运动，常常互相碰撞，［结果滞缓了整体的运动速度，］直到它们的连续运动被我们感觉到。在关于不可见的事情上的仓促设定，诸如说它们在只有理智才能思议的最短时间中拥有连续的运动，并非是真实的，因为只有感觉到的东西或被心灵所直接把握的东西才是真实的。

6. 灵魂及其性质

我们要记住这一原则：在思考中必须时时回归到感觉与感受上，因为这样才能得到可靠的信念。下面我们应当对灵魂进行一个总的考察。灵魂是弥散在整个有机整体中的最精微的物体，很像混合了某种热的气息，有的方面像热，有的方面像气息。但是，此外还存在着第三种要素，它比这两种东西要精微得多，并且因此与有机体的其他部分密切关联。这一点可以通过灵魂的各种功能、感受、运动的敏捷和思考表现出来，也可以从人失去了它就会死亡的事实看出。再者，我们必须记住：灵魂是感觉的重大原因；但是，如果灵魂不被有机体的其他部分包住，就不能进行感觉。有机体的其他部分向灵魂提供了这一必要条件，而且因此分有灵魂的某些功能——虽然并不拥有灵魂的所有能力。灵魂如果离去了，有机体也就失去感觉能力，因为有机体自身并不拥有灵魂的能力。是某种伴随身体共生的其他东西［灵魂］，才使身体具有这样的能力。这个东西通过运动使自己的潜能成为现实，立刻就获得了感觉能力；并且由于它与身体相近和相通，便把这种能力传给身体，正像我以前所说的。

所以，只要灵魂依然存在于身体中，则身体的某个部分的失去并不会使感觉能力消失。身体外壳有时会全部或是部分地受到损伤，并导致某些灵魂分子的失散；然而只要灵魂本身存在下来，就依然拥有感觉。但是，如果构成灵魂本性的那些原子——尽管数量很小——消失了，则余下的有机整体即使整个地或部分地持续下来，也不可能有感觉了。再者，如果整个有机体毁掉了，则灵魂就四下消散，不可能再拥有自己的功能和运动，从而也就不再拥有感觉。

如果灵魂不是居于有机体中并与其一道运动，就不再能进行感觉；如果环抱和包围住灵魂的外壳不是灵魂现在所居于其中并活动的这一个外壳，也不能设想灵魂还能感觉。①

我们还要考察一下"非物体"是什么。在通常的说法中，它指的是一种自身存在的东西。然而，能够自身存在的非物体的东西只有虚空。虚空既不能作用，也不能被作用，只能让物体穿越其中运动。所以，那些说灵魂是非物体的人是在说胡话。如果灵魂真是非物体的，那它就既不能作用，也不能被作用；但是很明显灵魂拥有这两种能力。

如果你时时用感觉和感情的标准检验这些关于灵魂的思考，并记住我在这封信开始时说的话，你就可以看到这一大纲已经足够全面了，你可以令人信服地从中推论出精确的细节。

7. 属性与偶性

此外，形状、颜色、大小、重量以及其他被称为物体的属性的东西——

---

① 伊壁鸠鲁在其他地方还说灵魂由最光滑和最圆的原子构成，比火原子还要光滑和圆得多。灵魂的非理性部分散布在身体的其他部分中，而理性部分居住在胸中，这从人们害怕和高兴时的感受就可以看出。睡眠是由于散布在整个有机体中的那部分灵魂被固定住了或散开了，然后由于其相遇而相互碰撞。精子是从整个身体产生的。——第欧根尼·拉尔修注

它们或是属于所有物体，或是属于可以通过感觉认识的可见物体——都不能被看作具有独立存在的本性，因为这是无法思议的。但是，它们也不是完全不存在的，也不是某种依附于物体又与之有别的非物体的东西，也不是物体的一个可以分离的部分。我们必须把整个物体看作从所有这些属性中获得自己的持久本性，但是，不是以诸多分子聚合成一个更大物体的方式，不管这些分子是原初分子还是比物体小些的成分。我必须再说一遍：只是从所有这些属性中产生了物体的持久本性。这些属性各自有其独特的被感受方式，相互有别，但是它们总是伴随着事物整体，从不与之分离。我们对于一个"物体"的称呼依据的是对其整体的理解和认识。

再者，还有许多并非永久地伴随一个物体的性质。不能把这些性质归为无法看见的或非物体性的。根据"偶性"这个术语的最通常用法，我们必须指明：偶性既不具有整个物体的本性（那是从整体把握的），也不是永远伴随整体的"属性"（物体离开那些属性就无法被认识）。一个物体一出现，这些偶性就被不同的感觉所认识到，并因此而被称为不同的偶性。但是这只是当它们伴随个别物体出现时，因为它们并不是永久地伴随整体。我们不应该从实在中排除这些明白的事实：偶性既不具有它们所归属的整体（我们称之为"物体"）的性质，也不是伴随整体的持久属性，也不能看作是独立存在的，因为无论是偶性还是持久属性都无法独立存在。相反，十分明显，它们应当被看作是物体的偶性，并不永久地伴随物体，也没有自身存在的本性。它们都是各种感觉以自己的方式所揭示的那些特性。

还有，这一点也要仔细思考清楚：对时间的研究不能以对其他性质的研究一样的方式进行。我们对其他东西的假设的探研必须回归到我们心中已经把握到的概念。但是时间是自身明白的现象，因为我们大家都会说"长时间"或"短时间"。我们所要做的就是思考此类现象。我们不必换什么更好的术语，只要运用那些日常表达它的语词就行了；也不必把其他什么东西称作时间,好像那东西具有与时间同样的性质似的(有些人就是这么做的)。我们应该做的只是思考那些我们把"时间"的独特性质归属于它们,并用它们度量时间的那些现象。这些现象无须等待证明,只需对其反思。我们把时间的属性归之于白天和黑夜及其部分,也归于感觉和感受以及无感觉的状态,也归于运动与静止。我们认为这些现象中的一种独特偶性就是我们称为"时间"的东西。①

8. 其他世界

除了上述这些话,我们还应当认为:许多的世界,许多与我们看见的事物很像的有限的聚合体也从无穷中产生。这一切世界无论大小,都是从独特的原子团中分离出来的。所有的世界又将再次毁灭,有的快些,有的慢些;有的是由于这样的原因,有的是由于那样的原因毁掉的。②

众多的世界不必只有一种形状。③因为没有人能证明在某一个世界中可以有产生动物、植物和其他所有我们看到的东西的种子,而在另一个世界中就不可以有。

9. 语言和文化的产生

再者,我们应当认为,自然④从事实中被迫地得到多种多样的教训。

---

① 他在《自然论》第 2 卷和《大概要》中也论述到这一点。——第欧根尼·拉尔修注

② 他明确说过世界是会毁灭的,因为世界的部分会变化。他在其他地方还说大地被支撑在空气中。——第欧根尼·拉尔修注

③ 他在《论自然》的第 12 卷中说各个世界的形状是不同的,因为它们有的是圆形的,有的是椭圆的,有的是其他形状的。但是它们不可能具有所有的形状,也不会是从无限中分离出来的动物。——第欧根尼·拉尔修注

④ 即原始人的自然本能。

理性后来又对从自然中习得的东西进一步完善化，做出新的发现，有的人快些，有的人慢些。故而有的时代里的进步大一些，有的时代里小一些。

所以，事物的名称并非起源于习俗的约定，而是各个部族在各自的独特感受和感觉印象的推动下，发出特别的声音。因此，人们的发声由于不同感受和印象而不同，并因各个部族居住的不同地方而不同。后来，每个部族都采纳了自己独特的共同语言，以便使相互间的交谈明白通畅并更为简洁。有些发现了无法观察到（或以前未观察到）的事物的人，引入了一些新术语来讨论这些事物；这些词语或是本能地自然发出的声音，或是理性依据表达这类事物的通常方式所选取的声音。

10. 天体

此外，不得认为在天体的运动、回转和日月食以及天体的升降中有一个享受着完全的不朽幸福的存在者在勤勉地管理着这一切，因为劳作、操心、愤怒和偏爱与幸福不相容，相反，它们起源于软弱、恐惧和对邻人的依赖。天体无非是圆形的火，它们也享受着极度幸福，不会自愿进行这些运动。我们应当保持所有这一切术语（神圣幸福，不朽）的指称的庄严性，以免使这些词语产生与神圣庄严性相冲突的含义。否则，这一冲突会造成灵魂的极大扰乱。所以，我们应当认为天体的固定不变的周期运动现象来自于世界产生时的最初的原子聚拢和结合。

再者，我们必须知道：对于最重要的现象的原因的精确研究是自然学的任务。我们的幸福就在于此，就在于对于天体的本性的认识，在于对于与幸福相关的其他知识的仔细研究中。

在这些事情上，没有多种原因，也不可能接受其他的解释，必须全然认为：一切蕴含着冲突或者烦恼的东西都是与不朽和幸福的本性不相容的。这一点的绝对真实性可以被理智把握。

但是在具体现象的研究中，诸如天体的升降、周期回转、日月食和这一类事情的知识，则与幸福并没有关系。那些熟知这些事情的人还是一样会有惧怕，有的是由于对于天体的本性的无知，有的是对于最重要的原因不明白。如果不能解答在观察研究天体中产生的惊讶、不知道最重要的原因如何统辖这些事情，那么这些人比普通人可能更害怕呢。

所以，如果对于天体的运转、升降、日月食和诸如此类的运动发现了多种可能的解释原因，就如我们在天象学的具体研究中所做的那样，我们不应当认为我们的研究缺乏精密性，只要它们都有益于我们，不再烦恼和能够幸福就行了。我们应当参照我们的经验中同类事情发生的种种情况去推断天体和一切不明白的事情中的原因。只有一种原因的现象和可以有多种原因的现象之间是有区别的，不承认这一区别的人忽视了我们只能从遥远的地方观察后者，他们也不知道心灵的无烦恼究竟系于何处；对于这些人我们是蔑视的。如果我们认为有的事情是由于一种特别的原因产生的，当我们发现它可以产生于别的许多原因时，我们会与知道它有一种特别原因时一样，不会感到烦恼。

11. 结 论

在说了这一切之后，我们必须指出：有几个原因产生了灵魂的最大烦忧，一个是既认为天体是幸福的和不朽的，又自相矛盾地认为天体有意愿、行动和动机。再一个是总是推想或猜测存在着什么永久的坏事，这或者是由于［地狱］神话，或者是由于害怕死后失去感觉，就好像死亡与我们有什么关系似的。并且，这种烦忧不是来自理性的判断，而是出于非理性的过分偏执。所以，那些不能给自己的恐惧限定一个范围的人，会遭受那些在这方面没有什么系统知识的人所遭受的同样烦忧——甚至更加厉害。心灵的无烦忧就在于从这些惧怕中解脱出来，并始终不懈地牢记基本要道。

所以，我们要关注直接的感受和感觉——无论是人类普遍具有的还是个人独特具有的，关注每一种认识方式（标准）的清晰明白呈现的证据。只要我们时时关注它们，当烦忧和惧怕产生时，我们就能正确地找出其原因并消除之，就能寻找天体现象和常常影响我们的别的现象的原因，这些事情在其他人那里引起了极大的恐惧。

希罗多德啊，这样一来，你就有了整个自然学说的最重要的概要。如果精确地记住这些理论，我相信，即使一个人不曾详细地研究过所有细节，他也比起他人掌握得好的多了；因为他自己就能够搞清我在长篇著述中所详细阐发的观点。这些概要如果牢记在心，就能向他提供源源不断的援助。

这一概要有这样的性质：那些对于理论的细节已经有相当的，甚或完全的了解的人，可以通过把自己的知识分析成这些基本要素，来最好地研究自然学说整体。另一方面，那些尚不成熟的学生可以无言地[①]迅速浏览这一纲要，带来心灵的平静。

---

① 即不是依靠听课，而是阅读。

二　致皮索克勒信（天文学纲要）

伊壁鸠鲁向皮索克勒问好！

克莱恩把你的信带给了我，你在信里继续表达了对我的热忱，与我对你的喜爱相称；你还令人信服地努力回顾了有助于带来幸福生活的那些思考。你提出要我送给你有关天文学的清晰简要的概论，以便你能够很方便地背诵，因为你说我写的有关这一主题的其他著作比较难以记住，尽管你总是随身带着这些著作。我非常愉快地接受你的这一要求，因为我对你满怀期待的喜悦。在写完其他著作后，我这就来满足你的愿望。除了你以外，其他许多人也会从中受益，尤其是那些新近接触到真正的自然学说和那些比通常的教育有更深层次追求的研究者。好好地学习这封信吧，尽快把它以及我写给希罗多德的信中的小概要都背下来。

1. 方法论

首先必须明白，无论是与其他学问一起，还是就这门学问本身，天文学除了带来心灵的无烦忧和坚定的信念之外，再无其他目的。这一点，也是其他的学问的目的。不要硬行追求我们不可能做到的解释，也不要企图把天文学看成与伦理学或研究自然的其他学问一样确定的学问，比如"事物总体由物体与不可接触者构成"或"原子是不可分的基本元素"

这样的命题，这类命题的特点是只允许一种与现象一致的解释。然而这一特色并不适用于天文学中的命题。天文现象的原因可以是多种多样的，只要与感性经验一致就行。

自然的研究不能依靠空洞的假设和习俗传统，而应当遵从事实的自然启发。因为非理性的和空洞的意见对于我们所需要的无烦忧的生活毫无帮助。万事万物在连续不断地发生着，它们可以以多种方式加以解释，只要与现象一致就行。各种理论都是或然性的。如果有人在这些与明白的现象同样一致的解释中挑出一些，排斥另一些，那他就明显已经背离了自然研究，掉进了神话的泥坑。我们从经验中的明白现象推断天上的事情。不过，我们可以看到前者的确实存在，但是无法直接观察后者，故而那是可以允许多种多样的原因解释的。我们要注意每一种感觉到的现象，同时要区分开与之伴随的现象。只要不与我们经验中发生的事情相冲突，天文现象就可以有多种发生的方式。

2. 诸世界

一个世界就是从宇宙中切划出来的一团东西，其中包围着星球、土地以及所有的其他可见的东西。这是从无限者中切下来的、有界限的存在。[它被或薄或厚的边界限定着。一旦边界瓦解，里面的东西也就浑为一体。]它或者旋转着，或者静止；或者是圆形的，或者是三角形的，或者是其他别的形状的。这一切都是可能的，因为它们都不与这个世界中的现象相违背。只不过在我们这个世界中看不到边界。

这样的世界的数量是无穷的。而且，这种世界可以在另一个世界中产生，也可以在世界之间产生——我们称那个地方为"世界之间的空间"，这是一个相当空旷的地方，但不是像某些人所说的是一个巨大的真空，因为世界的产生需要从某个世界中，或是世界之间或是多个世界流出的种子，通过逐渐累加成形，并分布到各地。从适宜的地方源源不断地涌出种子，直到在能够支撑它们的某种基础上稳定下来。世界并非仅仅产生于原子的聚合或是在虚空中的必然旋转；这种看法，正如某个所谓自然学家声称的，①认为世界一直在生长，直到撞上另一个世界。这种观点是与现象冲突的。

太阳、月亮以及其他星球并非首先独立地生成，然后再被我们的世界包容进来，而是由于具有与风或火或与它们二者相似的精微原子的增多和旋转而形成与成长的，大地和海洋也是如此。因为感觉就是这样提示我们的。

太阳以及其他星球相对于我们的大小正像太阳显现出来的大小一样。②至于它们本身的大小，那可能比看上去的大一些，或是小一些，或是一样。因为我们日常所看到的远处的火也就是这样的。如果人们牢牢遵从明白的现象，一切对此的反对意见都很容易反驳。这一点我在《论自然》中已经证明过了。太阳、月亮以及其他星球的升降可能是由于其点燃与熄灭，只要这两个方向上（东方与西方）的环境能够导致这样的事情发生，因为这些假设并不与经验冲突。这些现象也可以是来自天体先在大地上运动，然后被大地挡住了，因为这也不与经验冲突。它们之所以会运动，可能是由于整个天穹的旋转［携带它们运行］，也可能是天穹静止不动，而太阳、月亮和星球由于世界开端时形成的某种向上的必然冲力而转动，……由于过度强烈的热量，这来自火的扩张，因为火总是在侵逼着邻接的地方。

太阳与月亮的回转可以由于天穹在某些确定的季节时刻弯斜而产生，也可以是由于相反气流的阻力，或是天体燃料在一定的时候的耗尽或缺乏，甚至也可能是因为这样的旋转运动在一开始就内在于星球之中，所以它们就只能做环形运动。所有这一切以及同类的解释，都与明白的

---

① 指德谟克里特。
② 在《论自然》中伊壁鸠鲁也是这么说的。他说，如果体积会由于距离的加大而减损，那么光亮就更加会如此了。——第欧根尼·拉尔修注

现象没有冲突，只要一个人尽其所能关注在这些事情上与现象保持一致，不被那些奴性十足的所谓"占星家"的编排的诡谲之说所吓倒。

月亮的盈亏可以是由于月体的自转所造成的，也可以是由于云的特定形状造成的，同样也可以是由于有什么东西挡住了它，还可以是其他按照我们经验中相似事情的方式造成的。关键是不要太偏爱于一种方式并毫无道理地拒斥其他方式，因为这是不明白人的认识有其限度，企图认识人所无法认识到的东西。再者，月亮可以自身发光，也可以从太阳那里得到光芒。因为在我们的经验里，许多事物是自己发光的，也有许多事物是从别的东西那里得到光芒。天体现象也一样可以如此解释，如果一个人牢记多元解释的方法论以及多个相互一致的假设和原因，而不是仅仅注视那些不相一致的解释，错误地夸大它，以至于不时地跌入"一因论"的泥坑。

再者，月亮表面的样子可以是由于它的各部分的变化而引起的，也可以是因为有什么东西挡住了它的某些部分，或是因为其他与现象不矛盾的方式所导致的。在所有关于天文的现象上，这一解释路线都不能放弃。因为如果一个人与明白的现象冲突，他就永远无法享有真正的心灵宁静无忧。

日食和月食可以由于天体燃烧的熄灭而发生，类似的事情在我们的经验中也可以观察到；也可以是因为别的东西——地球或其他什么看不见的物体——的遮挡。我们对这些相互共容的方式都要考察，而且要知道它们并非不可能同时起作用。①

天体运行的规则性周期也可以按照我们日常经验中的类似情况来说明。不要用神的本性来解说这些事情。我们要让神保持在全然幸福的状态中，毫无操劳。如果这一点做不到，那么整个追寻天文原因的学问都

---

① 在《论自然》第 7 卷中伊壁鸠鲁也这么说。他还说：日食是由于月亮的遮蔽，月食是由于地球的遮蔽，或者由于月亮的退行。伊壁鸠鲁派的第欧根尼在《辑要》(Epilecta) 的第 1 卷中也是这么说的。——第欧根尼·拉尔修注

是徒劳无益的事情了。那些不知道把握多种原因的人正是如此；他们之所以陷入混乱，就是因为他们只知道一种原因，并且抛弃了其他可以接受的原因，结果，他们就无法全面认识推理所必须依据的各种事实。

昼夜的长短变化可以是由于太阳越过大地时，运动速度的快慢变化所造成的，因为它越过的地方有的长、有的短，而且它可能在有的地方走得快些，在有的地方走得慢些。这类现象在我们的经验中也可以看到。我们在讨论天文现象时必须与日常经验一致。那些坚持只有一种解释的人，是在与现象作对，他们完全搞错了人类认识的能力和方式。

3. 气象学

预示天气变化的征象可以产生于时间上的巧合，正如我们在动物身上观察到的那样；也可以是因为大气的变化和移动。这两种解释都与经验不冲突。至于究竟是由于哪一种原因，这是无法清楚地了解的。

云可以由于空气在风的挤压下变得密集而形成和聚拢，也可以是由于适宜于产生云的原子的相互缠绕，也可以是由于气流从地上和水中集拢起来。这样的汇集还可以通过其他许许多多的方式形成。云形成之后，或者由于受到挤压，或者由于其他变化，就能下雨。空气在移动时正好从某个地方涌出，也可以产生下雨现象。暴雨是由于容易产生这种倾泻的原子的聚合所导致的。

打雷可以是由于风在云的空洞之中的翻卷，就像我们在密封罐子中可以看到的那样；也可以是由于云里面的火被风吹得嘭嘭作响；也可以是因为云被撕开、破裂；也可以是因为云的相互摩擦，或是当云变得像冰一样坚固后碎裂开。无论是整个天文学还是这一部分的讨论，经验事实都要求我们允许多种可能的原因的存在。

闪电同样是由于多种多样的原因产生的。云的相撞和摩擦会送出特定形状的火，于是产生闪电；闪电也可能是由于风把适宜于产生光亮的云吹了出去；或是当云过分密集时被相互挤出去或被风挤出去；或是由于来自星球的弥散光芒被包在云当中，然后又被云和风的运动驱赶，最终被从云当中挤出去；或者，是由于精微的光从云中渗出去，[于是点燃了云，产生了雷声，]这样的运动就能产生闪电。也可以是由于风的运动过于激烈和压缩得太紧而燃烧起来了。也可以是因为云被风撕裂，适宜于燃烧的原子冲了出去，造成了闪电的现象。而且，还可以很容易地看到闪电以许多其他的方式产生，只要我们一直注视经验事实，注意其中与天文现象类似的地方。

闪电先于雷声出现。在上述的云的环境中，当风一吹向云，就能把形成闪电的形状挤出来；然后，风在云中卷动，才发出轰隆之声。或者，即使两者是同时发生的，闪电朝向我们的运动速度也快得多，然后雷声才来到，就像我们看到某个人在远处击打东西时的情况一样。

霹雳可以发生于当风累积过多并被紧紧地挤压到一起燃烧起来时，也可能是由于云的密集而造成邻接的地方越来越稠密，结果把风的某个部分撕裂开，并激烈地推到下面去。也可能像打雷一样，当密封在云里的火日益增多，借着风势越烧越旺，最终撕裂云层；压迫到一起的火受到越来越大的压力，无法回到邻近的地方，这也可以产生雷声[这常常发生在高山顶上，那里是雷电光顾最多的地方]。雷电还可以通过许多其他的方式产生。我们要拒斥的只是神话的解释方式。只要我们在推论不明白的事物时牢牢地遵循现象事实，就能排除神话。

火旋风可以产生于聚集起来的风推着云以柱形向下运动，并被大风吹着旋转，同时，它的侧面受到外部的风的推动；也可以是由于在上面的气流的挤压下，风形成了漩涡形；或是由于一股强气流生成之后却由于周围空气密集而无法释放出去。当火旋风下降到地面上时，就出现各种与它的运动方式一致的龙卷风；如果火旋风下降到海上，就产生海旋。

地震可以产生于地下的风被包围挤压，吹散了地下的土块，引发了连续的运动,造成大地的颤动。这股风或是从外面涌入地底下的,或是由于大地中的基础土石坠落到地下的穴洞中,激荡起了封闭在其中的空气。地下的基础部分的下坠引起的众多运动的不断传递,直到遇上更坚固的地方的抵挡,也可以产生地震。大地的这种运动还可以由其他各种各样的方式而产生。

风可以产生于异质的东西不断地、一点点地进入到空气中,也可以是从大量的水中聚拢而生的。当这些风落入到巨大的洞穴中分裂并增强时,还会产生别的风。

冰雹产生于风的分子的聚集、牢固凝结,然后又碎裂成小颗粒;也可以由于某种水分子的轻微凝结;或是风分子把它们同时挤成一团,然后又碎裂开,结果它们就部分地或整个地冻结得硬硬的。冰雹之所以是圆形的,完全可以是由于它的各个尖端同时融化,或是由于在冰雹形成时,它的外表均匀地包围了一圈水分子或风分子。

雪可以由于适宜产生雪的云不断地遭到大风的挤压,其中的稀薄雨水就通过适宜的通道溢出,在下方突然遇上寒冷后,这些下落的雨水就在运动中凝结起来。也可以是由于潮湿的云相互拥挤在一起,结果使最薄弱的部位凝结起来,相互压迫,产生了冰雹,这在春天里经常发生。还可以是因为积压在一起冰冻的云的摩擦,导致积累起来的雪纷扬而下。雪还可以由于其他的方式而产生。

露水产生于适宜于造成这种潮湿状态的空气的凝聚,或是产生于潮湿的地方或积水的地方的空气向上蒸发;露水经常在这些地方形成。这些湿气聚集到一起后,形成水气,然后又降落到地面上,正如我们在经验中经常可以观察到的那样。霜和露水的产生没有很大差别,也是由于环境变冷而导致了水分子的凝结。

冰的产生是由于水中的弯斜的和尖角的原子把圆形的原子挤出去了;也有可能是由于弯斜的和尖角的原子从外面进入到水中,聚集在一起,把圆形原子挤了出去,然后凝结起来。

虹的产生是由于：（1）太阳照到潮湿的空气上；（2）光与空气的某种独特的混合也能够造成这些独特的颜色，或是产生所有这些颜色，或是产生其中的一种；（3）当太阳照射到这种空气的不同部分上并反射时，邻近的空气就会出现我们看到的这些颜色。虹之所以呈现为圆形，是由于我们观看它的各个角度的距离都是相等的，或是由于空气中和云层中来自太阳的原子的聚合呈现出了那种圆形的样子。

月晕产生于月亮四周的空气向月亮移动；也可能是由于从月亮向周边均匀地流射出的物质被四周的空气同时挡住，于是印出了一种圆形的云状东西；也可能是由于月亮四周的空气协同一致地向上升起，在它的周围形成了一个厚厚的环形。至于为什么只在天上的某些区域会出现月晕，这是由于那里有某种气流流入，把空气挤压成圆形；也可能是热气堵住了通道，从而产生这种现象。

4. 关于星星的一些问题

彗星或者是由于火在天上的某个地方经过一段时间后，由于环境的适合而得到滋养；或是由于我们上面的天穹有时发生了某种特别的运动，使得这样的星星显现出来；或者，这样的星有时由于环境的适合就移动了起来，后来运行到我们的领域中显现出来。它的隐没是由于与这些原因相反的原因。

有些星一直在原地旋转。[①] 这可以是由于宇宙的这个部分静止不动，而其他部分围着它转，正如有的人已经指出的那样；但是，也可以是由于这里被一股漩涡气流所包围着，使这些星体无法像其他的星星那样运行到别的地方去。或者，是由于这些星星在别的地方得不到燃料补充，而唯独在这里有非常富足的燃料。此外还可以找到其他许多说明这种现

---

① 指两极天空上固定不动的星。

象产生的方式,只要我们做到在推理中与事实保持一致。

有些星的运行没有固定的轨道(如果事实当真如此),①有些星却整齐划一地运动着。这些情况可以这样解释:世界发端之际的圆形运动必然使其中有的星星有规则地、不变地旋转,使另一些星星作着不规则的运动。另外,这也可能是由于星星穿越过不同的地方;有的地方有匀称的气流,驱使空气走向一个方向并均匀地点燃它们;有的地方的气流则非常不匀称,于是就产生了我们所看到的偏离轨道的现象。在这些事情上,现象明明提示有许多可能的原因,如果坚持只有一种原因,那就是个疯子,是不可思议的自相矛盾!而这正是那些发疯的占星术士们干的事情。他们硬是不肯让神免去管理天体的苦差,给星星安排了毫无意义的原因。

有的星看上去落在其他星的后面,这是因为它们的环绕轨道虽然和别的星同样,但是转动得比较慢些;或者,是由于它们在进行反向的运动,又被其他星星阻滞着;或者,是由于在做同样的环形运动时,有的星需要越过较多的区域,有的星则需要越过较少的区域。只有那些打算用神话迷信向大众炫耀的人才会坚持说这些解释中只有一种是对的。

那些所谓的"流星"可以是由于星星的相互摩擦撞击而四碎跌落所产生;也可以是由于火与风混合后导致的原子团的坠出,就像前面我们在讨论闪电时说过的那样。这也可能是由于易于燃烧的原子的聚合(这很容易导致这类现象的出现),以及这些原子沿着原初的动力方向的继续运动。也可以是当风聚拢在某种雾状的浓厚物质中,由于被紧密封闭压缩而烧起来,然后爆裂开来,洒落到它冲往的地方。此外还有许多其他可以用不着诉诸神话的解释流星的方式。

有的动物的行为可以成为预测天气变化的征兆,这可能是由于时间上的巧合。动物的行为变化并不会必然引起冬季的结束。也不会有一个神端坐在那里,保证在动物的搬家后,一定会发生什么事情以兑现这一

---

① "行星"的希腊意义。

征兆。这种愚蠢的想法即使是最微不足道的人也不会有，只要他多少受到了一点启蒙，更不要说对于那些已经获得了完全的幸福的人了。

5. 结论

皮索克勒，这一切你都要牢牢记住，这样你就能远离神话，能够全面地认识这一类的事情。你尤其要全心全意地研究第一原则、无限以及各个相关主题，研究真理标准、情感以及我们进行这些思考所服务的唯一目标。因为对于这些主题的整体概观把握可以使我们很容易地认识具体事物的原因。那些真诚投入的人，就既不能很好地把握这些知识，也不能认识他们做这一切所追求的目的。

三　致梅瑙凯信（伦理学纲要）

伊壁鸠鲁向梅瑙凯问好！

不要因为年轻就耽搁了学习哲学，也不要因为年纪大而感到学习哲学太累了。因为一个人在灵魂的健康上既不会时机尚未成熟，也不会时机已过。说还没有到学习哲学的时候或是说时机已经错过的人，就等于在说在获得幸福上时机未到或已经错过一样。所以，无论青年人还是老年人，都应当学习哲学。对于老年人，可以通过美好的经历而立即变得年轻；对于青年人，则可以由于不再对未来惧怕而变得成熟。我们要关注的是在一切实践中追求幸福。如果我们获得了它，我们就有了一切；如果尚未获得，我们要尽一切努力去获得它。

1. 幸福的前提

我一直向你们谆谆嘱咐的事情，你们要去做，要明白它们是美好人生的基本原则。首先，要认识到神是不朽的和幸福的生物，正如关于神的通常观念所相信的那样；你不要把那些与不朽性和终极幸福性格格不入的事情归之于神。要用你的一切力量维护神的永恒幸福的观念。神是确实存在的，因为这一知识是清楚明白的。但是，它们不是大众所认为的那样，因为大众不知道在这件事上首尾一贯地坚持自己的看法。不虔敬的人不是否认大众关于神的看法的人，而是信奉大众关于神的看法的人。因为那些看法不是真实概念，只是错误的假设，比如他们认为神会给恶人带来最大的恶，会给好人带来最大的好处，因为神垂青自己的同类，喜欢与自己近似的人，而排斥和自己不一样的人，视其为异己。

要习惯于相信死亡与我们无关，因为一切的好与坏都在感觉之中，而死亡是感觉的剥夺。只要正确地认识到死亡与我们无关，我们就能甚至享受生命的有死性一面——这不是依靠给自己添加无穷的时间，而是依靠消除对于永生不死的渴望。对于彻底地、真正地理解了生命的结束并不是什么坏事的人，在他活着的时候也不惧怕。那些说自己之所以害怕死亡，不是因为其到来会使人伤心，而是在想到其将要到来时感到伤心的人，是十分愚蠢的。所有实际来临后不会使人烦恼的事情，在人们的事前展望中引起的悲伤也都是空洞不实的。所以，所有坏事中最大的那个——死亡——与我们毫不相干，因为当我们活着的时候，死亡还没有来临；当死亡来临的时候，我们已经不在了。所以死亡既与活着的人无关，又与死去的人无关；因为对于生者，死还不存在；至于死者，他们本身已经不存在了。

大众有的时候把死亡当成最大的坏事而拼命逃避，有的时候又选择死亡，把它看成生活中的悲惨遭遇的避难所。贤人既不苦苦求生，也不惧怕生活的终止。生活对于他既非一种障碍，死亡也不被他看成是一种恶。就像在食品当中，他不会只是选择更多数量的，而是选择更为令人愉快的，同样，贤人在采摘时间之果上，也不是挑选那些更长的时间，而是更加愉快的时刻。那些宣讲年轻人应当好好生活，老年人应当善终天年的人，是头脑简单的，这不仅是因为生活是有价值的，而且因为对好好生活和善终天年的关心与实践本来就是一回事。至于那些说最好不要出世到人间的人，那就更差劲了。这些人有诗云：

　　一旦出生了，就尽快进入冥府之门。

如果说这话的人当真相信这一看法,他为什么不立即结束生命?因为如果他一定要这么做,他立马就可以办到。如果他只是说说而已,那么他就蠢了,因为人们不再会相信他。

要记住:未来既不是完全在我们的掌握之中,也不是完全不受我们的把握。因此我们既不要绝对地相信未来一定会如此发生,也不要丧失希望,认为它一定不会如此发生。

2. 美好生活

要认识到:在各种欲望中,有的是自然的,有的是空虚的。在自然的欲望中,有的是必要的,有的仅仅是自然的。在必要的欲望中,有的有助于幸福,有的有助于身体摆脱痛苦,有的有助于维系生活本身。在所有这些中,正确无误的思考会把一切选择和规避都引向身体的健康和灵魂的无烦恼,既然这是幸福生活的终极目的。我们做的其他一切事情,都是为了这个目的:免除身体的痛苦和灵魂的烦恼。当我们获得这一切后,灵魂的所有风暴就平息了,人们就不再被匮乏所驱动而四处寻找其他什么"好事"来满足灵魂和身体。所以,只有当我们在缺少快乐就感到痛苦时,快乐才对我们有益处。当我们不再痛苦时,我们也就不再需要快乐了。正是因为如此,我们说快乐是幸福生活的开端和目的,因为我们认为快乐是首要的好,以及天生的好。我们的一切追求和规避都开始于快乐,又回到快乐,因为我们凭借感受判断所有的好。

正是因为快乐是首要的好和天生的好,我们不选择所有的快乐,反而放弃许许多多的快乐,如果这些快乐会带来更多的痛苦的话。而且,我们认为有许多痛苦比快乐要好,尤其是当这些痛苦持续了长时间后带来更大快乐的时候。所有的快乐从本性上讲都是人的内在的好,但是并不是都值得选择。就像所有的痛苦都是坏的,但并不都是应当规避的。主要是要互相比较和权衡,看它们是否带来便利,由此决定它们的取舍。

有的时候我们把好当作坏，有的时候又把坏当成好。

我们认为独立于身外之物的自足是重大的好，但并不因此就只过拮据的生活。我们的意思是：当我们没有很多物品时，我们可以满足于少许的物品，因为我们真正相信：只有最不需要奢侈生活的人才能最充分地享受奢侈的生活。一切自然的，都是容易获得的；一切难以获得的，都是空虚无价值的（不自然的）。素淡的饮食与奢侈的宴饮带来的快乐是一样的，只要由缺乏引起的痛苦被消除。面包与水可以带给一个人最大的快乐，如果这个人正好处于饥渴之中的话。习惯于简单而非丰盛的饮食，就能给人带来健康，使人足以承担生活中的必要任务，使我们在偶尔遇上盛宴时能更好地对待，使我们不惧怕命运的遭际。

当我们说快乐是目的的时候，我们说的不是那些花费无度或沉溺于感官享乐的人的快乐。那些对我们的看法无知、反对或恶意歪曲的人就是这么认为的。我们讲的是身体的无痛苦和灵魂的无烦恼。快乐并不是无止境的宴饮狂欢，也不是享用美色，也不是大鱼大肉什么的或美味佳肴带来的享乐生活，而是运用清醒的理性研究和发现所有选择和规避的原因，把导致灵魂最大恐惧的观念驱赶出去。

所有这一切中的首要的和最大的"好"是明智。所以明智甚至比哲学还更为可贵。一切其他的德性都是从理智中派生出来的，它教导人们：如果不是过一个明智、美好和正义的生活，就无法过上愉快的生活；如果不是过一个愉快的生活，也不可能过一个明智、美好和正义的生活。德性与快乐的生活一道生长，两者不可分离。

你认为谁能比这样的人更好呢？——这个人关于神有虔敬的观念，对于死毫不惧怕，他仔细思考过自然的目的，知道"好"的生活很容易获得；他知道坏事不会持续很久，强度也不会很大；他嘲笑被人们视为万物的主宰的东西——所谓命运。他认为有的事情由于必然性而发生，有的来自偶然性，有的是因为我们自己。他看到必然性消除了我们的责任，偶然性或运气则变化无常，而我们自己的行为是自由的，一切批评和赞扬都必须与此关联。即使追随神话关于神的意见也比受自然哲学家的"命运"观念的奴役要好得多，前者至少还给人以一丝希望：如果我们敬拜神、祈求神，就有可能免遭灾难，而后者讲的必然性是无法向它祈求，使它发生任何改变的。再者，他也不像许多人那样认为偶然性或运气是一个神，因为神不会做混乱无序的事情；偶然性也不是事物的一个不确定的原因，因为偶然性不可能给人们带来好事与坏事，让人生活得幸福，虽然大的坏事和好事可以开始于某种偶然事故。应当认为：运气不好但是智慧的人胜过幸运的蠢人，因为在行为中拥有正确的判断的人即使没有成功，也比借助偶然机遇成功的非理性的人要好。

你以及你的同道要日日夜夜思索这些道理以及相似的道理，这样，无论你是在醒的时候还是在睡着的时候，就都不会感到烦恼，而是像神一样生活在人当中。因为一个生活在不朽的福祉中的人已经不再像有死的生物了。

四　伊壁鸠鲁的遗嘱

在此我谨宣布：我把自己的所有财产遗赠给巴特的菲洛克拉蒂的儿子阿米诺马克（Amynomacus）和波他米的德摩托里欧的儿子狄莫克拉蒂（Timocrates），我将根据我在麦得隆写下的遗赠条款分别赠给他们，条件是他们要把花园和及其附属财产提供给米蒂来那欧的阿盖莫多的儿子海尔马格（Hermacus）以及与他一道从事哲学研究的人使用，并且让海尔马格指定的在他之后继任学派主持的人在里面居住和研究哲学。我委托我的哲学弟子们永远帮助阿米诺马克和狄莫克拉蒂以及他们的继承人尽其可能、以最好的方式维系花园中的日常生活。那些继任的人要像我的哲学弟子们一样帮助维系花园。在海尔马格的有生之年，阿米诺马克和狄莫克拉蒂都要把麦利得的房子提供给海尔马格以及与他一道研究哲学的人居住。

阿米诺马克和狄莫克拉蒂要和海尔马格商量，最佳地分配我所赠给他们的钱物，用来供奉我的父母和兄弟的灵位，并且按照习惯的方式纪念我的生日，这是每年7月的第十日。同样，按照我们所规定的，在每个月的第二十天举行我的哲学弟子们的聚会，纪念我和梅特洛多诺。他们还要像我一样，在波赛冬月纪念我兄弟，并在梅塔盖特连月纪念波力阿诺（Polyaenus）。

阿米诺马克和狄莫克拉蒂要抚养梅特洛多诺（Metrodorus）的儿子

伊壁鸠鲁和波力阿诺的儿子，只要他们还与海尔马格生活在一起并研究哲学。同样，他们还要抚养梅特洛多诺的女儿。到她成年后，如果她理性自制，温和驯服，海尔马格要从学派中挑选一个合适的人与她成婚。阿米诺马克和狄莫克拉蒂还要在与海尔马格商议之后从我的财产中拿出他们觉得合适的部分，逐年送给这对夫妇，帮助他们维持生活。

他们应当请海尔马格与他们自己一道管理我的财产，这样，在每件事情上都和他商议之后再作决定。海尔马格毕生与我一道研究哲学，我委任他继任我，担任学派领导人。当女孩子成年后，阿米诺马克和狄莫克拉蒂要从我的财产中拿出条件允许的部分给她当嫁妆，这事也要听听海尔马格的意见。他们还要像我一样照料尼卡诺（Nicanor），因为对于照顾我的哲学弟子们以及毕生与我一道研究哲学、对我友善的人，我们要尽力使他们不至于缺乏生活必需品。

我的所有书籍都送给海尔马格。

万一海尔马格在梅特洛多诺的孩子成年之前遇上了什么不测，阿米诺马克和狄莫克拉蒂要尽我留下的财力提供那些孩子所必需的东西，只要他们的理性懂事。对其他的人，也要按照我安排的那样进行关照，使得他们的生活没有什么困难。在我的奴隶中，我给予米斯（Mys）、尼基亚（Nicias）和里科（Lycon）自由，我还给予菲德莉恩（Phaedrium）自由。

五　伊壁鸠鲁临终书信[①]

今天是我幸福的一天，同时也是我生命的最后一天，我在今天给你写下这些话。结石症和胃病一直折磨着我，它们的痛苦大得无以复加。但是我用回忆和你一起讨论时所感到的心灵快乐来抗衡这一切。请你以你一贯地关心我和关心哲学的那样的善意，照料梅特洛多诺的孩子们。

---

① 此信写给伊豆麦纳（Idomeneus）。

六　伊壁鸠鲁基本要道

1. 幸福和不朽的存在者自己不多事，也不给别人带去操劳，因此他不会感到愤怒和偏爱，所有这些情绪都是软弱者才有的。①

2. 死与我们无关。因为身体消解为原子后就不再有感觉，而不再有感觉的东西与我们毫无关系。

3. 快乐增长的上限是所有的痛苦的除去。当快乐存在时，身体就没有痛苦，心灵也没有悲伤，或者二者都不会有。

4. 持续的痛苦在身体中不会存在很久。相反，极度的痛苦只会短暂地存在。那种几乎压倒快乐感觉的剧烈身体疼痛不会持续许多天。久病的人甚至有可能感到远远超过痛苦的身体快乐。

5. 快乐的生活离不开理智、美好和正义的生活；理智、美好和正义的生活也离不开快乐。如果缺乏了其中的一样，比如缺乏了理智，那么虽然一个人还过着美好的和正义的生活，他已经不可能过上快乐的生活。

6. 任何能够帮助达到获得免除他人威胁的安全感的目的的手段，都被看作是自然的好（以及最源初的、首要的好）。

---

① 伊壁鸠鲁在其他地方还说：神只有靠理性才能认识；诸神有的可以一一分开，有的是由于同样的影像的连续不断地朝着一个地方流射，结果在那儿聚射出人形。——第欧根尼·拉尔修注

7. 有些人追求名望，认为这可以带来免除他人威胁的安全感。如果这些人的生活当真是安全的，那么他们就获得了自然的好。但是，如果他们并不感到安全，那么他们就没有获得自然本性推动他们去追求的目的。

8. 没有任何快乐本身是坏的，但是某些享乐的事会带来比快乐大许多倍的烦恼。

9. 如果所有的快乐都可以累积起来，那么在重复了一段时间之后，整个人体或至少其主要部位就感受不出各种快乐之间的差别了。

10. 如果带来放荡快乐的东西真的能够解除内心对于天象的、死亡的和痛苦的恐惧，如果它们能够教导人明白欲望的界限，那么我们也就看不出有什么指责他们的必要了，因为他们沉醉在一片快乐中，一点也不感到身体的痛苦和心灵的悲伤（这些就是恶）。

11. 如果天空中的怪异景象不会使我们惊恐，死亡不令我们烦恼，而且我们能够认识到痛苦和欲望是有界限的，我们就根本不需要自然科学了。

12. 如果不清楚地认识整个自然，一个人就不能在最关键的事情上消除恐惧，就会生活在神话造成的惧怕中。所以，如果没有自然科学的话，就不能获得纯净的快乐。

13. 如果我们害怕天上和地下的事情，或一般来说无限宇宙中的任何事情，那么我们即使获得了免除他人威胁的安全感，又有何益？

14. 一个人如果获得了免除他人威胁的安全感，那么，在充分的支持和优裕财富的基础上，他可以获得远离人群而宁静独处的真正安全感。

15. 自然的财富是有限度的和容易获得的，虚幻的意见所看重的财富却永无止境，永远无法把握。

16. 厄运很少能击垮贤人，因为理性的过去、现在、将来都一直指导他追求生活中真正重大的目标。

17. 正义的人是心灵最为宁静的人；不正义的人心里充满了惊恐。

18．当身体的由于匮乏而产生的痛苦全都被消除了以后，身体的快乐就再也不会增长了，只能在种类上变换花样。至于心灵快乐的界限，乃是通过反思那些引起心灵极大恐惧的东西和类似的东西而达到的。

19．无限的时间与有限的时间所具有的快乐是一样的，如果一个人知道用理性来量度快乐的界限的话。

20．肉身以为快乐的界限是无限，并且认为快乐需要无限的时间。可是心灵用理性的思考来确定肉身的目的和界限，去掉人对于未来的恐惧，使人获得圆满的生活，因此再也不需要无穷的时间。不过，这样的人也不回避快乐。即使在外部环境把他带到死亡面前时，他也不缺乏对最好的生活的享受。

21．知道好的生活的限度的人，也知道由于匮乏而来的身体痛苦是容易消除的，完满的生活是容易达到的，所以他不需要那些必须通过苦苦争斗才能获得的东西。

22．我们应当仔细考虑那些实在的目的和清楚明白的事实，所有的意见都应当用它们来检验。否则的话，一切都会混乱难断，充满了纷扰。

23．如果一个人反对所有的感觉，那他就没有任何可以据以判定错误的标准了，他甚至无法说哪些判断是错误。

24．如果一个人排斥所有的感觉，如果他不区分有待证明的意见和已经被感觉、感受以及心灵的直观所把握了的呈现，那就会由于愚蠢的意见而把其他感觉也都混起来，结果丢掉了一切标准。另外，如果一个人仓猝接受思想中那些尚待证实的东西和没有被证实的东西，那么他还是无法避开错误；因为那样的话，他在分辨对错时就会模棱两可、无法评判。

25．如果一个人不是在一切行为中都依据自然的目的，而是在追求或规避中偏离到其他方向上去了，那么，这个人的行为就与他的信念不一致。

26．那些没有满足也不会导致痛苦的欲望，就不是必要的。那样的欲求是容易去掉的。而且这类欲望的满足很难，或是满足后会带来伤害。

27．在智慧给整个一生的幸福带来的各种帮助中，最大的是获得友谊。

28．使我们坚信可怕的事情不会永远持续，甚至不会持续很久的同一个信念，也让我们相信，在我们的有限的生活中，友谊最有助于增强安全感。

29．在所有的欲望中，有的是自然的和必要的，有的是自然的但不是必要的；有的既不是自然的也不是必要的，而是由于虚幻的意见产生的。①

30．在那些自然的欲望中，有的是即使满足不了也不会导致痛苦的。尽管这种欲望的对象被人热切地追求，也不过是由虚幻的意见所产生的。如果它们很难消除掉，这不是因为它们自身的本性，而是因为人类的空洞意见。

31．自然正义是人们就行为后果所作的一种相互承诺——不伤害别人，也不受别人的伤害。

32．对那些无法就彼此互不伤害而相互订立契约的动物来说，无所谓正义与不正义。同样，对于那些不能或不愿就彼此互不伤害订立契约的民族来说，情况也是如此。

33．没有自在的正义［绝对的正义］，有的只是在人们的相互交往中在某个地方、某个时候就互不侵犯而订立的协议。

34．不正义并非本身就是恶［自在的恶］，它的恶在于焦虑地害怕被奉命惩罚不正义的官员所抓住。

35．任何人都不能在隐秘地破坏了互不伤害的社会契约之后确信自

---

① 伊壁鸠鲁认为，自然的和必然的欲望是去除痛苦的，比如渴的时候想要喝水；自然的但不是必然的欲望只不过是种类变化的快乐，而不是为了去除痛苦的，比如奢侈的宴饮。那些既不是自然的也不是必然的欲望的例子是：戴上王冠，被竖立雕像。——第欧根尼·拉尔修注

已能够躲避惩罚,尽管他已经逃避了一千次;因为他直到临终时都不能确定是否不会被人发觉。

36. 一般地说,正义对于所有的人都是一样的,都是指在交往中给彼此带来益处。然而就其在某地某时的具体应用而言,同一件事情是否正义,就因人而异了。

37. 一个法律如果被证明有益于人们的相互间交往,就是正义的法律,它具有正义的品格,无论它是否对于所有的人一样。相反,如果立了一个法,却不能证明有益于人们的相互交往,那就不能说它具有正义的本性。如果法律带来的益处后来发生变化了,如果它只在一段时间里与正义概念相和谐,那么这个法律在当时还是正义的,只要我们在看待这些事情时不被空洞的名词所困惑,直面事情本身。

38. 在环境没有变化时,如果现行法律从其运作后果上看与正义概念不一致了,那么这个法律就是不正义的。如果环境变了,同样的法律不再能产生同样的正义后果了,那么,当它还有益于公民的相互交往时,它还是正义的;但是当它后来不再有利时,就不是正义的了。

39. 那些知道如何最佳地防范外在威胁的人,能够尽量待人如己;如果他实在无法把有些人视为一体,至少也可以不视为异己;如果连这也做不到,他可以不和他们交往。只要方便,他就与他们保持距离。

40. 那些最能够获得免除邻人威胁的安全的人,也是那些满怀信任与别人融洽相处的人。不过,尽管他们享受着充分的亲密友谊,当朋友中有人早逝时,他们也不会为之悲哭,好像这是什么值得悲痛的事情似的。

七　《梵蒂冈馆藏格言集》①

1.（＝基本要道 1）

2.（＝基本要道 2）

3.（＝基本要道 3）

4. 一切痛苦都很容易被忽视；因为强烈的痛苦持续不长，而持续得长久的身体痛苦则不太厉害。

5.（＝基本要道 5）

6.（＝基本要道 35）

7. 作恶的人很难躲起来不被人发现；他几乎不可能确信自己能一直隐藏下去。

8.（＝基本要道 36）

9. 必然性是一件坏事；但是生活在必然性的统治之下并不是一件必然的事。

10. 记住：你是一个终有一死的凡人；你虽然只拥有有限的生命，

---

① 《梵蒂冈馆藏格言集》（*Vatican Collection Of Aphorisms*）之得名是来源于这一格言集的唯一抄本是 1888 年在 Vatican Library（梵蒂冈图书馆）发现的。其中大部分格言被认为是伊壁鸠鲁从自己的书中摘抄出来的；有的被认为是他的门徒如梅特洛多诺写的。整个格言集的编排没有什么规律，比"基本要道"随意，有的重复基本要道。对于重复的，我们只是注明，而不再译出。

你却已经在讨论所有时代的自然本性，了解"现在、将来和过去的万事万物"①。

11．大多数人一到闲暇的时候就昏昏欲睡，一旦做事的时候又胡乱瞎忙。

12．（＝基本要道17）

13．（＝基本要道27）

14．我们只活一次，我们不能再次降生；从永恒的角度讲，我们必将不再存在。谁也无法控制明天，可是你却推延你的快乐。生活被拖延给浪费掉了；我们每一个人就在忙忙碌碌、无暇享乐中已死去。

15．我们很看重自己的品性，就像它们是我们自己的财富一样，不管我们是不是品德优良和受到称赞。同样，我们周围的人如果是我们的朋友的话，我们也必然这样看待他们的品性。

16．没有一个人在知道一件事是坏事之后还选择它；但是当这件事与更大的坏事比起来显得还不错的时候，他就被诱惑去做它，结果被抓住。

17．我们不能认为年轻人是幸福的，只能认为一生幸运的老年人是幸福的。身居高位的年轻人常常会受到命运的打击，被从正常的人生轨道中推出去；但是老年人已经到了最后的年龄，就像已经在港湾中下锚，手中已经确确实实地把握住了他过去只是期盼的成就，享受着幸福温馨的回忆。

18．如果你减少观看、社交和性爱，那么爱欲就会消解。

19．当一个人忘记了他过去的好运的时候，他就成了一位老人。

20．（＝基本要道39）

21．我们决不能抵抗自然，而应当服从她。当我们满足必要的欲望和不会引起伤害的身体欲望的时候，当我们坚决地拒绝有害的欲望的时

---

① 这里引用了荷马《伊利亚特》（I. 70）的一句话。

候，我们就是在满足自然［的欲望］。

22．（＝基本要道 19）

23．一切友谊本身都值得追求，不过友谊的最初起源却是它能带来个人利益。

24．梦既没有神圣性也没有预言能力，它产生于原子影像流入和影响我们的心灵。

25．如果用自然所确立的生活目的来衡量，那么贫穷就是巨富了；相反，如果一个人不知限度，那么财富也意味着赤贫。

26．一个人应当承认：长的论证和短的论证都是为了达到同一个目的。

27．其他事业的收益总要等到艰难的工作完成后才能看到，但是在学习哲学中，快乐会一直伴随着知识的增长过程；因为快乐并不是在学习之后才来到，相反，学习和快乐一道前进。

28．你不应当同意那些草率交友的人，也不要表扬那些回避交友的人，因为这会有风险。

29．坦白地说，当论说自然的时候，我宁愿公开说出对于所有人都有益的真理，尽管很少有人能够理解它们；我不会与习俗的意见保持一致以换取大众的大声喝彩。

30．有的人终其一生忙于给自己增加生活用品，却不知道我们每一个人在出生的时候都领受了饮食，足够凡人享用的了。

31．防范其他东西的侵害还是可能的。但是说到死亡，我们所有的人都生活在没有护墙的城市里。

32．对贤人尊敬，就是给自己带来最大利益。

33．肉身的呼喊催促我们避开饥渴和寒冷，谁能避开这些困扰并一直保持下去，其幸福将不亚于天神。

34．我们所需要的，与其说是朋友的实际的帮忙，不如说是对于他们会在我们需要时伸出援手的确信。

35．不要由于期望你所不拥有的东西而毁了你已经拥有的东西吧！你应该多想想：你现在所拥有的东西以前也是你只能期盼的东西。

36．伊壁鸠鲁生活中的温和与自足，和其他人比起来简直就像是一个传奇。①

37．人性在坏事面前比在好事面前更为软弱，因为我们被快乐所保护，被痛苦所摧毁。

38．一个有多种理由一定要自杀的人真是一个不值一提的家伙。

39．一个总是从朋友那儿寻找物质帮助的人和一个对这样的帮助不抱任何希望的人，都不可能是一个真正的朋友；因为前者是在经营小生意，得到的只是别人的照顾而不是感激；后者却使自己断了对于将来的期望。

40．一个说一切都必然发生的人，无法批评一个说并非一切都是必然发生的人，因为根据他的逻辑，他必须承认说那种话本身也是必然的。

41．我们必须一边欢笑着，一边从事哲学研究、管理家政并照看其他事务，而且还不断地宣传真正的哲学。

42．最大的好事［快乐］开始的时间，就是它被享受的时间。

43．贪爱钱财的人，如果这钱财是通过不义的手段得到的，是一个蠢人；如果这钱财来路正当，那就是一个不名誉的人。因为即使一个人的小气有道理，也让人感到讨厌。

44．一个把自己调整到满足于简单的生活所需的贤人，能够更好地明白如何给予而不是索取——他找到了如此巨大的自足之宝藏。

45．研究自然并不会使人大话连篇或是炫耀公众所推崇的那些学识成就；它只会使人蔑视俗见、独立特行，为自己的德性而非外部财产的价值而骄傲。

46．让我们彻底赶走我们的坏习惯吧，就像它们是给我们造成了长

---

① 有的学者认为这句话是海尔马格说的。

久而巨大的灾难的坏人一样。

47. 命运啊，我已经准备你的到来了，我也鼓起勇气抵抗你的所有各种秘密进攻了。我们不会当你的俘虏，也不会当其他环境压力的俘虏；当我们到了离别生活的时候，我们会看轻生命，看轻那些徒劳无益地想抓住它不放的人；我们将在离开生命的时候响亮地唱出宣布我们美好一生的凯旋之歌。

48. 只要在生命的路上，我们就应当努力使旅途的后半部分比前半部分更加美好。当我们到达终点时，我们应当保持宁静，心怀愉悦。

49. （=基本要道12）

50. （=基本要道8）

51. [伊壁鸠鲁对一个年轻人说：]我从你的信中得知你的天性使你过分地沉溺于性爱。这么说吧，只要你不违反法律或社会习俗或干扰邻居或搞垮身体或花光钱财，你可以跟着天性走，做你想要做的事情。但是，你几乎不可能不受到这当中起码一种问题的困扰。性爱从来也没有对谁有过什么好处过；如果它不伤害一个人的话，已经是侥幸了！

52. 友谊在世界上载歌载舞，唤醒我们大家倾听幸福生活的福音。

53. 我们不必忌妒任何人。好人不应该受到忌妒；至于坏人，他们越是发达，就越是在害他们自己。

54. 人们所需要的不是假冒的从事哲学，而是真正的从事哲学，因为我们不需要良好健康的外表，而需要真正地享受健康。

55. 我们应当这样来抚慰人们所遭受的不幸：幸福地回忆过去的好事，清楚地明白发生的事情是无法变更的。

56—57. 贤人在自己遭受折磨的时候不会比在看到朋友遭受折磨时感到更加痛苦；但是如果朋友伤害了他，他的整个生活就会由于失去信任和完全颠倒而损害。

58. 我们应当从日常责任和政治事务的牢房中逃离出去。

59. 肚子并不像大众所想象的那样难以满足；真正难以满足的是关

于口腹之欲难以餍足的错误信念。

60．每个人在去世时都显得像是刚刚出生一样。

61．人们觉得亲人的面容是最美好的景象，因为亲人之间的血缘使他们心灵相通；亲人面容的可爱，正是因为它揭示了这一亲缘一体性。

62．如果父母对自己的孩子的愤怒是有道理的，那么孩子反抗父母而不请求原谅，就毫无意义了。如果父母的愤怒没有道理，不是合情合理的，那么一个非理性的小孩向不听求告的人祈求，也是一件蠢事；他还不如表现好心，把事情扭转到别的方向上。

63．简单生活也有一个度。不注意这个度的人所犯的错误和陷入奢靡生活的人所犯的错误一样大。

64．别人的赞同必须是出于自愿的，我们才会欢迎。同时我们还应当继续努力改进我们自己。

65．向神祈求人自己可以办到的东西，是毫无意义的蠢事。

66．让我们不是用痛哭而是用愉快的回忆来表达对于去世的朋友的同情。

67．一个自由的人无法获得许多财产；因为如果不给暴众或君主当奴才的话，这是很难的事。但是，他时时都很富足，不缺生活必需品。如果他碰巧得到了许多财产，他可以轻松地散财，赢得大家的好感。

68．一个人如果觉得满足还不足够的话，那么他就什么也都不能满足了。

69．灵魂的不知感恩的特性使人无边无际地渴求生活方式的精细化。

70．你在整个生活中都不要干那些一旦被人知道就会害怕不已的事情。

71．我们必须对我们的每个欲望都问这样的问题：如果我获得了欲望的对象，我会怎么样？如果我没有获得的话，又会怎么样？

72．（＝基本要道 13）

73．我们在遭受某些身体上的痛苦之后，就能学会避免其他类似的痛苦。

74. 在一场哲学争辩中，输者的收获最大，因为他学到的最多。

75. 那句格言"盯着漫长一生的终点"显示出对于过去的幸福不够珍惜。

76. 当你成熟起来时，你就变得我所要求你成为的那样——你明白了为自己学习哲学和为希腊学习哲学之间的区别。我和你一道高兴。

77. 自足的最重要的意义就是自由。

78. 高尚的人主要关心的是智慧和友谊；其中，前者对于此生有很大价值，后者对于一切时候都有好处。

79. 宁静无扰的灵魂既不扰乱自己也不扰乱别人。

80. 走向得救的第一步是保护自己的青春并阻挡所有那些［文化的］影响——那些影响会用无法满足的欲望毁掉所有的事。

81. 无论拥有多么巨大的财产，赢得多么广的名声，或是获得那些无限制的欲望所追求的东西，都无法解决灵魂的紊乱，也无法产生真正意义上的欢乐。

八　贤人论[①]

1. 人之所以会伤害别人，或是出于仇恨，或是出于妒忌，或是由于轻蔑。贤人通过理性克服了所有这些情绪。

2. 已经成为贤人的人就再也不会变化成相反的性格了，他甚至不愿去伪装它。

3. 贤人比其他人更敏锐地感受到各种情绪，但是它们不会妨碍他的智慧。

4. 并非所有的体格性情都能形成贤人，也不是所有的民族都能产生贤人。

5. 贤人即使在拷架上也是幸福的。尽管当他在受到严刑拷打时也会叫喊与呻吟。

6. 唯有贤人会不管朋友是否在场都用言行表达对朋友的感谢。

7. 贤人不和法律所禁止的那种女人交往，这是第欧根尼在其《伊壁鸠鲁伦理学思想概要》中说的。

[①] 《贤人论》并不是一部完整的著作，而是第欧根尼·拉尔修所汇集的伊壁鸠鲁以及伊壁鸠鲁派其他传人关于"贤人"的各种说法，见第欧根尼·拉尔修《著名哲学家的言论和生平》10，第117—121页。在《著名哲学家的言论和生平》中，各条格言没有编号。现代研究者（如 G. K. Stordach）有对它进行编号的，这样使其内容更加清晰明白。所以我们这里也编号。

8. 贤人不惩罚仆人，而是对他们怜悯，而且还会宽恕那些有良心的仆人。

9. 贤人不陷入爱情，也不关心死后的葬仪如何。他们认为爱情不是神送给人的礼物，正如第欧根尼在其著作的第12卷中说的。

10. 贤人不是出色的公众演说家。

11. 性爱对人并没有好处；如果不受其伤害的话，那已经是谢天谢地了。

12. 贤人也不会结婚生子，正如伊壁鸠鲁在《问题集》和《论自然》中说的。不过，如果为特殊的情势所迫，他们有时也会结婚。

13. 贤人会避开一些人。

14. 他们即使喝醉之后也不会发酒疯，正如伊壁鸠鲁在《会饮篇》中说的。

15. 他在《论生活》的第1卷中说，贤人不投身政治。在第2卷中他还说，贤人既不会去当僭主，也不会成为一个犬儒派，也不会当乞丐。

16. 在这一卷中他还说，贤人即使眼睛瞎了也不会轻生。

17. 第欧根尼在《语录》第5卷中说：贤人也会感到悲伤，也会上法庭打官司。

18. 贤人会在身后留下著述，但是不会写公众颂文。

19. 贤人会注意自己的财产和未来生活。

20. 贤人喜爱田园生活。

21. 他会全力反抗命运，决不抛弃朋友。

22. 他对自己的名声的关注以不被别人轻视为限。

23. 他比别人更喜欢参观庆典。

24. 贤人也会摆上祷告用的偶像。但是对于自己的状况是变好还是变坏，他们无动于衷。

25. 唯有贤人才能对音乐和诗歌正确地讨论，但是他自己从不写诗。

26. 一个贤人不会比另一个贤人更加贤明。

27．如果贤人穷了，他也会去挣钱，但是仅仅通过他的智慧。

28．在必要的时候他也会服侍国王。

29．他会感谢纠正他的错误的人。

30．他会建立一个学校，但是不会是为了招徕大众。他会在群众中朗读，但是他不是自愿这么做的。

31．他独断而非犹疑不定。

32．贤人醒时睡时都一个样子。

33．他有的时候也会为朋友而死。

伊壁鸠鲁派的贤人不认为各种过错的重要性都是一样的。在他们看来，健康有的时候是好的，有的时候是无关紧要的。勇气并不是自然天生的，而是对于行为后果的盘算的结果。友谊来自于它的益处，因为它总是要由于什么缘由而开个头（就像总要先在地里播下种子一样）；但是友谊的保持靠的是对愉快交往的享受。他们把幸福分成两类，一类是最高的，是神的那种幸福，它十分完满，不可能再有任何添加；另一类快乐的程度不确定，可以添加和减少。

九　奥依诺安达的第欧根尼铭文残篇选[①]

1. 奢侈的财富对于男人和女人毫无意义，就像水对于已经倒满水的杯子毫无意义一样。它们都是无用的和毫无必要的。

2. 当我们看到别人的财富和捞到的东西那么多时，只要记住我们并不受这些欲望的干扰，也不会为满足这些需求而当牛当马，我们就可以获得很大的满足。

3. 这些就是所有的坏事的根子——害怕神，害怕死亡，害怕痛苦，以及欲望超出了自然为幸福生活所要求的东西的界限。

4. 能带来宁静的最佳办法就是简单的生活方式；它不要人忙忙碌碌，它不要求我们从事令人不快的工作，它不会硬要我们做那些力所不及的事情。

---

① 伊壁鸠鲁学派在罗马帝国中期的土耳其西部一度流行。公元3世纪，在土耳其西南部的奥依诺安达（Oinoanda）有一位第欧根尼（Flavius Diogenes）建造了一面墙，在上面镌刻了许多伊壁鸠鲁格言。现代古典学者如 M. F. Smith 陆续收集和辨识了几十条残篇并整理发表。这里选的几条与伦理学有关。

下编

万物本性论*

---

* [古罗马]卢克来修著。

第一卷　原子与虚空[①]

一　序诗

　　罗马民族的母亲，诸神和万众的宠爱，生养万物的维纳斯啊。[②]

　　在平滑运行的星空之下，你充满了遍布船只的海洋和养育庄稼的大地。因为只有通过你，各种生物才能孕育、出生、成长，面向灿烂的阳光。啊，女神，你的到来令狂风避走，乌云消散。因为你，创造奇迹的土地长出了芬芳的鲜花；因为你，辽阔的海洋笑逐颜开，天空也变得流光溢彩、宁静安详。

　　当春天的芳姿刚一出现，鼓胀的西风吹来新鲜而自由的空气，先是天空中的飞鸟感受到你的神力，便开始传唱着你——女神——的到来，然后那野兽和家畜都在富饶的草地上欢快地跳跃，游过水流湍急的河。一切生物都贪恋地跟随着你，被你牢牢地迷住，紧紧地追随着你走向各方。在海洋、群山和激流中，在枝叶繁茂的鸟巢和青绿的草原上，你处处把甜蜜诱人的爱注入所有生灵的胸膛，你使它们按照各自的种类一代

[①]　原书并无标题。此书中凡加括号的标题均为中译者所加。——中译者注
[②]　美神和爱神维纳斯 (Venus) 被罗马人看作是自己的始祖——特洛伊英雄爱尼亚斯（Aeneas）——的母亲。她所体现的是"快乐原则"亦即大自然用以繁殖、创化、持续繁衍生命的原则。注意：对于伊壁鸠鲁派，生与死是核心问题。

代地生育繁衍，不知繁忙。

因为唯有你才掌管着万物的本性，因为没有你就没有任何东西能来到阳光的国度里，也不会产生任何欢乐而可爱的事物，所以我渴求你与我一道写作这些诗句，我想要用它们来描述万物的自然本性，并把它献给我的朋友麦米乌斯（Memmius）。① 女神啊，你赋予了麦米乌斯各种才干，而且一直都期望他出类拔萃。因此，请女神一如既往地眷顾我的诗篇，让它焕发出永恒的魅力。

同时也请你让战争的野蛮行为在山里和海上都停息下来，因为只有你才能给凡人带来安宁与和平。力大无比的战神指挥着野蛮的战争，但他常常被爱情的永恒伤痛所彻底征服，投入你的怀抱。女神啊，他抬头向上凝视着你，灼热的眼神充满爱意，张开的口中飘出的气息停在你的双唇上。② 当他斜躺在你神圣的玉体之上时，杰出的女神啊，请你一定弯下腰来将他紧紧抱住，用你的嘴吐出甜言蜜语劝诱他，因为你的罗马子民渴望安宁与和平。在国家充满灾难的日子里，我无法心境平和无忧无虑地从事我的本职工作，麦米乌斯家族的这位高贵后裔也不能摆脱公共事务。[我向你祈求和平]，因为神的本质当然是在最真实的宁静和平中安享其不朽的福祉，远远离开人间的事务。神没有任何痛苦，没有任何危险，他借着自己的力量就很强大；神根本不需要我们，他们既不会因为受到服侍而欢心，也不会为人间的愤怒所动。

[麦米乌斯啊，]当你的耳朵不受干扰并且心智敏锐无所牵挂之时，你就应该去从事真正的哲学。这样你就不会把我满怀忠诚和热心奉献给你的礼物在理解之前就轻蔑地抛掉，因为我将向你论述关于宇宙和诸神

---

① 麦米乌斯是古代罗马政治家，公元前58年任执政官。卢克来修把这首哲学长诗献给他。

② 卢克来修这里可能是在根据一幅具体的图画或雕像描写。罗马诸神中，美神维纳斯和战神马尔斯（Mars）占据着突出的地位，而且这两位神之间的关系又十分密切；战神追求美神的故事常常为人津津乐道。

的最高理论，也将向你揭示万物的始基——自然用它们来制造、繁衍和养育万物，并且当万物分解之后，又复归于始基。在哲学讨论中，我们习惯于将它们称为质料、产生万物的物体或万物的种子，也可以把它们称作原初物体，因为万物都是由这些同样的最初元素而构成。

当人类在宗教迷信的重压下可怜巴巴地跪拜于地时，当"她"[迷信]从天空探出头来面目狰狞地俯视着人类时，一位希腊人①首次勇敢地抬起凡人的双眼直视她，起来抗拒她。无论是鬼神的威名还是电闪打击，或是天空中滚滚雷霆，都不能吓倒他。相反，这只不过更加激发了他灵魂中的热烈勇气。他渴望在所有人当中第一个砸开自然奥秘之门的门闩。他心灵的强大力量战胜了一切；于是他远远地越过了熊熊燃烧的世界之墙，在思想和想象中走遍了整个广阔无垠的宇宙。②然后，他带着战利品凯旋归来——这就是关于什么能够产生，什么不能产生的知识，也就是关于万物的力量限制及其深埋不改的界碑的道理。于是，迷信的威风被横扫在地，踏在脚下；而人类的地位则被这一伟大的胜利凌霄举起。

在这件事上，我担心你刚入哲学之门，恐怕会认为我不虔敬，正走上一条通往罪恶的道路。恰恰相反，正是迷信才经常带来罪恶和亵渎神灵的行为。在奥里斯（Aulis），我们的道口女神的圣坛就被伊菲娅纳撒（Iphianassa）的鲜血所污染③，她被公推的军队首领所杀害。当那系着她少女头发的圈带④垂落到双颊之上，当她看到自己的父亲悲哀地站在圣坛

---

① 即伊壁鸠鲁。

② 一般古代自然哲学家都认为我们的世界被"火墙"所包围着，这就是那星空闪闪发亮的天穹。卢克来修认为伊壁鸠鲁走出了"火墙"，认识到宇宙并非仅仅就是我们这个世界，还认识到许多前所未知的自然知识。

③ 大道路口女神（Our Lady of the Crossway）就是猎神阿特米斯（Artemis），在罗马神中也被称为狄安娜（Diana）。准备远航攻打特洛伊的阿伽门农（Agamemnon）舰队集结在奥里斯，被风暴阻挡无法出动。祭司说阿伽门农冒犯了阿特米斯，必须把自己的女儿伊菲娅纳撒作为牺牲祭献给她。伊菲娅纳撒受到哄骗，以为要出席自己的婚礼，走向了祭坛。

④ 祭献牺牲品的标志。

之前，两边的副手暗藏利刃，还有那泪光闪闪地看着她的人们时，她吓得不敢作声，跌跪在地。唉，可怜的女孩！即使她乃是国王的第一个女儿，此时也不能救她一命。她浑身战栗，被众人用手抬起，送向圣坛。这里并没有奏起庄严而神圣的礼仪中的嘹亮的颂婚之歌，这里是一个正当婚嫁之龄的贞洁少女落入了不洁净的手中，悲惨地被自己的父亲亲手杀害。她父亲这样做据说是想为他的舰队祈求平安顺利。这就是迷信助长罪恶行为的最有力证据！

你自己有一天也会被巫师们恐怖的妖言所震慑而远离我们，因为他们甚至现在就能为你编造许多的梦兆以颠倒生活的原则，并且用恐怖扰乱你的所有好运。这是不无道理的：假如人们认识到苦难终有尽头，那么他们就有办法和力量抵御迷信和巫师们的威胁。然而事实上，因为人们害怕死后的永久惩罚，所以就失去了反抗宗教迷信的力量。关键是人们不知道灵魂的性质是什么：灵魂是生出来的，还是相反，是在人出生后从外面进入人体的？也不知道灵魂在我们死亡、肉体瓦解之时随着我们一同毁灭，还是坠入奥尔库斯（Orcus）的阴暗、巨大的深渊中①，还是依据神的命令而进入动物躯体，就像我们的诗人恩尼乌斯（Ennius）所吟唱的那样。恩尼乌斯第一个从美好的希里康山（Helicon）②上赢回了常春藤的桂冠，在意大利各族人中享有光辉的名誉。然而，他在他的不朽诗篇中宣称，确实存在着一个叫做"亚基龙"（Acheron）的地方③，那是我们的灵魂和肉体都无力达到的地方，那里只有人的苍白奇异的魅影。他还说永生的荷马的幽影曾经在那里出现，流着辛酸的泪水讲述万物的本性（rerum naturam）。

所以，我们不仅要确立有关天体的正确原理，日月的运行规律，以及地上万事万物发生的背后力量，而且尤其要用敏锐的理智去考察精神

---

① "奥尔库斯"即地狱。
② 希里康山位于希腊的波埃提亚（Boeotia），被视为文艺女神缪斯的居所。
③ 亚基龙是地底大河，也被泛指地下世界。

的构成和心灵的性质，以及当我们醒时苦于病痛的困扰或在熟睡之中时，是什么东西侵袭我们的心灵，使我们仿佛真的耳闻目睹了那些已经死去的人，尽管他们的尸骨早已埋入大地的怀抱。

我当然深知，要想把希腊人的艰深发现用拉丁文明确表达出来是多么不容易。困难尤其在于我们语言的贫乏和所发现的事物的新颖，所以我们不得不经常发明一些新的词汇。但是，你的美德和对你的甜蜜友情的欢快期盼激励我不辞劳苦，使我在许多个宁静的不眠之夜中费尽心思地寻找能够清晰表达思想的词汇和诗句，以便向你的心灵展示明亮的光芒，使你能深入到万物的深藏。

二　原子与虚空

1. 原子：物质的永恒性

所以，心灵的恐惧与忧郁必定烟消云散，这并不是被耀眼的阳光和白昼的明亮所驱散，而是被自然的本来面目和法则所破除。我们研究的第一准则来源于这一原理，即永远不会有任何事物会被神力从无中产生。凡人之所以被恐惧所控制，是因为他们看到了天上和地下发生的许多事情，却完全不理解它们的原因，结果就认为它们是神的力量所造成。然而，一旦我们认识了无中不能生有这一道理，我们就将据以更加准确地理解我们所寻求的解释，包括万物从中产生的源泉以及与神的作为毫无关系的发生方式。

如果无中能够生有，那么各种东西都能从所有的东西生出来，一切东西都不需要种子就能产生。首先，人类将从海洋中诞生，有鳞的鱼将在地上生长；鸟儿也可以从半空中孵化出来；家畜和一切野生动物也将遍布于所有的贫瘠沙漠和富饶土地，物种的生育繁殖将毫无规律。树木也不会固定不变地结出同一种果实，而是任意交错地长出别种树上的果子。如果不是物按其类地生长发育的话，那万物何以会各自有其固定的母亲？但事实上，每种东西都产生于其固定的种子，每种东西由之而生、由之而出现在阳光底下的本源正是它自己的质料和原初物体。这样，就不可能从任何东西都能生成其他任何东西，因为在每一种东西中，都蕴含着独特的力量。

还有，为什么我们总是看到春天玫瑰花开，夏天稻谷长穗，秋天葡萄成熟？要不是因为它们各自固定的种子在适当的节令由肥沃的土地孕育、生长并最终出现在光天之下，要不是这些条件的综合作用，万物如何能在一定的时令显露其自身？反之，如果万物能从无中产生，那它们就将毫无规律地在反常的季节骤然生出，既然节令的不合已经无法制止原初种子为了生育后代而结合。

还有，如果无中能够生有，那么种子的结集和万物的生长就都不再需要适当的时间，婴儿将在眨眼之间长成年轻人，大树也会突然破土而出。但是很显然，这类的事情从未发生，因为万物总是从特定的种子逐渐地慢慢长大，并且在成长中保持各自的种性。由此你就可以推断，每一种东西都是从它们各自适当的质料中生长和得到营养的。

还有，如果在一年中没有固定的雨季，地上就不能结出欢欣的硕果，而生物离开了食物就不能繁殖各自的后代和保存生命。所以，你就更加会确信：许多东西都有共同的原初物体，正如字母对于不同的词汇是共同的一样，而不会相信有什么东西能够没有原始种子而存在。[①]

还有，为什么自然不把人类造成巨人，让他跨大海如涉小溪，双手撕开大山，历经无数代而长寿不死？如果不是因为自然用固定的质料来造就万物，那么由之而来的东西又怎么可能固定不变呢？因此，我们必

---

① 伊壁鸠鲁派是原子论者，认为万物的始基是原子。"原子"（atom）的本意是不可分割者。不过，伊壁鸠鲁和卢克来修更多地用"始基""种子"等术语，而不太说"原子"。

须如此推断：从无中绝对不能产生任何东西，正因为万物都必然有其种子，每一种受造物才能被带到天宇下柔和的微风中来。

最后，既然我们看到耕种过的土地要比未耕种过的好，我们的辛勤劳动总是能换来更好的回报，那么很明显，土地之中必然有万物的原物种子。我们犁起肥沃的土块，在土地上挖沟筑渠，都促使这些种子生长起来。否则的话，你将看到万物无须我们的劳作而自动地生长，而且长得更好。

此外，自然也会将万物重新分解成其元素，而不会将万物彻底消解为无。如果事物的所有部分都会毁灭，那每件东西都会在我们眼皮底下忽然不见，因为那样一来，就不必再费力去瓦解物体的组成部分、拆开它们的连接。但是事实上因为万物的种子永恒长存，除非用巨大的强力击碎一个东西，或是渗入其中的空隙将它瓦解，自然不会毁灭任何事物。

另外，如果吞噬一切事物的时间用岁月的流逝彻底摧毁了它所消解的所有东西，那么维纳斯又从何处把各种生物各如其类地恢复到生命的天光之下？或者，当它们复活之后，奇妙的大地又能从哪儿找到食物，按照它们的各自种类供给和养育他们，使他们不断成长？海洋又何以能够被它底下的泉源和远方流过来的河水所不断充满？以太又从何处找到原料养育它的星辰？因为一切东西如果都是由可以朽坏的物体组成的话，那么它们必然会被无穷的时光和岁月所耗尽。但是，如果事物的元素可以穿越时间的流逝而保存下来并重新构成这些事物，那么这些元素的本性就确实是不朽的。所以万物不可能完全复归于无。

另外，要不是万物都借着永恒质料而维系，各部分或紧或松地交织、绑缚在一起，那么同一种力量也将毫无区别地把它们全部毁灭。要是没有永恒物质的微粒，要是拆散微粒的组合不需要特别的力量，那么只要轻轻一碰就会毁掉一件东西。但是事实上，由于连接质料微粒①的纽带各

---

① Principcorum 也就是原子，方书春译为"原始组分"。

不相同，由于质料永存不灭，万物在遇到一股大到足以破坏其组织结构的力量之前，总是能够完好无损地持续存在。所以，没有任何一样东西会复归于无，而是分解回归于其原始质料。

最后，以太父亲［天空］向大地母亲投送的雨露消失不见了。然而随后大地就长出了金黄色的谷穗；枝叶变绿，小树苗长成了大树，挂满累累的硕果，给人和野生的动物提供了丰富的食物。于是，我们看到幸福的城市里满是孩子们的幸福笑脸，鸟儿们在枝叶繁茂的树林里鸣唱着同一首歌，一群群牛羊肥硕慵懒地躺在富饶的草原上，鲜白的乳汁从它们胀满的双乳中流出来，羊羔牛犊的柔脆心灵陶醉在鲜奶之中，摇摆着稚嫩的四肢在新芽遍野的草地上欢快嬉戏。所以，我们看见的一切东西都不会完完全全地消灭，因为大自然总是用一物来构建另一物，只有通过其他东西的死亡才能生育新的东西。

既然我已经教导过万物不能从无中创造出来，当它们毁灭时也不会复归于无，你就再也不要因为肉眼看不见万物的始基而怀疑我的话；何况你还可以想想一些其他的事物，它们虽然也无法看见，但是你必然会承认它们的存在。

首先，大风呼啸而起，击打着海面，掀翻巨大的船只，吹散天空的乌云。有时迅猛的旋风在平原上席卷而来，一路遍撒大树；有时狂风在高山上疯狂肆虐，抽打着山上的树木。飓风咆哮起来，如此狂暴，如此凶残，如此蛮横，威猛无比。所以，毫无疑问，一定有某种不可见的风的物体在席卷着海洋、大地和天上的乌云，剧烈地击打它们，将它们卷进巨大的漩涡之中。风的奔涌和破坏方式就和水一样。水虽然宁静柔和，但是一旦暴雨如注，滔滔的洪水就从高山上滚滚流下，河水顿时波涛汹涌，冲走了林子里的断枝残木或整棵的大树。坚固的桥梁也无法承受奔涌而来的洪水的迅猛袭击；汹涌的江河在暴雨推动下翻腾向前，直冲桥墩，轰然毁灭一切。巨浪推走巨大的岩石，冲毁挡在它面前的一切东西。飓风的刮过也是如此。它就像一条汹涌的大河，当它急速往某个方向冲去时，会频频发起攻击，冲毁和推开一切挡在前面的东西，并且不时地将许多东西抓进巨大的漩涡，裹入迅猛的龙卷风，吹向远方。因此我再一次重申：存在着不可见的风的物体，因为它们的力量和作用方式绝对不亚于大江大河，而江河之水则是可见的物体。

其次，我们闻到事物的不同气味，却没有亲眼看见它们如何进入我们的鼻孔，我们也看不到热与冷，看不到声音。但是所有这些都一定是由某种物体所构成，既然它们能够触及我们的感官，因为除了物体之外没有任何东西能触及和被触及到。

再次，衣服挂在浪花四溅的岸边会变得潮湿，而晾在太阳底下就会晒干。然而，我们既看不到潮湿的水汽如何渗入衣服，也看不到它们如何在高温之下蒸发消散。因此，水会分解成无数微小颗粒，肉眼却根本无法看见。

而且，经年累月之后，戴在手上的戒指会逐渐磨损、变轻，雨珠会把石头滴穿；弯弯的铁犁在田间耕作中也会不知不觉地损耗变小，石子铺成的道路被行人的脚磨得平滑光亮。还有那城门两旁的铜像，由于过往的行人频繁地和它握手致敬，它的右手也会变得日趋消瘦。我们发现所有这些东西由于磨损而日益缩小。但是，组成它们的微粒的每次散逸，却不是我们的微弱视觉所能察觉。

最后，时间和自然无论把什么东西一点点地添加到一件东西之上，使它按照一定的比例成长，我们的敏锐感觉再怎么努力都不能觉察到这一缓慢过程。再者，物体由于岁月和磨损而变得衰老，海边的悬崖被腐蚀性的盐水渐渐吞噬。然而它们的每次消损是谁也无法察知的。所以，大自然总是通过不可见的物体进行工作。

2. 虚空的存在及其性质

不过，并非所有的物体都紧紧挤成一团坚固的物质，充塞一切角落，因为事物当中存在着虚空。明白了这个道理，你就会在很多事情上受益匪浅，就不会疑惑徘徊，也不会在思考宇宙时迷茫失措而怀疑我的话。所以，存在着一个不可触摸的空间、虚空和空无。如果没有虚空，万物就完全无法运动，因为物体的阻挡和堵塞的本性就会处处发挥作用。这样，既然谁也无法首先让出地方，那就不可能有任何东西向前移动了。但事实上我们举目所及，遍布海洋、陆地和高天，许许多多的事物都在以不同的方式四处运动着。要是没有虚空，那么这些永不停息的运动就会停下来，或者说根本就从未产生过，因为物体静静地充塞了整个世界的所有角落。

另外，无论一件事物被想象成如何坚固，总有一些证据表明它并非完全如此。例如，湿润的水汽在岩洞里四处渗行，石面上处处结出水珠；食物也能在生物的躯体内四处流动；树木长大并按时结果，正是因为养料能够从最深的根部沿着主干和树枝输送到全身；声音能够透过墙壁，穿进紧闭的房屋；令人冻僵的寒气也能沁入骨髓。但是，如果没有可以让物体自由穿行于其中的虚空，你就无法看到这些现象的发生。

最后，为什么我们看到有的东西在重量上超过同样体积的其他东西？比如说，一个棉花团和一个同样大小的铅块的重量本应该相等。因为物体的特性就是使事物下坠，而虚空的性质则相反，是没有重量。因此很显然，两个同样大小的东西中，那个更轻的东西包含了更多的虚空；相反，那个较重的东西则表明它含有更多的物质，更少的虚空。所以，我们用锐利的推理所寻求到的、那与物体混合在一起的虚空，是一定存在的。

在此，我还要预先破除某些错误的看法，以免它们带领你远离真理。例如，他们说①，河水在鱼的压力下让开道路，而当这些向前游的有鳞生物在身后留下空地时，退去的水波又涌回来填满那里。其他事物也能这

---

① 古代许多人认为不存在"虚空"或真空。运动之所以可能，是靠空气或水的伸缩弹性：当一个物体在空气或水中运动时，前面的空气或水被推向前去，后面的空气或水紧紧跟上，从而不会出现虚空。

样递进运动，不断变更其位置，即便所有的地方都是充满的。但是，你得明白这些为常理所接受的意见毫无根据。我要问的是：如果河水不让出地方来，长满鳞的鱼儿怎能向前游动？而如果鱼儿不能游动，水又能向何处退回？所以，要么所有物体都不能运动，要么我们就得说物体中混合着虚空，从而使事物能够首先运动起来。

最后，如果两个物体在运动中相互碰撞，各自弹向远方，此时两物之间出现的空隙必然会被空气涌入填满。但是无论气流跑得多么快，也不可能一下子就将这一空间填满。因为在填满整个空间之前，空气必须一点一点地充满其间的空隙。如果有人认为这一过程在两个物体跳开之际就已经完成，因为空气会凝缩到一起，那么他就误入歧途了。因为在这一情况下，原先没有虚空的地方形成了一个虚空，而原先在那个地方的虚空也被填满。空气也不能如此收缩；即便它能，如果没有虚空的话，空气也无法把自己的各个部分向内紧紧凝缩。

所以，不管你如何反驳我，你都得承认万物之中存在着虚空。我还可以搜集许多其他的证据来说明我的学说的可信性。但是你的敏锐心智从这些线索中已经足以联想到其他的相关事实。就像猎犬一旦发现了一点蛛丝马迹，就能凭借敏锐的嗅觉追踪，捕捉到隐藏在枝叶底下的野兽巢穴。你在思考中能像它们那样举一反三、触类旁通，深入到不可见的隐蔽处所，最终把握住真理。或许，你可能懒惰不前，或者暂时有些退步；麦米乌斯，我向你保证，我将从我那蕴藏丰富、永不枯竭的心灵之源中向你滔滔不绝地倾吐众多的美妙言论，因为我深恐在把对于此事的所有论证都倾注到我的诗歌中并吟唱给你听之前，姗姗而来的岁月之轮就会追上我的脚步，把我体内生命的守护之墙推倒。

3. 除了原子与虚空，没有其他独立存在者

现在让我重新开始我们已经编织的这篇论说之网。宇宙的本性是：

就其自身而言，它由两种东西组成，因为存在着物体，也存在着虚空；物体在虚空中存在并在它当中四处运动穿行。人们所共有的感官也宣示着物体的独立存在。如果我们一开始不牢牢地建立对于感性认识的坚定信念，那我们在用理智探讨隐蔽的存在时就没有原则可以依靠。进一步，若是没有我们称之为虚空的空间，物体就不能停留在某处，也根本不能朝着不同方向运动，这一点我刚刚已经说过了。

　　此外，在自然中再也找不到从本性上与物体和虚空完全无关的第三种东西。[①]因为，只要是存在的东西，就是自身存在的。如果它是可感触的，那么，无论它是多么轻微、多么细小，它都必将或大或小地增加物体的总量，从而成为物体中的一员。但如果它不可触摸到，并无法阻止运动着的东西穿过其中，毋庸置疑，它就一定是我们所说的空无一物的虚空。还有，只要是自身存在的事物，那么它或是能自己作用于他物，或是能被动地承受他物的作用，或是能让别的物体在其中存在和发生作用。但是，除了物体之外，没有什么东西能发生作用或承受作用；除了虚空和空无之外，也没有什么东西能提供运动的场所。所以，除了物体和虚空之外，再也没有第三种性质的东西能独自存在。谁也不曾感知到它，谁也不曾用理智推断抓住它。

　　你将发现，任何能说出名称的东西，要么是物体和虚空的特性，要么就是二者的偶性。一物的特性就是那种如果离去则该物就会完全毁灭的性质，例如重量对于石头，热对于火，流动性对于水，可触性对于所有物体，不可触性对于虚空，就是特性。另一方面，奴役、贫穷、富裕、自由、战争与和谐，还有其他许多类似的东西，它们的离去不会影响事物本质的继续存在，人们习惯于称之为偶性，这样的称呼是对的。时间也不能独自存在。从能够独立存在的事物中派生出了过去发生的事情、

[①] 或"第三种自然""第三种本性"。自然—本性乃是能够"自身独立存在的存在者"。

眼前发生的事情和将来发生的事情。我们也不同意离开物体的运动和静止还能感知到一种"时间本身"。

还有，当人们说到曾经发生过的海伦被劫、特洛伊被毁等事情时，我们必须注意：他们并不能迫使我们承认这些事情是独立的自身存在。因为这些事情是隶属于那个时代的人们的偶性（偶然事件），而那些人已经被一去不复返的岁月卷走。一切发生过的事件都可以被称为世界的偶性或它们具体发生的那个地区的偶性。再者，事物若是没有其质料，若没有存在和活动发生的空间，那也就不会有为海伦的美貌而燃烧起来的爱的烈焰，这一欲火在弗里吉亚的亚历山大(Phrygian Alexander)①胸膛里越烧越旺，最终点燃了野蛮的战争；也不会有特洛伊人没有注意的木马，深夜里木马中突然跳出的希腊勇士们将柏伽马（Pergama）投入一片火海之中。这样，你就会明白：一切发生的事件都与物体和虚空不同，不能独自存在。恰当的方式是把它们称作物体的偶性和空间的偶性，因为它们各自发生在一定的空间之中。

4. 物质永恒性再证明

物体当中，有些是事物的始基，有些是由始基组合而成的东西。其中，事物的始基是任何力量也毁灭不掉的，它们的坚实躯体能战胜一切侵袭。不过，看起来似乎很难相信世间存在着完全坚固的东西，因为天上雷霆的轰鸣声像我们的声音一样穿过厚厚的墙壁，铁在火中会白热化，石头会在高温作用下爆裂，坚硬的黄金受热后也会软化熔解，冰冷的铜块会在烈火中熔化，冷与热都会渗进银子中，因为当晶莹的纯水从上面倒入银杯中之时，我们要是及时握住杯子，就能感觉到它的冷热。所以，

---

① 即特洛伊王子帕里斯（Paris），据传说由于他诱拐希腊斯巴达城邦的海伦而引发特洛伊战争。

看上去世界上确实没有任何完全坚硬的东西。但是，正确的理智和万物的本性让你跟随我，直到我在诗文中证明许多事物确实由坚固而永恒的物体所组成；如我们所教导的，这些物体乃是万物的种子和始基，所有的事物都是由它们构造而成的。

首先，既然我们已经发现了自然有两种本性的东西，彼此不同——物体以及事物在其中运行的空间，那么很显然，这两种东西都是独立存在、纯而不杂的。因为，只要哪里有虚空，那里就没有物体；同样，只要哪里有物体，那里就决没有虚空；所以原初物体必然是坚固而不带有任何空隙的。

其次，既然受造物中有虚空，那么，在虚空周围就必定有坚固的东西。正确的推理不可能证明有什么东西能把虚空保藏于自身之中，除非你承认那包容者也是坚固的东西。而且，除了物质的结合体之外，没有任何东西能将虚空包含于自身之内。所以，坚固的物质就是永恒不灭的，尽管其他一切东西都要瓦解、消失。

再次，如果没有虚空，宇宙将全然坚实；而另一方面，如果没有一些物体充实于其间，现存的宇宙就会空空如也。所以毫无疑问，物体和虚空必然交相隔开，因为宇宙既不是完全充满也不是完全空虚。所以，必定有某种物体将虚空与充实的地方区分开来。这样的物体既不能被外部打击所摧毁，也不能被任何内部瓦解所消灭，更不能被任何其他方式所摇撼或攻击，就像我刚才已经阐明的那样；因为我们说过，要是没有虚空，那么任何东西都不可能被压碎、打断或被切割成两半，任何东西都无法让液体或冷气或火钻入其中而将它们毁灭。物体中所包含的虚空越多，它就越容易被这些攻击所彻底毁坏。所以，正如我已经教导过的，如果原初物体是坚固而无虚空的，它们就将永存不灭。

最后，如果物质不能永存，万物将在以前就早已化为乌有，而且我们所见到的一切又将重新从无中产生出来。但既然我在上面已经证明没有任何东西能从无中生出，也没有什么受造物会复归于无，那就必定有某种不朽的始基，每一种东西都在灭亡之时复归于它，新生之物则由此获得生长的质料。始基因而具有坚实的单一性，否则它们就决不能在无尽的过往岁月中保存下来，并重新产生新的事物。

而且，如果大自然对物体的破坏没有一个限度，那么时至今日，作为质料的物体由于过去岁月的破坏早已日益减少，以至于再也没有什么东西来支援新事物在一定的季节产生并成熟。因为我们看到，一切东西的毁灭速度都比它再生的速度要快得多。所以，在无穷的过往岁月中，被袭击和破坏掉的众多事物就不能在下面的时间里重新造出来。但事实是，破坏也有一定的限度，因为我们看到每样东西都被重新造出来，而且在适当的时候各如其类地达到生命的花季。

再说，即使物质的元素是完全坚固的，我们也可以解释所有那些柔软的东西——空气、水、泥土、火——是如何形成的，以及它们靠什么力量而朝一定的方向运动，因为物体当中包含着虚空。但是，与此相反，如果万物的始基是柔软的，我们就不能说明那些坚硬的燧石和铁块是如何被制造出来的，因为它们所具有的本性（坚硬性）将缺乏一个坚实的原始基础。所以，原子由于其单一的坚固性和更为紧密的结合而变得强大有力，万物也因此而能被更紧密地结合在一起，从而显示出坚不可摧的力量。

何况，即使有人不承认物体的破坏有一个限度，他还是必须承认在经历了无穷岁月之后，现在还存留着各种事物的躯体，似乎从未遭受过任何攻击。然而，既然那些人认为它们的本性是可以被消解的，那么他们又承认事物能在岁月的长河中历经无数攻击而依然完整地保存下来，就是自相矛盾了。

并且，既然万物在自己的限度中各如其类地生长发育，它们的寿命也都各有限制，既然自然法则颁布了什么能做和什么不能做的条例，既然这一切都不可更改，万物恒常如一，以至于各种鸟儿聚在一起时，也能根据各自的标志将它们按照种类一一区分开来，那么，它们无疑都有一个由不可变的质料所组成的躯体。假如万物的始基能以任何方式被征服改变，那就无法确定什么会产生，什么不会产生。一句话，就不能确定每一样东西如何限制自己的力量，确立其内在不变的界限，也不能使各个物种的后代如此经常地再现它们父辈的本性、习惯、运动和生活方式。

再说，既然在我们无法感知到的那种物体（原子）上必然有边界或端点，这个端点无疑是没有部分的，它是最小的可能存在物，它决不能独立地存在，也永远无力这么做。① 既然它本质上是某种其他东西的一部分，与类似的其他部分一起，作为最基本单位，各在其位、排列有序地紧密结合成一体，共同构成了原子的本性。既然它们不能独立自存，它们就必须与整体黏在一起，无论如何也不能撕扯开来。所以，始基具有坚实的单一性，它们虽然由这些最小部分紧密挤压、黏连在一起而构成，但不是这些部分的简单聚集，而是以始基的永恒单一性把它们强有力凝聚统一在一起。因此自然不会容许始基被撕裂开或毁灭掉，而是保存下来作为万物的种子。②

其次，必须存在着某种最小的东西，否则再小的物体也都将由无限的部分组成，因为那样的话，任何一种东西的一半的一半总还可以再次分成两半，这种分割可以无限地进行下去。这么一来，在万物总体与一个最小物体之间还会有什么区别呢？显然不会有区别：因为万物的总量是绝对无穷的，而那最小的物体也同样由无穷多的部分组成。但是，正

---

① 原子尽管小，但不是"最小的"。原子的不可分割、无法独立存在的"组成部分"，才是最小的；它们也被称为原子的"边端"、"端点"等，它们再也没有"部分"；所以，世界的最小独立存在的种子是原子或"不可再分割者"。

② 贝里指出这段话是关于原子的完全坚实性从而不可毁灭性的又一个艰深的证明。卢克来修按照伊壁鸠鲁的教导，从可见的事物出发，用类比法推论。例如，如果我们集中注意力于一根针的尖端，就能看到一个很小很小的点——它虽然还可见，但是已经是视觉所能看见的最小限度的东西。如果我们继续想看到它的一半，它就会立即消失。针是由无数这样小的微点构成的。同样，原子虽小，但也是由一些更小的"微点部分"构成。这些"部分"的特点是无法像原子那样独立存在，只能作为原子的部分存在。故而，原子有广延，但是并不拥有可以分开独立存在的"部分"。这意味着原子是完全坚实的，非"组合性"的。

确的推理必然对此提出质疑，也否认心灵会相信这样的谬论。所以你必须承认：存在着一些不再由部分构成的东西，它们是自然界中可能存在的最小东西。既然这些东西存在着，你也就必须承认始基是坚实与永恒的。

最后，如果大自然这一创造者总是迫使万物分解成它们的最小部分，那么自然就无法用这些最小部分重新造出任何东西来，因为那些不会由于部分的添加而增大的东西缺乏能产生他物的质料的那些特性，如各种各样的连接、重量、撞击、和谐与运动，万物借着它们才得以产生。

三　批驳其他自然哲学家的始基论

1. 批评赫拉克里特（一本原说）

所以，那些认为火是万物的最初实体、整个宇宙仅仅由火组成的人，就从正确思考的道路上迷离太远了。赫拉克利特（Heraclitus）领头为这样的观点打擂台[①]，他以晦涩难懂的言论闻名于庸众之间，而不是闻名于那些严肃认真地寻求真理的希腊人之中。因为蠢人最喜欢崇拜和追求那些似乎是深藏在怪僻险峻的言说之中的东西，并把凡是能够打动他们的耳朵、粉饰着优美词句的东西当作真理。

我想知道，如果万物都是由纯粹而单一的火组成，那它们何以会如此繁纷多样，形态各异？只要火的微粒和整团的火具有相同的性质，那么说火能变得更浓密或更稀松，是无助于解释这些现象的。因为，如果

---

① 赫拉克里特（约公元前 540—前 480 年），希腊早期自然哲学家，主张世界的"始基"是火。不过，这里卢克来修可能把赫拉克里特当作主张一元素始基论的代表。

火的微粒受到挤压，火焰就会更热；如果它们分开和消散，火焰的热度就减弱。火的浓密和稀松无非带来这点东西，除此之外，你再也不能想象其他任何事情，更不能用火的浓密与稀松来说明所有的万千世界是如何产生的。

还有一点，如果他们同意物体内部有虚空，那么火确实可以凝缩或继续稀薄。但因为看到许多事实似乎与此相悖，他们便在"虚空存在"这一事实面前退避下来。结果，他们由于害怕悬崖而迷失了真理之路。他们也没有认识到，如果从事物之中取走虚空，万物将紧缩成一体，从它当中不可能窜出任何东西，像燃烧着的火发射出光亮和热气那样，而后者的存在向你证明了火的各个部分并非紧凑地堆积在一起。

但是，如果他们碰巧相信火还有其他的运作方式：通过在结合中熄灭或改变其实体［以产生万物］，那么很明显，如果火一直不停地这样做下去，所有的热即火将完全消散为无，而万物可以从无中形成。因为一个事物的变化要是越出了自身的界限之外，那它的原有形态就死亡了。所以，在火之中必定有某物会安全而完整地保存下来，否则你将发现万物会化为乌有，并且从无当中又会生长出世界。现在，既然确实有某些最确定的物体始终如一地保持其本性，随着它们的来去和秩序改变，由它们组成的各种事物也将改变其本性或发生整体变化，那么我们就可以确信，这些事物的元素并不是火。只要所有的东西都还保留火的本性不变，那么它们的分离、添加和位置变化就不能解释任何东西，因为不管它们创造了什么，都一样还是火。在我看来事实应该是这样：存在着某些物体，由于它们的碰撞、运动、次序、位置及形状而产生了火；当它们的次序发生变化时，事物的性质也随之改变。这些物体不像火，也不像任何其他能向我们的感官发射微粒并作用于我们的触觉的东西。①

---

① 对于卢克来修，一切感觉从根本上说都是触觉。

再次，像那个人那样说万物都是火，并说除了火以外再也没有什么真正的东西，简直是痴人说梦话。因为这是用感官反对感官，并且动摇了一切信念的基础，而他也是在此基础上认识了他称之为火的那种东西。他相信感官能真切地认识火，却不能认识其他同样清晰明白的东西。在我看来，这完全是荒谬绝伦。我们应当求助于什么？在辨别真理与谬误时，有什么能比感官更为确定？

此外，为什么单单选择留下火的性质而抛开所有其他东西——而不是否认火的存在却让其他东西留下来呢？无论断言哪一种，看来都同样疯狂。

2. 批评恩培多克勒（四元素说）

因此，那些认为火是万物的质料并且宇宙是由火组成的人，还有那些主张气是产生万物的首要元素，或者认为水能塑造万物，或者认为土能产生万物并将化身为万物的性质的人，都远远偏离了真理。另外，还有人把成双成对的东西当作万物的始基，比如气与火，土与水；还有人认为万物由四种本性——气、土、水、火——中生出。这派人中最重要的是阿克拉格斯（Acragas）的恩培多克勒（Empedocles）。①他出生于那块三角形的海岛②，环绕在它周围的是伊奥尼亚海洋，海水流过巨大的弯港，绿色的浪花撒下咸咸的海盐。急流的海水穿过窄窄的海峡中，用海浪将伊奥尼亚海滩［南意大利］和海峡的另一边［西西里岛］分开。在

---

① 恩培多克勒（约公元前493—前433年），古代意大利西西里的希腊殖民地（所谓"大希腊"地区）的诗人哲学家，认为始基是四元素：火，气，水，土；它们由于"爱"与"斗争"这两种力量而分与合。恩培多克勒自许通神，其"自然哲学"与赫拉克里特的"自然哲学"因此都沾染了某种神秘气息，恐怕为卢克来修所不喜欢。不过卢克来修对于恩培多克勒这位"老乡"的赞誉之情还是溢于言表，虽然他还是把恩培多克勒当作主张多元素始基论的代表来批判。

② 西西里岛大体上是三角形的，岛上有依特纳火山。

这里,有那荒芜奇诡的卡立底斯①,有发出令人恐怖的轰鸣声的依特纳峰,它在重新积聚暴怒的烈焰,等待着下一次从喉咙中将熊熊大火猛烈地喷薄出来,把耀眼的火光吐射入高空。这是一块伟大的地方,在众多国家民族看来,它在许多方面令人惊异,是一个闻名遐迩的好地方。这里盛产多种美好的东西,伟人层出不穷,但是看来没有谁比这个人[恩培多克勒]更杰出、更神圣、更奇异、更可爱了。而且,他那神圣心灵所唱响的诗歌宣示着杰出的伟大发现,使他似乎根本就不是凡人所生。

虽然他以及和我上面提到的那些比他差得多的人们做出了许多杰出的、开启人心的发现,他们好像是从内心的圣坛做出了对万物本质的回答,比德尔菲(Delphi)②的女祭司在阿波罗的三脚祭坛上嚼了月桂叶后发出的神谕更加神圣和精确,但是我还是要说:他们关于万物始基的解释失败了。他们是伟大的,但正因为此摔的跟斗也更大。③原因在于:第一,他们认为从事物中抽掉虚空之后,事物依旧还能运动;他们承认有柔软而稀松的东西,如空气、太阳、水、泥土、动物、庄稼等,却又认为物体之内不含虚空。第二,他们对于事物的可分性丝毫不加以节制,也不认为破坏应当有所停顿,并彻底否认在事物中存在着最小的部分。然而事实上大家都看到每样东西有其极限端点,我们的感官把它们视为最小的。你可以由此推断,在不能感知到的事物中也存在着最小的东西,它们是那些事物的极限。

还有,既然他们认为万物的始基是柔软的,是被生出来的,并且是会彻底毁灭的物体,那么,万物都将在一定的时候化为乌有,又从无中赫然全部生出。你已经清楚,这两种看法偏离真理多么遥远。再次,这些元素在很多方面都相互争斗、相互毒害,因而当这些元素相遇时,要

---

① 西西里海边的一个危险的漩涡。
② 古代希腊的圣地,长期被视为太阳神阿波罗的居所,据说那里的女祭司发布的神谕十分灵验。
③ 此处可能受到荷马史诗《伊利亚特》16.776处的说法的影响。

么全部消灭,要么相互逃开,就像我们看到的,当风暴聚集时,闪电、大雨和狂风四飞五散。

还有,如果万物都是从这四种东西生出,毁灭之后又都复归于它们,那为什么把它们看作是万物的始基,而不是反过来想,把万物称作是这四种元素的始基呢?因为它们互相生成,并永远不断地互相变换它们的外貌和整个性质。但是,或许你会认为火和土、流动的风及液体的水在聚集成物时并没有改变它们自己的本性,但那样一来,你将发现没有什么东西能从它们生成,没有什么动物和非动物的东西比如树能从中生出。每种元素在这个生硬凑合的混合体中都将保持各自的本性,结果空气将和土并列,火将和水共处。但是,始基产生万物就应该给它们带来一种不可见的隐蔽性质,不使原先的元素干扰和妨碍被创造出来的东西的整体特质。

还有,他们退回到天和天上的火,以此为始点,认为火首先是变成空气中的风,再由风产生水,土又从水中而生;然后反过来,所有的东西又从土退回,先回到的是水,然后是空气,最后是火。④并且,这些转化永不止息,从天上到地下,又从地上到天空中的众星。但万物的始基绝不能如此,因为某些不变之物必须保存,使万物不至于完全复归于无。如果某物的变化越过了自身的界限,它的原先存在就走向灭亡。所以,既然我们前面提到的那四种东西总是变来变去,它们就一定是由其他一些决不变易的东西组成,否则你将发现万物会完全化为乌有。我们还不如这样假设:存在着具有这样的性质的物体——有时它们形成了火;有时由于这些物体的减去或添加或是其内在结构和运动方式的变化,它们还能形成空气中的风,并且以同样方式使万物都能与另外的东西互相转变。

"但是",你说,"明显的事实表明,万物都是从泥土中获得营养,生长发育,沐浴在空气中的风中。要不是季节在适宜的时候带来丰富的

---

① 自然哲学家们喜欢以这样的模式解释宇宙大势的走向:众星(包括日月)、风云、下雨、凝结成土;地上出现潮气,蒸发,云,太阳。从另一个角度说,前者是"从热到冷",后者是"从冷到热"。

雨水在层层乌云下摇摇欲坠，要不是太阳也提供自己的光辉和热量养育万物，庄稼、树木和动物就不能生长、存活"。确实如此，并且如果我们要不是受惠于固体的食物和液体的水分，我们就会掉肉，生命也将从我们的肌骨中逃逸。我们无疑受到某一类东西的滋养，其他事物也得到其他东西的滋养。毫无疑问，众多始基对于各种事物都是共同的，但是以不同的方式内在于事物之中。所以，不同的事物就被不同的东西滋养。而且，这些相同的始基与何种其他的始基、在何种位置上结合起来，互相之间传递和接受什么样的运动，都是十分重要的。同样的始基既构成了天空、海洋、大地、河流、太阳，也构成了庄稼、树木、动物，这是由于同样的始基以不同的方式运动，并且与不同的元素相结合。而且，从我的一行行诗句中你也看到，许多词语共用着字母，尽管你必定承认这些句子和词汇在意思和发音等方面都各不相同。字母并没有变化，只是其次序改变了一下，就取得了这么大的效果；那作为万物始基的元素能够进行更为多种多样的运动组合，所以能产生万事万物。

3. 批评阿那克萨戈拉（种子说）

现在，让我们来考察一下阿那克萨戈拉（Anaxagoras）[①]的"种子"，如希腊人所称呼的。由于我们母语的贫乏，我们不知道如何命名它，尽管不难将它的内容解释清楚。

首先，说到事物中的种子，他明确宣称：骨头是由极细微的小骨头构成，肉由极细小的肉微粒构成，血也由一滴一滴的血聚在一起而组成。他还认为黄金由黄金粒子构成，土块由小土粒黏合而成；类似地，火由小火粒、水由小水粒构成。他还设想其他的所有事物都是如此构成的。

---

① 阿那克萨戈拉（约公元前500—前482年），希腊自然哲学家，曾在雅典长期居住与讲学。他认为万物的始基是各种各样细小而同质的"种子"。种子无限可分。

但他拒绝承认事物内部含有虚空，还否认物体的分割终有限度。所以在我看来，他这两方面的看法都犯了与上面所提到的那些意见同样的错误。

其次，他设定的这些始基太脆弱——如果它们确实是始基的话；它们被赋予了与万物相同的性质，并同样会遭受破坏，同样会消失，那就没有什么东西能阻止它们免于灭亡。因为这些东西中的哪一种能经受重压的摧残而逃脱毁灭者的夺命獠牙活下去呢？是火还是水，还是空气？它们中的哪一个？或者是血，骨头？我想哪个都不是，因为这一类事物本质上都是有死的，就像我们所见到的那些为暴力征服而消失的东西一样。但是我要求助于那些已被充分论证的道理，来证明万物既不会复归于无，也不能从无中生成。

再次，既然食物壮大和滋养了我们的身体，我们就可以推知血管、血、骨头和肌肉是由不同于它们自己的部分组成的。或者，如果他们说食物是由各种多样的质料组成的，其中包含有细小的肌肉、骨头和血管以及血的细小微粒，那么就可以推知，所有的食物，包括固体的和液体的，都是由与自身不同的东西构成，比如细小的骨头、肌肉、脓水和血等。再者，只要土地里会长出东西，如果它们确实在泥土中发育，那么泥土也必定是由不同于它自身的东西组成，这些东西会破土而出，生长发育。你可以把同样的推理用到其他场合，说类似的话：如果烟、火和灰烬藏于木头之中，木头也必定是由不同于它自己的东西组成，这些东西可以从木头里冒出来。总之，泥土所养育的东西必然都是由不同于它们自身的东西组成，后者又是由不同于自己的东西所组成。

此处还有一线机会可供他们逃避，阿那克萨戈拉抓住它并宣称，万物隐蔽地混合在万物之中，但是只有那种在混合体中最大、最容易被看见，并且处在最前面的东西才能得以显露自己。但是这种说法显然远离了正确推理，因为照此就可以推断，当谷粒在石磨的沉重磨压之下会常常冒出血或其他滋养我们身体的养料；当摩擦两块石头时，血会不断流淌出来；同样，草和水也将常常流出甜蜜的乳汁，就像从母绵羊的乳房中流出的奶一样；并且，当土块被压碎时，分散和潜伏在泥土中的各种各样的细草、谷物、叶子都会露出来；最后，当木头被劈开时，烟、灰烬和火也将飘散出来。但是，简单的事实是：这一类事情从未发生过。因此我们就明白，万物并不是像这样地混合于万物中，而是许多事物共同的种子①以各种各样的方式混合潜伏在事物之中。

"但是"，你说，"在大山上，大树顶上的枝条拥挤在一起，当强劲的南风刮得它们互相摩擦时，会迸出火花并燃烧起来"。确实如此，但是这也不能说明火已经存在于林木之中；应当说是许多热的种子在高温摩擦作用下被聚合在一起，燃起了森林大火。但若是说火苗早已暗藏于木头之中，大火将一刻也无法抑制，立即焚烧起来，把所有的树木森林都烧光。现在你应该明白，就像不久前所说的那样，这些始基和什么东西、以什么位置结合在一个共同体中，发出和接受了什么样的运动，才是真正重要的东西。同样的元素在稍有不同的关系中就可以创生完全不同的东西，如火和杉木。就像 fires 和 fir 这两个单词一样，字母稍有差异，就可以标示"火"和"杉木"这两个截然不同的东西。

最后，如果你认为，事物的元素如果不具有事物本身的性质，则你看到的这些可见之物就不会产生，那么你的这种推断就会毁掉关于万物始基的理论，因为这会导出这样的结论：原子可以笑得前仰后合，也可以悲痛得泪流满面。

四 宇宙无限

现在让我们再来学习和认识其他的道理，请你竖起耳朵听清楚。我

---

① 这里的"种子"不是阿那克萨戈拉讲的那种"种子"，而是伊壁鸠鲁派的"原子"。

并非不清楚这些事情是如何的晦暗不明,但是对名望的高度期待使我的心被那神圣的酒神杖尖锐地刺穿。同时,我的心也被诗神缪斯的甜蜜的爱所浇灌,这些使我的思想极为活跃,步入那至今从未有人涉足过的派伊莉亚仙境(Pierides)。① 我喜欢到处女泉开怀畅饮;我喜欢到文艺女神从未采花给人编织桂冠的地方采摘鲜花,为我的头编织一个绝妙的花环;因为第一,我的教导是关于极为重要的事物的,并且我正在解放那些被迷信的绳索紧紧束缚着的心灵。其次是因为我所讨论的主题如此晦暗不清,而我写下的诗行又是如此清晰明了,就像我用缪斯的魅力点化了一切事物一样。这么做是完全合适的。正如当医生试图让小孩吃令人讨厌的苦药时,事先在杯口的四周涂上橙色的甜蜜,未曾多虑的孩子们被口欲所骗,就会把整杯的苦药汁全都喝下去。孩子们虽然被哄骗了,但却不是受到欺害,反而通过这种方式重新恢复了健康。现在我也在做同样的事情。我的学说对那些还不习惯的人来说通常会显得过于严苛刺耳,人们尽量躲开它。所以我选择以一种甜言蜜语的女神之歌来传送我的学说,就好像是把缪斯的可口甜蜜洒在我的诗文上;如果你正在思索整个自然是以什么样的方式构造的问题,我希望这样就可以让你的心陶醉在我的诗文中。

既然我已经说明了那些作为质料的物体是坚不可摧的,它们永远不断地、不受损伤地四处飞动。那么,现在让我们来探讨一下,这些物体的总数是否会受到什么限制。同样地,我们还发现了虚空或万物得以发生的地方和空间的存在;让我们也来清楚地看一下,它的本质到底是有限的呢,还是向深不可测的广度和深度上无限伸展?

宇宙在它的任何一个方向上都是无限的,因为否则的话,它就应该有一个终极端点。而一个东西如果要有最外端,那就必须在它之外有另

---

① 派伊莉亚即传说中司掌文艺的缪斯女神。在本诗篇中,卢克来修多次提到自己的创造力来自各种神的灵感启示:酒神,缪斯,维纳斯等。

一个东西，我们可以看见它，但看不见它后面的东西了。现在，我们既然必须承认万物的总体之外不可能还有其他东西，总体就不可能有什么极限，因而也就没有终点或界限。无论你站在宇宙的哪个地方都无关紧要，因为不管你站在何处，你的四周的各个方向上都会出现同等无限的宇宙。

还有，暂且让我们假设宇宙是有限的，又假设有一个人走到了宇宙的终端，向前掷出一根飞矛。你会认为那奋力投出去的矛会朝向目标飞向远方呢，还是会被什么东西挡住呢？你必须在这二者之中选择其一。但是，无论你选择哪一种，它都将关闭你的逃脱通道，而迫使你承认宇宙是无限伸展的。因为无论你是认为有某物阻止飞矛前进而到达目标，还是认为它能向前穿行，飞矛出手的地方都不能算宇宙的边际。我将一直跟着你，不管你在什么地方设置所谓的最终边界，我都将问你：飞矛怎样了？结果必然是不存在任何终界，并且向前飞行的可能性将一直继续下去。

还有，如果宇宙中的所有空间在四面八方上都被边界限制住，那么，物体将会因为沉甸甸的重量而在各个边界落下来，堆积在宇宙的底部；那么，没有任何事情能发生在苍穹之下，甚至苍穹本身或者太阳的光辉也将根本不存在，因为万物历经无穷的岁月都已经渐渐沉积在宇宙的底层。但是事实上，作为始基的物体一刻也不安息，因为根本没有什么底端，以供万物落入其中并在那里安居下来，一动不动。相反，宇宙的每一个角落中都永不止息地热闹繁忙，物质的元素穿过无限辽远的空间不断从下面奔涌而上。①

最后，我们看到，一物要由另一物来限制。如空气将山与山隔开，大山又将空气相隔，陆地框住了海洋，反过来海洋包围住所有的陆地。然而，在宇宙之外却没有任何东西来限制它。

---

① 原子受到碰撞后弹上来，虽然本来的原子运动是向下的。

因此，空间的深度和广度是如此之大，明亮的闪电也不能达到它的尽头；尽管闪电在时光的无止境通道中不断飞速前行，它们的奔跑也无法使这无限长的路程缩短半分。宇宙中的巨大空间在四面八方都是如此宽广，漫无边界。

并且，大自然不会使万物的总体为自己立下限度，因为她迫使虚空包围物体，又再让物体包围虚空，通过这样地不断交替，大自然使宇宙无限地延伸。而且，即使其中的一样没有被另一样包围，它自己也会无限伸展下去。[但是，如果空间是有限的，它就不能包容无数的物体；如果物质的总量是有限的，] 那么海洋、陆地、星光闪烁的天空，人类的种族以及诸神的神圣之躯，就一刻也无法稳定存在。因为，万事万物的质料从聚合体中被逐出后，必然土崩瓦解，冲入巨大的虚空，四面消散；它们再也不会被挤压在一起组成新东西，因为当它散开在各处后就再也不能重新聚合。

因为很显然，始基并没有什么超人的智慧能事先通过设计把各自的位置顺序安置妥帖，也不会达成一致意见以决定它们各自应当怎样运动。但是，由于它们为数众多，运动多样，在宇宙中遭到无穷的打击和碰撞，活动不息。这样，在试过了各式各样的运动与组合之后，它们最终形成了眼下这种排列方式，于是出现了这么一个森罗万象的世界，并使世界得以在漫长的岁月中保存下来。一旦世界进入适当的运动，就会带来如下奇观：涓涓细流汇合而成的河流浪花滚滚、源源不断地供应着贪婪的大海；大地在太阳热量的关照之下不断更新它的产物；各种生物一代一代地萌生、茁壮成长；天空中也流火不止。但是，如果万物的质料不能在无限的空间中适时出现，并在合宜的节令及时补充所有逝去的东西，这一切都决不能发生。正如生物的本性就在于，当被剥夺了赖以生存的食物之后，它们就会逐渐萎缩，最终完全失去躯体；万物也是同样，一旦质料多少偏离了惯常运行的轨道，不能正常供给时，万物将随之解体。从一个世界外面的各个方向不断撞击这个原子所聚合而成的世界，也不能保全它。这种频繁的打击固然能阻挡住世界的某个部分［的离散］，直到其他部分到来使总体得到填充。但是它们［即外部打击原子］总会有时被迫弹跳开来，从而使世界里面的原子有足够的时间和空间向外逃逸，使它们能从世界结合体中飞向远方。因此，我要反复强调，它们［原子］必须大量地供应；实际上，即使为了使环抱世界的打击能不断地进行，各个方向上也都需要有无限多的物质微粒。①

麦米乌斯，你还应当避开一种错误的看法。有些人说②，万物都被挤压向宇宙的中心，因此世界用不着外部的撞击也能够牢牢站立，最高处和最低处的东西也不会向任何方向松散开来，因为一切都趋向中心——如果你相信任何东西都能独自站稳的话。并且，那些大地下面有重量的东西被全部往上顶住，于是倒立在大地上，就像我们现在看到的水中倒影一样。同时，他们还宣称那里的动物头足倒置地行走，但是不会从大地上掉进天空，就像我们的身体不会飞向天空一样。当这些动物看见太阳时，我们看到的却是夜晚的星辰，它们与我们交替地分享着天界的节令，它们那里是夜晚，我们这里就是白天。但是，完全是空洞的意见使无知者相信了这样的错误，因为他们利用了［歪曲的推理］而得出这一谬论。事实上，不可能存在什么中心，［因为宇宙是］无限的。而且即使存在着那么一个中心，万物也根本不能静止地站在那里，而非［由于某种原因］被［驱散］到［远方］去。因为所有的地方和空间或我们所说的虚空——无论是或不是中心——都必然会为所有重物的各种方向的运动让出通道。而且不存在那么一个地方：物体在到达那里后会突然失去重力而静静地停留在虚空之中。再者，虚空决不能支撑任何东西，因为

---

① 这里的意象是：宇宙中的每一个世界都像悬在空中的灯笼，其瓦解趋势被环抱着每个世界的无数外部原子的向心打击阻挡回去。
② 卢克来修批判的对象可能是斯多亚派、学园派和亚里士多德派，他们认为世界只有一个，而且有一个万物趋向的中心。但是伊壁鸠鲁派认为宇宙无限，世界无数，原子都朝下降落。

虚空的本性使它必定不断地给物体让出运动的地方。所以，万物不可能在对奔向中心的渴望的驱动下，以任何方式聚合为一体。

另外，他们又说并非所有的物体都趋向中心，而只是那些土和水的物体——海水和倾泻而下的山洪，以及那些包含在土当中的东西；反之，他们说，空气中的微风和灼热的火焰则从中心被运走。因而，整个天宇四周都闪烁着群星，耀眼的阳光不断从整个蓝天上得到补充，因为从中心散发出来的所有热量又在那里重新聚集。如果养分不能在内在火的补充下从泥土中［分布］到树木的每一部分，那么树上最高的枝条甚至无法长出叶子。他们的理论逐渐［充满］内在矛盾，他们的推理也前后不一，漏洞百出。……① 如果火和空气都自然地倾向于向上运行，那就会出现这样的危险：那些厚实的世界之墙将突然坍塌，像飞掠的火焰那样穿过虚空四处飞散，其他的一切也将以同样的方式随之而去。天空打雷的地方会突然向上爆开一个大洞，大地会在我们脚下迅速溜走。毁坏的天穹与万物的混杂残骸中的元素无拘无束地飘走，消失在空洞的深渊中。一瞬间，除了荒漠般的空间和不可见的元素之外，什么东西都不会剩下来。因为，只要有任何一个地方开始丢失物质微粒，那里就将成为事物的死亡之门，大堆的物质会通过那扇门全部消遁。

这样，你只要稍加努力，就能完全理解这些事情，因为事情会一件一件地变得清楚明白；黑漆漆的夜晚也不会使你迷路或阻挡你洞察自然的至深奥秘。真理将照亮其他的真理。

---

① 原文缺。——中译者注

第二卷　原子的运动与性质

一　序诗

当狂风在大海上卷起波涛，你从岸上看着别人在苦苦挣扎，会感到快乐。倒不是因为别人的遭难是件令人愉悦之事，而是你为自己免于灾难而感到庆幸。同样，当看到平原上军队展开阵仗、残酷厮杀时，你也会感到快乐，这是因为战争的危险与你无关。然而，没有什么事情比这更快乐了：你站在宁静、崇高的圣地之上，由于智慧的教导而感到强壮，俯瞰芸芸众生误入迷途、四处奔波、拼命寻找一条人生之路——他们钩心斗角，为占上风而争斗，日日夜夜辛辛苦苦地想要攀上财富的顶峰，想要掌握权势。哦，可怜的人心，盲目的理智！你们在黑暗的生活中，在深重的苦难和危险中度过了短短的一生，却不明白自然的要求只是：去除身体的痛苦，让心灵远离牵挂和恐惧，享受愉快的心情。

所以，我们看到，要满足我们的身体性存在其实只需要很少的一些东西，只需要那些能够驱除痛苦、带来欢乐的东西就够了。自然并不无止境地渴求更快乐的东西。如果没有金童雕像环绕华府，手举彩灯照亮绮筵；如果客厅里没有金银器皿闪闪发光；如果横梁上没有镀金的天花板回荡优美的竖琴声；我们照样可以三五成群来到柔软的草地上舒舒服服地躺下，草地就在小溪旁，高大枝叶掩映其上。这样，无须支付多大代价就能在此欢乐地呼吸新鲜空气，放松自己，尤其是惠风和煦，更逢良辰，萋萋芳草中繁花如星。你裹着紫袍躺在缀满锦缎的床上，与睡在穷人的破毯子里相比，并不能更快地赶走身上的热病。

因此，既然财富也好，高贵出身和王室荣耀也好，都无助于我们的身体，我们就应当进一步看到：它们也无助于我们的心灵。如果你碰巧看到你的军团在宽广的平原上集合进行作战演习，双方都有强大的后备部队和大批骑兵增援，他们全副武装，秩序井然，精神饱满。那么这一激动人心的景象会驱散你对于迷信的恐惧，并把怕死的焦虑从你心灵中赶走，使你如释重负，再无忧虑。但是，一旦你意识到你看到的一切只不过是滑稽可笑的模拟战斗，如果事实上人们的恐惧和慢性忧虑既不害怕铿锵作响的刀枪，也不害怕凶残的武器；如果这些忧郁大胆地与世上的帝王君主共处一室，毫不敬畏黄金的炫目光辉和君袍的深红色彩，那么，你为什么还要怀疑这一力量只属于理性①？尤其是因为生命只是黑暗中的漫长挣扎！就像小孩子们在漆黑的夜晚中对所有的东西都害怕得发抖一样，我们有时在光天化日之下也会害怕某些东西，那些东西实际上并不比孩子们在黑夜里所害怕的以为即将发生的东西更可怕。因此，要驱散这种心头的恐怖和阴暗心情，就不能靠太阳的光芒或白日的明亮，而要靠自然的本来面貌和规律。

二　原子的运动

1. 原子永远快速运动

请注意，我将阐明那生育万物的物质以什么样的运动来产生纷繁的

---

① 这一力量指驱走恐惧和忧虑的力量。

万物，又如何在它们产生后又重新瓦解它们；我还要阐明推动它们这么做的力量是什么，它们在这个巨大的虚空中穿行时具有何等的高速。切记要留心我的话。

物质决不会是挤作一团、紧密相连的东西，因为我们看到每件东西都在缩小，我们也能感觉到一切都在岁月的长河中衰亡，最终从我们眼前消失，但是万物总体看起来却完好无损；个中原因在于，当一些物体微粒从一个东西上流失时，它们便会使这件东西缩小，又使它们新附着的东西增加；它们弄得前者衰亡萎缩，反之，却使后者兴盛发达，但是它们也并不会一直在后者那儿驻留。这样，万物的总体亘古常新，而有死的生物总是一个依靠着另一个存活。一些物种在发展壮大，另一些则在衰减退步；在短短的时间里，世代已经更迭，就像赛跑者一样，向下传递着生命火炬的接力棒。

如果你认为万物始基可以静止不动，并且在静止中也能产生万物的新的运动，那你就误入歧途，远远偏离了正确思考。既然万物的始基穿越虚空运行，那它们就一定是被自己的重量所推动，或是被别的原子所偶然击中。它们在高速运动中常常会相互碰撞并随之猛然向各个方向跳开，这不奇怪，因为它们都是坚固而有重量的，而且后面也没东西阻挡它们的运动。

我还可以向你说得更清楚一些：所有的物质微粒都在四处游荡。要记住，万物的总体并没有底部，原初物体无处可以停息，因为整个空间并无终点或边界。我已经用坚不可摧的推理说明和证实了，原初物体在所有方向上都朝着四面八方无限延伸，因为以下这一点是确实可靠的：毫无疑问，原初物体在虚空的深渊中从不停息，而是被各种不停的运动驱赶着，有些被压迫在一起，然后又往回跳开很远，中间出现巨大的空挡；有些在撞击之后在一个狭小的范围之内振荡。

如果始基是紧密地结合于一体之中，那就只能在狭小的空隙中碰撞和弹回，于是被牢牢地锁定在同类形状的原子复合体中，这些始基构成了石头的坚固基础、硬邦邦的铁块以及其他类似的东西。其他一些始基在巨大的虚空中不停漫游时，有少许相互碰撞后跳得很开，很久才返回，中间空隙大，这就导致稀薄的空气和太阳的微光。还有一些始基在巨大的虚空漫游中无法与任何事物结合，谁也不能接受它们，谁也无法与它们的运动达成和谐。①

说到这件事，我想起了一个屡见不鲜的类似的景象。当太阳照进房间，光线穿过黑暗的屋子时，你若仔细观察，就可以看见在那道光柱的整个空间②中都混杂了许多微粒，它们似乎永远都在一团团地冲突、争斗、扭打，相互驱赶、分分合合，一刻也不停息。你可以由此推测万物的始基永远在巨大的虚空中互相摇荡、撞击时会是什么样子。故而，小事情也可以提供对于大事情的类比理解，可以向我们指示求知的途径。

还有另外一个理由，表明你也应该关注那些太阳光线中看到的那些混乱运动的微尘，因为这种混乱运动表明了在物质之中藏有秘密而不可见的运动。在那里，许多东西在运动中被不可见的力量撞击而改变路线，被撞开去又弹回来，时而在这边，时而在那边，在所有的方向上皆是如此。你可以断定，所有这一切的不停运动都来自于始基。因为，首先是万物的始基的自身运动，然后，是那些最小的组合体（用某个人的话说，是与始基的力量最近的物体）被始基的不可见的撞击所推动而运动；然后它们又再去撞击那些更大一些的东西。这样，从始基的运动开始，运动的程度一步步上升，最终展现在我们的感官面前，推动了我们能够在太阳光线里看到的那些微尘的运动，虽然推动它们如此运动的力量并不会暴露出来。

麦米乌斯，你从以下几句话中就可以明白物质的微粒具有什么样的速度。当黎明在大地上染上了破晓的新光，各种鸟儿在人迹罕至的林子

---

① 只有在运动、大小和形状上相互和谐的原子，才能结合起来。
② 此处在有意比拟。

里飞上飞下，它们清脆的鸣唱传遍轻柔的空气的各个角落。此时，太阳突然升起，以它惯常的方式把光辉一下普照全世界。我们大家都对这种景象习以为常。但是，太阳所发散出来的热量和宁静的光辉并不是穿越空无一物的虚空，所以，它们在气流中破浪前行，被迫放慢脚步。热量的微粒也不是单个独自地前行，而是连在一起、挤成一团，所以它们互相牵扯、拖延，同时还受到外部的阻力，使运动速度不得不更加放慢下来。但是，具有坚实的单一性的始基在穿行于虚空中时不会受到任何外来的东西的阻碍，由于这些始基由它们自己的部分组成①，当它们向各自最初所朝向的目标运动时，必定具有最快的速度，必定比太阳光线的速度要快许多；它们在同一时间跨越的空间也比阳光所覆盖的天际要大无数倍。……②

也不要去一个一个地追寻始基，我们在每件事情的运作之中都能发现它们。

但是，有些人反对这一点，由于他们根本不了解物质，他们就相信若是没有神力相助，大自然就不可能如此精确圆满地帮助人类完成这些计划，如季节在一年中的有序更替，庄稼的生长成熟；以及其他的一切事情，比如，神圣的快乐，那生命的指导者，通过维纳斯之道〔即爱欲〕引领着人，诱惑着人，推动人去生育后代，以免人类种族灭绝。但是，当这些人幻想着诸神为了人类安排好一切时，他们看来就处处远离了正确的推理。尽管我可能不知道万物的始基是什么样子，但这并不妨碍我从天空的运作和许多其他事情中大胆地推测：宇宙的本性绝不是什么神圣力量为我们造设的，宇宙充满了太多的缺陷。麦米乌斯，我稍后将为你阐明所有这一切，现在让我继续解释有关运动的那些余下的问题。

---

① 这是反对德谟克里特的观点。
② 此处原文有缺失。

2. 原子的向下运动和偏斜

我想，现在是我为你论证有关主题中的另外一条原则的合适时机，这就是：物体性的东西不会由于自己的力量而被上举和向上运动。不要让火焰的物体误导你；火苗看上去生来就往上蹿，并越烧越旺；树木和金黄的稻子也是往上长，虽然它们自身中的重量总是使它们向下坠。当火焰窜上屋顶并借助疾风之力而吞灭木柱与横梁时，我们切不可认为火是自己完成而不靠任何外力推动的；这同样也适合于当血从我们体内喷出，高高地向上涌起并四处飞溅着鲜红的血滴时。你不是看到过液态的水是如何奋力把木料向上托起吗？我们把木头往水下按得越深——许多人一起使劲把它们往下按，那么水也将更为剧烈地将它们吐出并往上抛起，使它们大半截都跳出水面。但我相信，谁也不会怀疑这些木头，本身而言它们在虚空之中全都会向下掉落。同样地，火苗在受到微风的向上挤压时当然也能往上蹿，尽管它们自身的重量总是把它们往下拉。难道你没有见过流星如何掠过夜空，在自然给它们让开的一路上留下一串长长的火焰的尾迹？还有，天上的星辰和其他发光体是如何殒落到地上的？太阳也从天穹之顶向四面八方撒播它的热量，把它的光辉播洒在田野上，所以，太阳的热量也趋向于降到地上。你也看到闪电在大雨和乌云中斜穿而过，它一会儿在这边，一会儿往那里，从乌云中迸发出火光往前飞奔，霹雳之火常常落到地上。

有关这一主题，我还希望你理解另一点：当原初物体由于自身重力的作用在虚空之中直线下落时，它们会在无法确定的时间和地点稍稍偏离其常轨，那一点偏移刚好够得上被称为运动的改变。如果它们不会偏斜，那么一切都会向雨点一样穿过渊深的虚空垂直向下跌落，始基的一切相遇都不会发生，也不会引起任何撞击。这样，大自然将永远无法产生任何东西。

但是，或许有人相信较重的元素由于从虚空中垂直下落得更快，会落在较轻的元素之上并撞击它，从而导致生成事物的运动，这么想就是误入歧途并远离正确推理了。当不同的东西在水和空气中下落时，它们各自的重量必然会使它们的下落速度不同，因为水的物体和稀薄的空气不可能同等地阻挡各种东西，而是对重的东西让开得更快。相反，虚空却不能向任何东西在任何地方、任何时间提供支撑以阻止它们运行，而是按其本性就得不断地为它们让路。所以，在毫无阻力的虚空中，不同重量的东西必定都以相同的速度运动。这样，那些较重的物体就决不会落在较轻者之上，也不会由此而撞击较轻的物体以产生各种大自然用以开展建构的那些运动。因此，我再三地强调，原初物体在运动过程中必定会稍有偏斜，但仅仅是最微小的偏离；否则，如果那是一种弯出去的运动，就违背事实了。因为我们认为这是一个清楚明白的事实：具有重量的物体在向下垂直跌落时，至少在我们所能察知的范围内，不可能出现斜角偏出的运动。但是谁能在那儿察觉到它们决不会出现哪怕是一丁点儿的偏离笔直路径的运动呢？

再者，如果所有的运动总是构成一条长链，新的运动总是以不变的次序从老的运动中发生，如果始基也不通过偏斜而开始新的运动以打破这一命运的铁律，使原因不再无穷地跟着另一个原因，那么大地上的生物怎么可能有其自由意志呢？这一自由意志又如何能挣脱命运的锁链，使我们能够趋向快乐所指引的地方，而且可以不在固定的时间和地点、而是随着自己的心意偏转自己的运动？毫无疑问，在这些场合里，始发者都是各自的自由意志；运动从意志出发，然后输往全身和四肢。①

还有，难道你没看见，当门栏在既定时刻被打开时，赛马尽管充满急切的力量，却突然间无法依从心灵的渴求而奔出去？因为整个躯体的

---

① 原子的"偏斜"既可以解释笔直下降的众原子如何相撞结合和形成万物，又可以解释"自由意志"，所以是伊壁鸠鲁体系中的重要一环，但是在伊壁鸠鲁现存著作中不见提到。后人如西塞罗、普鲁塔克等都提到过；卢克来修这里的叙述是最为完整的。

全部物质都必须被激动起来，以便全身协调一致而紧随着心脏的激情朝着同一个方向努力。这样，你就明白运动的开端乃是由心智所造成，而行动首先从心灵的意志传出，然后由此向前继续，传遍全身和四肢。

当我们在强大的外力的打击推动下被迫向前运动时，情形就大不一样了。因为那时，很显然我们整个身体全部物质的运动都违背我们的意志，直到意志通过四肢重新控制住身体。在这种情况下，你有没有看到，尽管外力迫使许多人常常违背自己的意愿而行动，被推得不由自主地向前冲，但在我们胸腔中仍然有某种力量足以与之斗争和抵抗？当然，由于外力的野蛮专断，我们的身体物质有时也会屈服；在冲向前之后才被止住，慢慢休止下来。

因此，你必须承认同样的事情也发生在种子之中，除了碰撞和重力之外，运动还可以有别的原因，我们正是从中获得了与生俱来的自由意志力量，既然我们知道没有任何东西能从无中产生。重力使得万物不可能都是因为外在力量的撞击而产生。但是，使心灵不至于在所有行为中都服从必然性，使它摆脱被奴役和被迫承受苦难与折磨的，正是始基在不确定的时间和不确定的空间的细微偏移。

物质的总体从未更紧凑地挤在一起，也没有重新变得疏松开来，因为没有任何东西增加其总量，也没有任何东西从中消失。所以，始基的物体现在是怎么运动的，它们在远古也是怎么运动的，而且以后还将一直这样运动下去；那些通常产生的东西也将在同样的环境里出生，它们将存在、生长、直到获得自然法则所分别赋予它们的各种力量。没有任何力量能改变万物的总量，因为总体之外不可能存在任何地方能让某种物质从总体中飞散出去，也不存在任何地方能让新生力量冒出来并挤进总体，从而改变万物的整个性质并改变其运动方式。

有关这些事情，还有一点你也无须惊讶：尽管万物的所有始基都在运动，万物的总体看起来却好像是处于超然的宁静之中，一动不动，除了那些展现身体运动的事物之外。始基的本质深深地埋藏于我们的感官之下，所以，既然你无法亲眼看见它们本身，你也就当然别想看见它们的运动。事实上，那些我们能感觉到的东西如果退到远方，也常常能使自己的运动隐而不现。比如在一座山坡的富饶的草原上，毛茸茸的绵羊缓缓地走向草丛；在那里，宝石般的嫩草上点缀着新鲜的露水，盈盈欲滴，吸引着只只羊儿。羊羔吃饱后欢快地嬉戏，相互顶角。但所有这一切，我们若是站在远处观看就会模糊成一片，就像翠绿的山丘上停着的一块白色。还有，当大军团在平展的平原上向前迈进，展开逼真的军事演习，一时间火光冲天，演练场周围闪耀着明晃晃的青铜光影；大地在战士们双脚的强有力践踏下剧烈颤抖，隆隆轰鸣；群山也被厮杀喧闹声所震撼，发出回声，直上九霄云汉；骑兵部队在边上急奔着，突然冲锋穿过平原，强大的奔驰震撼着大地。但是，高山顶上有一个地方，我们如果从那儿望下去，所有这一切看上去都似乎是静止不动的，就好像是静静地照在辽阔平原上的一片白光。

三　原子的形状和它们的结合

1. 原子的形状多样，但不是无限多样

现在，要进一步认识的是：万物的始基有哪些种类，它们在形状上的差异如何之大，它们的形态是如何多种多样。不是说只有很少的始基具有相类似的形状，而是说基本上它们彼此之间都没有完全相同的。这不奇怪，既然始基的数量是如此的巨大，就像我方才所说的是无穷无尽的，那么很显然它们决不会是各个都有着同样的结构和相同的形状。

人类，游水而不会说话的鱼类，肥大的牲畜，所有野兽以及栖息在河岸、溪泉以及湖泊等水域地带或飞翔出没于人迹罕至的丛林之间的各种鸟类，这当中随便你挑选哪一种的哪一只，你都会发现它们在形状上

总是各不相同的。若不是这样，幼子与母亲就互不相识了，但我们看到它们能像人类一样清楚无误地相互识别。例如，在神圣的庙宇之前，常常会有小牛犊被宰杀在香烟缭绕的圣坛旁，冒着热气的血从它的胸膛喷涌而出；而那失去了幼犊的母亲却徘徊在林间幽谷，在地上找寻那趾蹄所留下的痕迹，她寻遍了每个角落看是否能在哪里觅到她失去的幼犊的踪影。有时，她会突然停驻，发出的阵阵哀鸣充满整个树叶茂密的林间；她时常还会回到牛厩去寻究，因为对幼犊的无限想念而心碎。嫩绿的柳树、蒙着露水的青草以及流淌着的浅浅的溪水都不能给她带来丝毫的喜悦或减轻她的突然产生的焦虑；别的小牛犊欢快地漫步在草地上的场景也无法分散她的注意力或减轻她的沉重不安。她是如此坚定执着地寻找属于她自己的并且她所熟知的东西。另外，咩咩叫着的小羊羔也认识它们长着角的母亲，而那些淘气的羔羊也都认识自己所属的羊群，所以它们通常都能遵循着本性的指引，准确地奔回自己的母亲那儿吸奶。

最后，我们可以拿谷物为例，你会发现即便同一种类的谷物，其中没有一粒是与另外一粒完全相同以至于形状上毫无差异。同样，海水的温柔波浪拍打着曲折的海岸线上那干涸的沙滩，也会在大地上留下各种各样形状不一的贝类。

因此，我一再地证明了事物的始基是自然存在的，而非人为地按照某种模子来定型制造的，所以有些始基在四处飞舞的时候必定会带着各不相同的形状。

只要用心思考一下，便很容易解释为何闪电的火光要比陆地上火把的火更有穿透力。你可以说那是因为闪电这种天火更为精细，构成它的种子具有微小得多的形体，所以能穿过那些我们用木材和火把所燃起的火所无法通过的小孔。除此之外，光能够透过角灯①射出来，而雨水却被

---

① 这里指的是用一种透明的兽角来作灯罩的灯笼，一般用于下雨的夜晚，能挡住雨水。

遮挡在外了，原因何在呢？只能是因为构成火光的物体要比构成雨水甘露的物体还要精细。而且，我们看到酒水能以极快的速度流过滤器，而橄榄油则相反，流动得十分缓慢。这要么是因为油的元素更大一些，要么是因为油的元素相互之间纠结地更为紧密，所以其原始初体①不可能突然彼此分开，然后一个接一个从滤器的小孔渗透过去。

更进一步说，当蜂蜜和牛奶含在嘴里时能引起一种愉悦的味道；然而，那令人生厌的苦艾和涩口的矢车菊则会以其讨厌的味道使得人的嘴巴都扭曲变形。所以，由此你可以清楚地辨析，那些能够愉快地触动我们的感官的事物都是由光滑、圆润的元素所构成的；而构成那些苦涩的东西的元素，则更为紧密的联结在一起，因此，总是要通过撕扯才能进入我们的感官，并且在闯入时破坏着感官的组织肌理。

最后，所有那些触摸起来感觉舒服的事物和不舒服的事物，也是因为形状不同而彼此敌对。所以你千万不要以为尖锐刺耳的锯子的声音②的构成元素，会与敏捷的手指在琴弦上奏出的美妙旋律一样的光滑。当腐化的尸体被火化时，当舞台上刚刚撒满了西里西亚的藏红花（Cilician saffron）时，以及当圣坛附近散发出浓郁熏香的味道时，你切勿以为进入我们鼻孔的是具有相同形状的始基。你也不要以为那些赏心悦目的颜色和那些刺痛双眼使之流泪，或是以其丑陋的面目显出可怕与邪恶的颜色一样，是由相似的种子所构成。因为所有让我们感到光滑的东西都是由平滑性的始基所构成；反之，但凡令人讨厌的与粗糙的东西，其构成元素势必具有粗糙性。在这个系列中还有另外一些始基，它们则被正确地认为既不是平滑的，也不是全然以弯角相互钩住，而是略微地有些凸

---

① 此处的"原始初体"（primordia）似乎不可能是指原子，而是指橄榄油的"元素"。因为如果是原子，那么在流经滤器之后，它不能够很快地又成为橄榄油。而且原子极小，滤油的通道不应当会阻滞油原子的通过。可能"原始初体"在此指原子团或分子。

② 卢克来修认为，听觉与视觉和气味一样，由于对象释放出的许多种子到达我们的相应感官而产生。

出的角。所以它们既能撩逗又不至于伤害我们的感官。属于这种类型的始基有酒石和土木香的味道。再者，热烈的火焰和冰冷的寒霜以不同的利牙戳刺着我们身体的感官，正如我们与它们的不同接触所证明的。因为触觉——借神灵的神圣的力量！——是真正意义上的身体感觉，无论是物体由外向内穿透，或是身体内部有东西使人产生疼痛感，再或是在爱神创造性的活动从体内冲向体外时的愉悦感，又或是当遭到打击后种子在体内形成骚乱并搅扰了所有的感觉，都是如此。你不妨试着用手敲打自己身体的任何一个部位，就能发现这一点。所以，既然始基能够产生如此多样的感觉，它们的形状必然大为不同。

　　再者，一切在我们看来是坚硬和紧密的东西也必定是由更为紧密地勾结着的元素所构成，它们凭借树枝般的形状而在内部深深地交织在一起。在这一类的东西里要首推金刚石，它能抵挡所有的击打；接下来还有结实的石块、坚硬的铁块以及铜门臼，当它抵住门闩的时候就会发出刺耳的声响。另外，由具有流动性的东西构成的液体，它们的元素必定是更为光滑与圆润。的确，你若用手抓一把罂粟子，它们会像水一样容易流动，因为它们的小圆颗粒彼此之间并不互相阻碍，而且当罂粟子被打翻时，它们就会像水滴一样迅速往下滑落。最后，所有你看到的瞬息即逝的东西，比如烟雾、云朵和火焰，即便不是完全由光滑和圆润的元素构成，也至少不会受到相互纠结的元素的阻碍，因此它们不必紧密地黏结在一起，而能刺痛身体以及穿透石头。① 所以，你能够很容易地认识到：凡是让我们觉得尖锐的东西都是由锋利而不相互纠结的元素构成。但是，当你看到既是苦涩又是流质的东西，例如海水，你也不必感到诧异。因为作为流质，海水是由光滑而且圆润的元素构成，而且其中混杂着许多粗糙的颗粒会产生痛感，但这些颗粒也并不一定是紧密地勾结在一起。你必须意识到它们虽然粗糙，却还是圆形的，所以它们能够滑动，

---

① 烟会刺激眼睛使之留泪；火焰能够把石头烧红并使之粉碎。

同时也能刺痛感官。为了让你进一步明确并相信：粗糙的元素和光滑的元素混合起来，因此产生了海水咸而苦涩的味道。有一种方法可以把这两者分开，正如你所能看到的，甘甜的水是如何各自流进了洼地并滤走咸味——同样的水已经过多次的地下过滤，从而把令人作呕的咸水元素遗留在地表，因为粗糙的元素更易黏在土里。

既然我已经解释过这一点，我将把另外一个事实与之相联系，这个事实是从上面获得其证明的。那就是：这些事物的始基所具有的不同形状的种类是有限的。若不是这样，有些种子必然就会有无限大的形状。[1]因为在某一种特定的物体［即原子］的微小尺度里，个体间在形状上不可能会有太大的差异。譬如说，我们假定原始初体是由三个最小的部分构成，当然你也可以再增加几个部分。当你把一个物体的这些部分或上或下、或左或右地进行摆放的时候，你尽可以尝试所有的排列会带来整体的形状改变的可能方式。如果你还想改变它的形状，那么新的部分就必须添加上去；如果你想要进一步改变其形状，那么同样，就必须继续增加另外的部分。可见，新颖的形状意味着体积上的增大。因此你不可能相信种子的形状具有的差异性是无限的，否则你就会迫使一些种子成为无法测量的巨大东西，而这一点我已经指出是无法证明的。

那么，让我告诉你，蛮族人的衣袍、用帖萨利（Thessalian）的贝壳染色成的闪耀的美利波（Meliboea）[2]紫袍以及一代代孔雀金光夺目的优雅羽衣，它们都终将没落，输给世界上不断涌现的新鲜色彩。没药（myrrh）[3]的香味和蜂蜜的味道都将受到鄙视；那曾经在琴弦上创造了奇迹的乐曲——天鹅的旋律以及阿波罗的颂歌，也同样地将会消失暗哑，因为更为壮丽辉煌的东西会一样样地不断出现。同样，万物也可能退化

---

[1] 德谟克里特就认为原子可以具有无数种形状，伊壁鸠鲁派反对此种观点，认为这会导致如存在着"硕大原子"的荒谬结论。
[2] 这是帖萨利岸边的一个城镇，那里的人用一种贝壳制造染料。
[3] 没药树的树脂胶，是一种药材。

变糟，正如我们说它们有可能会越来越好一样，因为反过来看，同样会有比别的东西更加难闻、难听、难看、难吃的东西存在。既然事实并非如此，万物都有其一定的界限，这使得事物总体从其两端①受到限制，所以我们必须承认：物质在形状上的差异性也是有限的。

再者，从酷暑的炎热到冰冷的霜冻之间的路径也是有限度的，而且可以用同样的方式往回度量，因为所有的热、冷以及温，都处于两个极端之间并依次排满整个空间。因此，所产生的事物的差别不会太大，既然它们在两端受到两个点的限制，一边是火焰，另一边是严酷的霜冻。

2. 同一种形状的原子数量无限

既然我已经解释过这一点，我将把另外一个事实与之相联系，这个事实是从上面获得其证明的：那些具有相同形状的始基在数量上是无限的。的确，既然形状上的差异性是有限的，那么具有相同形状的始基在数量上就必然是无限的，否则物质的总量就会是有限的，但是我已经证明事实并非如此；我在诗篇中指出，物质的细小颗粒亘古不变地连续从四面八方撞击，从而确保了宇宙间万物的共同存在。

因为尽管你看到有些东西较为稀有，而且它们的繁衍能力也较弱，然而在别的地方、在另外一种气候条件下或是另外一个遥远的国度，那种动物可能就有很多，这样，其数目总量就能被弥补上去了。② 正如在四足动物中尤其以具有蛇状的手的大象最为典型③，它们在印度的周边成千上万，筑起了象牙的栅栏，从而没有人能够攻进去。在印度这些动物是如此之多，但我们这里却难得见到。

但是，如果你愿意的话，让我们假定确实有那么一个独特而且唯一

---

① "两端"，即好与坏两个极端。
② 这是伊壁鸠鲁派的一个观点：事物的总体是平衡的。
③ "蛇状的手"指象的鼻子，因为大象在罗马罕见，所以对其形状会有这种描述。

的个体，带着一个举世无双的身体出生，在这个世界上再也找不出和它一样的东西。但是，除非它得以孕育和生产的物质总量是无限的，那么它不可能被制造出来，更谈不上生长或是滋养壮大。如果我们更退一步假设能够生成这一个独特物体的颗粒在数量上是有限的，并且在宇宙中到处运动着，那么它们是在哪里、通过什么方式以及凭借什么力量，穿越如此广阔的物质海洋和如此格格不入的混乱世界相遇并结合呢？我认为它们毫无办法相结合。但是，就像在很多的巨轮罹难时，傲慢的海洋习惯于把船的气窗、肋材、帆衍、船头、桅杆以及漂浮着的船桨都扯碎并远远地抛开去，以至于沿着那遥远的海岸线都能看到那些漂浮着的船的碎片，警示人远避那危机四伏的海洋，避开她那些陷阱、狂暴以及欺诈；即便在大海风平浪静并带着那虚伪而又诱惑的微笑的时候，也永远不要信任她。① 所以，如果你当真相信某类始基的数量是有限的，那么它们就势必在物质切割分离的浪潮中被冲散，每时每刻都在到处飘荡，从而永远不能相遇并结合在一起，也不能保持着结合体，更谈不上成长壮大。但事实很明白地表明，事物是能产生的，而且产生后又能成长壮大。因此，显然每一种始基的数量都是无限多的，万物正是由此而获得了物质上的供给。

　　因此，一方面导致死亡的运动并不能统治一切，并永远埋葬万物的存在，另一方面那些产生事物并促成其成长的运动也不能永远地把事物保存着。故而，始基之间的亘古不变的战争的结局总是不确定的；有时生命的力量在此占了上风，有时它又在其他地方被征服。在葬礼的挽歌声中，混杂着的是刚刚落地的婴儿的哭声。任何一个黑夜与白天，任何一个黎明和傍晚，我们都能在婴儿的啼哭声中听到那为死亡和黑色葬礼而放声的痛哭与哀号。

---

① 古代作家经常提到大海的不可信赖性。

3. 事物由多种原子组成

在这个问题中还有一点,你需要密封保存并在记忆中珍藏,那就是:我们所熟识的东西其实没有一个是由某种单一元素所构成的,任何事物都是由混杂在一起的各种种子构成。而且如果一个事物的能力和本领越多,也就表明它体内的元素的种类和形状就越多。

首先,大地包含着产生泉水的始基,因此泉水不断地涌出,并带着凉意流动着,不知疲倦地补充那深不可测的海洋;大地也包含着产生火的始基,因为在地壳的许多地方都燃烧着烈焰,有时愤怒的伊达火山会从地底深处喷发出火焰;她还包含着另外的一些种子,那些种子能为人类孕育出金黄饱满的谷粒与结满硕果的树木;她的种子还能为生活在崇山峻岭中的野兽产生河流、绿叶、肥沃的草原。因此,只有大地被称为"神的伟大母亲","野兽的母亲"以及人类[身体]的产生者。①

她是古希腊博学的诗人所推崇和歌颂的对象,在描述中她坐在由一对狮子驾驭的四轮宝座上,以此教导着人们:宇宙悬浮在广漠的空气中,大地并不能置放于另一个地面之上的。他们用轭把野兽套在她的车上,因为无论多么野蛮的幼兽,都应当在父母慈爱温柔的照顾下,使兽性得到软化和驯服。而且,他们还在她的头上戴起有角塔的王冠,因为她占据了地形优越的要塞,守护着所有的城邦。时至今日,饰有像这样的神圣母亲像的徽章标记,在许多伟大的城邦中被抬出来游行时,在威严庄重的气氛中依旧受到极大的尊敬。在她在不同国度的古老仪式中被称为

---

① 对于诸神伟大的母亲(Magna Mater)西拜尔(Cybele)的崇拜是大约公元前205—前204年从弗里吉亚传入罗马的。她由宦官祭司科洛班特(Corybantes)护送。对于西拜尔的崇拜往往和对于大地女神瑞亚(Rhea)的崇拜搞混;而科洛班特也与克立特岛的祭司(Curetes)混为一谈。弗里吉亚和克立特岛都有一座伊达山(Mt. Ida)更加重了这一混乱。

"伊达山之母"（Idaean Mother），而且把弗里吉亚（Phrygians）的军队配给她作护卫，因为据说谷物最先是在那个地区出现，然后才传遍了世界。他们指派受过宫刑的祭司侍奉她，希望以此来宣告：那些亵渎过神圣母亲的尊严以及对父母不孝的人，是没有资格把后代带到这光明的世间来的。当祭司到来时，绷紧的手鼓、中空的铙钹在掌心的击打下四处轰轰鸣响，号角带着浑浊的回音发出恐怖的奏鸣声，而管笛则吹奏着弗里吉亚的曲调，激发出他们的热情；他们所持的武器显示出激烈的愤怒，使那些忘恩负义或是心怀不轨的群氓由于女神的威严而感到内心无比恐惧。因此，一旦当她的队伍游经大城市，当她默默地赐福于人类时，他们就会在她行进的道路上撒满银币和铜币，献给她丰富的赠品，而且从她头上撒下雪花般的玫瑰花，遮蔽了这位母亲和她的随行队伍。还有一队希腊人称之为"丘勒塔"（Curetes）的武装队伍，每当他们出现在弗里吉亚的乐队中随着音乐的节奏跳动的时候，他们会见血而喜①，点头摇摆头盔上的羽毛。这使人想起了狄克特山②的丘勒塔，据说，他们曾经在克里特岛隐藏了婴儿朱庇特的哭声，当时他们一群年轻人围着一个男孩子快速地跳着舞，他们身着盔甲，按节奏用青铜撞击着青铜，从而使沙特恩（Saturn）无法把他抓走、吞食并在他母亲的心中种下永恒的伤痛。③正因为如此，他们武装守护着这位母亲；或者，这［武装行列］是要表明女神对他们发布的命令：时刻武装起来、勇气充沛，保卫国土，保护父母并成为他们的骄傲。

但是，上面所述的故事不管说得有多么精彩，与真实的理性还是相距甚远。因为神灵的本性必然决定他们在最为平和的状态下享受不朽的生命，远离凡尘俗事；神灵没有痛苦也没有危险，他们凭借自己的资源

---

① 在祭祀礼仪中丘勒塔用刀割自己。
② 狄克特（Dicte）是克里特岛的一个山峰。
③ 朱庇特（Jupiter）的母亲瑞亚（Rhea）把他藏在克里特岛狄克特山的一个山洞里以躲避他父亲沙特恩的追杀，后者知道自己注定要被自己的一个孩子所推翻。

就已经极为富足强大,根本就不需要我们。他们既不会由于人们的侍奉而欢心,也不会被激怒。事实上,大地在任何时候都是没有感觉的。她只不过是因为接受了许多事物的始基,才以多种方式把许多事物带到这世界上。如果有人决意要把海洋称为"奈普顿",把谷物称为"塞里斯",并且宁可胡乱使用"巴克斯"①而非那种酒本身的名称的话,那么我们也可以让他称大地为"神灵的母亲",只要他在现实生活中不用卑鄙的迷信玷污自己的心灵。

因此,在同一个草原上,常常会有羊群、战马以及牛群在一起放牧。它们生活在同一片天空下,并在同一条河流里饮水解渴,但它们彼此却有着各不相同的体形,每个物种都保持着各自祖先的本性,并且仿效着各自的种类把它们沿袭下来。在每种草以及每条河里,物质的差异也是如此之大。

同样,它们中的任何动物都是由骨头、血液、脉络、体温、体液以及肌肉等所构成,这些也都是极为不同的东西,由形状各异的始基所组成。

再者,无论什么东西,只要它能被点着并燃烧起来,那么在它里面即便没有别的,至少存在着这样一些颗粒,使得他们能够燃起火焰、发出光亮、射出火花并在四处分撒灰烬。

然后,如果你对其他东西也以同样的方式来推理,你就会发现在它们内部隐藏了许多事物的种子,而且包含着各不相同的形状。

此外,你看到许多的东西既有气味,又有颜色和味道,首先要提到的是那些众多的祭献品[它们被燃着时总是使神坛烟雾缭绕];它们势必是由不同形状的元素所构成,因为它们燃烧时产生的恶臭穿透我们的身体,而颜色却不能。颜色以别的方式,而滋味又以另外一种方式潜入我们的感官。由此可见,它们始基的形状是各不相同的。所以,不同形状的原子混在一起、结成一团,事物都是由混合的种子所构成的。

---

① 奈普顿(Neptune)为海神,塞里斯(Ceres)为谷神,巴克斯(Bacchus)为酒神。

更进一步讲，在我的诗句之中，你可以看到许多的元素是为许多的词所共有的，尽管你必须承认字与字之间、句与句之间是彼此不同的，而且是由不同的元素所构成。我不是说在全文中只有少数几个共同的字母，也没有否认两个字不可能由完全相同的元素所构成，而是说，一般而言它们并非全都一样。这也适用于其他情况，尽管许多事物的始基是共同的，但它们的不同组合却能形成非常不同的整体。所以，我们确实可以说人类、五谷以及茂盛的树木由不同的元素所构成。

4. 原子组成事物的方式不是无穷多

然而，你千万不要以为所有的元素能以一切的方式结合起来，因为如果这样的话，你将看到众多的怪物在你身边产生。半人半兽的东西会突然冒出来，从人的身体上会长出巨大的树枝，陆地生物的身体器官会长在海洋生物的身上；还有，在那产生万物的土地上，大自然会养育张开血盆大口吐出熊熊火焰的怪兽（Chimaeras）。但是很显然，所有这些事情没有一件发生过。我们看到，所有的事物都是由固定的母亲和固定的种子孕育而来的，而且它们能够在成长的过程中保持着各自的类型。这必定是按照一定的规律在发生的，因为每样食物被吃下后，与身体合宜的颗粒就会散布于身体的各个部分，并且在那儿组合起来产生适当的运动。但是相反，我们看到异质的元素被自然抛弃，而且，许多无形的东西由于击打而从身体逃离逸散，这些元素不能与身体的任何部分结合，也不能在体内感知和模仿生命性运动。

但是，不要认为这些法则只对生物才有束缚力，事实上它们区别着一切事物。正如所有被创造出来的东西本质上相互不同一样，它们的始基也必定是形状各异的。我并不是说为数极少的始基具有相同的形状，而是说一般而言它们互不相同。进一步来说，既然种子各不相同，那么它们之间的也势必有着不同的间隔、通道、联结、重量、撞击、相会以及运动。所有这些差异不仅把生物相区分开，而且使大地与海洋相分离，使天空与大地相隔开。

现在，请记住我的话（这些话是通过我甜蜜的劳作而得出的），以免你想当然地认为那些在你眼前白色闪亮的物体就是由白色的始基所构成，或是那些黑色的物体出自于黑色的始基，再或是相信物体显示出别的颜色的原因是构成该物体的始基浸染了该种颜色。[①] 事实上，物质元素丝毫不具有任何颜色，既谈不上与物体同色，也谈不上不同色。但是，如果你认为心灵无法把它自己投射到元素的本性上[②]，那么你就犯了大错。因为既然有些人生来盲目，从未见到过光明，但依然能够通过触觉来辨认事物——尽管从他们出生之日起就没有把颜色与这些东西联系起来思考，所以，你可以确信，我们的心灵也同样能对那些毫无色彩的物体形成概念。[③] 再说，我们在漆黑一片的状态下触摸到东西时，我们也不会感到那些东西有任何颜色。

四　原子没有宏观事物的特性

1. 原子没有颜色、冷热

既然我们已经证明了这一点，那么接下来我就要解释：物质的原始初体不具有任何颜色。所有的颜色都能完全改变，而改变了颜色的物体，自身也就改变了。但是，构成物体的始基在任何情况下都不会改变的，

---

① 伊壁鸠鲁认为原子具有形状、尺寸以及重量等特性，但此外再也没有其他特性；而且他认为物体的颜色是由于原子位置的改变而改变的。

② 这里提到的是伊壁鸠鲁的一个观点，他认为心灵是一堆灵魂原子的聚合，它能够把注意力集中在一个意象或观念上，然后理解并创造出一个新的概念。

③ 卢克来修用盲人的例子来说明，心灵能用"投射"的行为来把握概念，即"见到"无色的原子，并提示说我们应该把原子想象成某些可触到但不可见到的东西。

因为某些不可变化的东西必然存在，以免使万物都归为虚无。因为无论何物，当它的变化超越了自身的界限，那就意味着原先的物体的死亡。因此千万不要让物体的种子浸染颜色，否则你会发现所有的事物都归为虚无。

另外，始基无须具有颜色属性，只要它们彼此的形状各不相同，就可以获得所有的颜色。① 这是因为物体颜色主要取决于：它所具有的种子是以什么姿势和别的什么种子相结合，以及它们相互间给予和接受什么样的运动。这样，你就可以很容易解释清楚刚刚还是黑色的东西能够突然变得晶亮雪白，就像当狂风在海面上卷起巨浪的时候，大海就变得波光粼粼白浪滔滔。因为你可以说，我们经常看到的黑色的东西，当它的物质被搅乱混淆，其始基的排列顺序也被改变，并且给它增加或减少某些部分的时候，它立刻就会变得亮白。但是如果深邃蔚蓝的海洋表面是由蓝色的种子所构成，那么不管怎样它都无法变白，因为无论你如何摇晃蓝色的种子，它们也无法变成闪亮雪白的颜色。或许，海洋那种统一的纯白色是由多种颜色的种子混合而成的，正如许多形状各异的小方块常常可以组装成一个整齐的立方体那样。但是那么一来，我们就能在这种立方体中看到它所包含的各不相同的形体，同样，我们也应当能在海洋的表面或是任何别的单纯统一的光亮中觉察到各种不同的颜色。② 此外，那些不同形状的小块形体并不会阻碍整个物体在外观上成为一个整齐的立方体，但是物体的不同颜色却能阻碍物体拥有一种单一的颜色。

进一步说，即使承认白色的东西不是由白色的东西构成，黑色的东西也不是由黑色的东西构成，而都是由多种颜色的东西所造成的，那么，引导并吸引我们把颜色归给事物的始基的推理也就彻底地破灭了。事实

---

① 尽管原子是无色的，它们形状以及结合方式的不同就足以导致物体颜色的不同。
② 卢克来修也不同意"多种颜色的原子混合出一色"的阿那克萨戈拉式解释。

是：白色的事物更容易从无色的而不是从黑色的或是别的相对立或相冲突的颜色产生。

另外，既然没有光线就没有颜色，而且事物的始基无法进入到光天化日之下，你就可以确信它们并不具有颜色。因为在一片漆黑之中还能存在什么颜色呢？颜色会被光线改变，其色泽会根据光线直接或是倾斜的照射角度而变化。因此，当鸽子的羽毛在阳光的照耀下时，围绕其颈部四周的绒毛有时会红得像石榴石。如果换个角度看，它就变成了混杂着蓝色的宝石绿了。还有，在充足阳光的照耀下，孔雀的尾翼颜色也会随着它的转动而改变色泽。既然这些颜色是由于光线的某种冲击而造成，那么显然，如果没有这种冲击颜色也就无法产生了。

既然当眼睛的瞳孔受到某种冲击时就看到了白色，而当受到别的冲击时就看到黑色或是别的颜色；既然当人们用触觉感知事物的时候，事物的颜色无关重要，最为重要的是事物的形状，那么你就可以确定，事物的始基是无须具有颜色的，它们只是以不同的形状使人产生各种触觉。

另外，既然每种固定的形状并不具有其特定的颜色，而且在任何一种色彩中都可能存在始基的各种组合，那么为何这些形状的始基所构成的事物并非同样也染上各种事物的颜色呢？因为果真如此，那么在天空飞翔的乌鸦就经常能从白色的羽翼上撒下一片白色的光辉，天鹅也会由于黑色的种子成了黑色的，或是变成任何一种其他颜色或混杂的色彩。

还有，任何一样东西越是被撕裂得粉碎，它的颜色也就越为迅速地变淡直至消失。正如当紫色的毛织品被拆解成线时，原本极其鲜亮的紫色和猩红色完全被毁掉。你可以从中得出结论：事物的小碎片在它们散开成为种子之前早就把颜色驱散了。

最后，你承认有些物体是不发出声音或气味的，你因此认为并非所有的事物都产生声音和气味。所以，既然我们不能用双眼觉察一切的事物，那么你就应该相信有些东西不具有颜色，就像它们没有气味和声音一样；而且，具有智慧的心灵能够识别这些东西，正如它能识别缺少另外性质的东西一样。

不过，你可别以为始基只是不具有颜色而已，它们也完全没有温暖、寒冷和炎热；它们在缺乏声音与水分的贫瘠之地运动着，也决不能从它们自身散发出任何气味。就像你要着手制作茉乔栾那和没药的温和酊剂或者是香醇的甘松花时，你首先要找的是那种绝对没有一丝气息的橄榄油，使它不带有半点辛辣的气味，从而不会破坏那和它混合在一起被煮沸的物质。也正因为如此，事物的始基在构成一事物时，由于它们并不能从自身散发出什么，所以并不给物体提供气味或是声音，同样也不供以味道、寒冷、热气、温暖等。既然所有这些①的本性都是终究会死亡的——柔软的身体因为容易弯曲而死，易碎的事物因为脆弱而死，稀薄的东西因为多孔而死——所以，如果我们想要为这世界奠定一个万物总体得以存在的不朽基础，事物的始基就必须与所有这些都分开，否则你会发现万物会化为乌有。

2. 原子没有心理活动

现在你必须承认：凡是我们所看到的有感觉的事物都是由没有感觉的始基所构成的。我们所看到的明显事实并不反驳这一点，也不与此矛盾，而是亲自带领我们，迫使我们去相信我所说的：生物是由没有感觉的原始初体所生成的。比如，当土地因为淫雨浸泡而腐败时，你可以看到活的虫蛆从恶臭的粪便中爬出来。②此外你还能看到一切事物以同样的方式发生变化。河流、树叶、肥沃的牧草变为了肥硕的牲畜，而牲畜又

---

① "这些"指的是气味、声音等。
② 某些古代哲学家，包括亚里士多德，认为某种植物和动物能够自发地产生并生长，例如虫蛆从腐化的粪便里长出。这个理论直至19世纪才最终被巴士德（Pasteur）所推翻。

为人类身体的构成提供了物质，同时人的身体也为野兽增强了力量，为猛禽壮大了身躯。因此，大自然把所有的食物变成了生物体，然后又使之产生动物的各种各样的感觉，其方式正如她把干柴点燃并使之燃起熊熊烈火。现在你应该明白，最为重要的是万物的始基是以什么顺序排列的，它们是与别的什么始基混合在一起产生并接受运动的！

进一步来说，是什么触动了你的心灵，鼓动并强迫着你表述相异的感觉，并禁止你相信有感觉的东西是从没有感觉的始基中产生出来的？很显然，石头、柴枝和泥土混合在一起是不能产生有生命的感觉的。但是在这件事上，你要记住我从未说过感觉能够毫无例外地从所有能产生感觉的物质中制造出来。最为重要的是：首先，构成具有感觉的事物的元素颗粒的细微程度如何？其次，它们具有什么样的形状？最后，它们是怎样运动、排列以及其位置如何？我们确实无法观察到柴枝和土块内部的这些情况，但是当这些东西被雨水淋湿而腐烂之后，许多小虫蛆就会从中长出。这是因为物质始基的原先安排顺序在新的情况的作用下被改变，从而形成了必然会产生活的东西的新组合方式。

再者，如果认为有感觉的东西能够从有感觉的元素中创造出来，而那些有感觉的元素通常又是通过别的有感觉的元素获得自己的感觉的，那么就会使种子过于柔软从而不免一死。因为一切感觉都是与肌肉和血管紧密相关，而这些东西明显很柔软，所以都是由有死的物质所聚合而成的。

然而，就算是假定这样的物质［种子］能够不朽地永存，那么它们也必然或是作为一个部分具有感觉，或是作为整个动物那样感觉。但是作为部分是不具有独立感觉的，因为身体里的所有局部感觉都是与其他部分紧密相连的。单独一只手或是我们躯体的任何一个分离开来的部分，都无法维持感觉的功能。这样就只剩下一种可能性：它们必须类似于生物的整体。它们必须以我们具有感觉的同样方式具有感觉，从而才有可能和我们一道感受到各处的生命性感觉。那么，既然它们也不过是生物，而生物就是有死的事物，它们怎么还能被称作"万物的始基"并避开死亡之路呢？而且，即便假设它们是不朽的，那么通过交会和结合，它们也无法产生什么新的东西，结果还是原来的那一群"生物"，正如人、牲畜以及野兽如果混合在一起，并不能产生出什么新东西一样。要么，它们或许失去自身的原先感觉而获得了新的感觉？但是，那么一来，又何必赋予它们已经失去的感觉呢？另外，让我们再提一下前面的例子，既然我们看到鸟类的蛋孵成了活生生的小鸟，土地在被雨水所浸湿腐烂后会涌出成群的虫蛆，那么就可以确信：一切感觉都可以从没有感觉的东西中衍生而出。

但是，如果有人说感觉在一切情况下都能从没有感觉的东西产生出来，只要借助于某种变化过程或者是某种类似于诞生的过程①，那么只要向他说明以下这点，他就能完全明白了。那就是，除非始基以某种方式相结合，不然就不会有什么诞生过程；如果没有［始基的］结合，那就不会有任何变化。

首先，在生物体还没有完全成型之前，任何的物体内都不存在感觉，因为物质确实是分散在空气、河流、大地以及一切从大地上孕育出来的东西里，到那时为止还没有聚集起来，还没有以适当的方式结合形成生命性运动，这些运动激发起那无微不至的感觉保护每一个生命体。

另外，任何一个生物体如果遭到一种超越其本性所能忍受的击打，都会突然被打趴下，进而身体和心智的所有感觉都会错乱。因为构成生物体的始基排列被破坏，生命性运动也彻底地受到了阻碍，直到震动遍布全身，从身体中解开了那维系生命的灵魂之结，并把灵魂从所有的表皮毛孔抛散到四周空中。除了使所有组成部分在击打下解体之外，我们还能想出那一打击产生什么作用呢？当然，也会有这样的情况，受到的击打并不是非常猛烈，余存的生命性运动常常能够战胜它并使打击所带

---

① 卢克来修此处或许在反驳斯多亚派的理论。卢克来修的推理是：改变或诞生都意味着原子组合体的存在。如果没有原子组合体，感觉是不可能发生的。

来的巨大骚动平静下来，然后把各部分招回原先惯常的轨道，从而摆脱已经开始笼罩全身的死亡阴影，并再一次点燃那几乎消失的感觉。因为，此外还有什么方式能够把生物从死亡的边界拉回，并且再一次把心智能力收集起来，而不是奔向他们几乎已经迫近的终点并消失殆尽？

另外，既然当身体的血肉和肢体受到外力的攻击时，物质在体内各自隐秘的位置颤抖着，就能体验到疼痛的滋味；而当它们回归到原先位置后，随之而来的是舒缓的愉悦感，你由此可以确信，事物的始基是不受任何疼痛的攻击的，从它们自身也无法取得快乐的感觉，因为它们不是由任何元素体所合成，故而就不会为运动中的变故而焦虑，也不会为享受到那给予生命的喜悦。因此，它们必定不具有任何的感觉。

再者，如果为了使所有生物有感觉能力就必须真的把感觉赋予原子，那么构成并产生人类所固有的特性的元素又会是怎么样的？毫无疑问，它们会捧腹大笑，甚至于笑破肚皮，它们也会泪流满面，并且还会智慧地就世界万物的构成问题大发演讲，甚至还来研究它们自身是由什么始基构成的。既然它们与整个的人相类似，那么它们也就必然由别的元素所构成，后者又由其他元素构成，如此类推下去，以至于你不敢在任何一处停留，因为我会紧随着你直至你承认——所有你认为会说话、会大笑、会表现得智慧的种子，都是由别的这样的种子所构成。但是，如果我们看出所有这一切是多么的荒唐不经，如果大笑的人不必由大笑的元素所构成，如果智慧并能用博学的话语，论述道理的人不是由智慧和雄辩的种子所构成，那么，我们所见到的能感觉的所有东西为何就不能由完全没有感觉的种子所构成呢？

五　世界数量无限，有生有灭

最后，我们都是产生于天上的种子，万物共享一个父亲。那养育万物的大地母亲从他那里获得了滋润的雨露，然后就孕育出大量金灿灿的谷物、枝繁叶茂的树木以及世代繁衍的人类与野兽。她还为它们提供大量的食物，从而滋养健壮了它们的身体，使它们过着甜蜜快乐的生活并且繁衍后代、延续种族。因而，她当之无愧地获得了"万物母亲"的称号。凡是从大地孕育而来的，都会再次回归大地；那些从天空边缘降落下来的物质也终将回归，为天界所重新接受。死亡并没有完全地破坏物质，以致把物体的始基彻底毁灭殆尽，而只是使始基的结合体解散。从而它们能与别的元素重新结合，这样的结果是所有的物体都改变了形状、更改了颜色、获得了感觉，然后在某个瞬间又再一次失去它们。所以你可以意识到：真正重要的乃是同样的始基与别的什么始基，以什么方式结合在一起，它们互相之间给予和获得什么样的运动；你也不要相信，那些我们所看到的漂浮于物体表面的、生灭不定的东西[①]能够永远常驻于始基。再者，在我自己的诗句里边，最为重要的是：一种元素是与什么别的元素结合的，不同的元素是按照什么顺序安置的，因为同样的字母可以表示天空、海洋、大地、河流、太阳，也可以表示谷物、树木和生物，所以它们即便不是全部也至少是大部分相同，但是它们位置的不同所带来的区别是非常巨大的。同样，对于实际事物来说，当物质的结合方式或是当它的运动、次序、位置、形状发生变化的时候，该事物势必也会同样地起变化。

  现在，我请你倾听以下重要的推理，因为一个崭新的真理正努力地要进入你的耳朵，世界的一个新的面貌正逐步显现。但是没有什么新事物在它出现之初就被轻易地接受；也没有什么东西，无论多么伟大和神奇，人们对它们的疑惑不是逐渐地减少的。请先抬头仰望那清爽纯净的天空，遥想一下它所包含的一切东西——那游转的星群、月亮以及耀

---

  ① 卢克来修指的是"第二性质"，尤其是颜色（严格说来，"第二性质"之类是洛克以来哲学家的术语，伊壁鸠鲁、卢克来修等古代人并没有使用）。

眼的太阳所发射出的明亮光辉。如果这一切都是现在才第一次为人类所发现，如果它们不曾有任何征兆地突然出现在人们面前，那么你还能说出什么事物能比这些更令人感到惊奇，还有什么是人们事先所不敢相信的？我认为没有。这个景象确实会太奇妙无比了。然而，现在大家都已经对此熟视无睹，谁都不屑于抬头望望那明亮的苍穹。所以，你不要仅凭事物的新奇而感到惊慌失措，失去理智，而应该用敏锐的判断力进行仔细的考虑。如果它看来是真理，那么你就承认被征服；如果是个谬误，那你就奋起与之战斗。因为，既然在这个世界的壁垒之外的空间的总量是无限的，我们的心灵就试图理解那远处的事物——心智总是渴望着能遥望它们，心灵的影像①也朝着那里自由飞去。

  首先，在我们周遭的所有方向，在两边以及上方和下方，整个宇宙都是没有止境的，这一点我已经证明，也与真理自身的大声地疾呼和深不可测的自然所清晰地显露的情况不谋而合。既然空间朝着各个方向无限地延伸，而且那数不清的种子以各种方式在无底的宇宙游荡飞翔，并维持着那永恒不间断的运动，我们就决不能认为只有这个大地与天空被创造出来，独一无二地存在着，而那些在这之外的种子却什么也无法构成。②尤其是，我们这个世界也是由自然构建而成的。构成事物的各种种子时而相互碰撞，以各种方式撞击在一起，毫无方向、毫无目的，最终某些种子突然被抛在一起，结合起来，于是成为各种巨大事物如大地、海洋、天空和世代繁衍的生物的基础。因此，我再一次强调：必须承认，在别的地方也同样会有物质的聚集，就像被苍穹贪婪地拥抱着的我们这个世界一样。

  此外，当大量的物质就绪待命，而且空间也垂手可得，也没有什么东西或是什么原因来阻碍的时候，事物无疑就会产生并完成构建。而且，

---

① 指心灵把自己投射到意象上面以形成概念的那种力量。
② 按照伊壁鸠鲁主义者的理论，世界的数量是无限的。

如果在这个时候，种子的数量是如此巨大，以至于用尽生存的时间都无法数尽；而且如果存在着相同的力量和本性，能以相同的方式把种子抛聚在某一位置，就像在我们这个世界中，种子被抛在一起那样，那么，你就必须承认：在别的地方存在着其他的世界、不同的人种和世代繁衍的野兽。

此外，在整个宇宙中，没有一样东西在其物种中是独一无二地产生并单独生长的。任何东西都是某一种类的一员，在这个种类中还有许多其他的个体。首先，让我们把注意力转向动物，你会发现生活在崇山峻岭中的野兽是这样的，具有两性的人类是这样的，还有那静默地长着鳞的鱼类和所有的飞禽也是这样的。因此，按照同样的道理，你必须承认：天空、大地、太阳、月亮、海洋以及所有其他的一切存在，都不会是独一无二的，而是有着无限多的数量。既然它们面临的是同样的至深生命限度，它们也都有一个必然会毁灭的身体，正如我们这里大地上任何一种具有众多的成员的生物一样。

如果你坚信这些信念，那么自然就立即从狂傲的主人那里解放出来，获得了自由。她不再需要神灵的帮助，能够按照她自己的意愿独立自主地做事情。因为，有神灵那圣洁的心灵为证（那些神灵在安静的平和中过着无忧的岁月和平静的生活）：有谁强大到能够统治那广大无边的宇宙，用手执住并控制那巨大到不可测量的缰绳？有谁能让所有的天体同时转动起来，并且以天火温暖这丰产富饶的大地？有谁能随时出现在任何地方，用云层遮挡阳光带来黑暗，用雷声震撼宁静的天空，然后发射出闪电，并且常常会击毁自己的神庙？尔后，还退向荒野，在狂怒中大放雷电霹雳——那些霹雳时常放过了罪恶的人，却杀死了无辜的或本不该死的人？

自从这个世界形成以来，从海洋、大地最初诞生以及太阳初升之日起，已经有许多的物体从外面添加进来，大量的种子从四周补充过来，它们是在大地宇宙在颠簸摇荡中带来的。因为有了这些种子，海洋和陆地能够得以扩张，天之屋宇的覆盖范围也更为广阔，并使得苍穹更高地远离大地，从而空气也能高高地升上去。因为所有的物体都是由于从各处而来的撞击而被散布在外，然后又回归到它们的同类之中，所以流质复归为流质，土地依靠土壤元素得以增加，火焰燃出新的火种，空气产出新的空气。这个过程一直延续，直到大自然——这个万物的创造者——把万物带到它们生长的终结点，比如当流进动脉的东西已经少于流失出来的东西时。对于所有的生物来说，生命到了这个时候就不得不画上一个休止符了；在这个时候，自然以她的力量终止了生物的生长。因为，但凡你所看到的正在快快乐乐地增长并逐渐朝着壮年攀登的生物，它们吸收入体内的物质总是要比排泄出来的更加多，只要食物能容易地被血管所吸收，而且只要物体的组织不至于过于疏松而流失太多，使得消耗超过了摄入。我们当然承认，有许多物质从物体身上流失；但是在到达这些生物体生长的顶峰之前，还是会有更多的物质不断地进入体内。在这之后，岁月逐渐磨损了它们的力量以及壮年时的精力，使之衰败下去。的确，当生长停止的时候，越是体态庞大的生物，就越会向四面八方散发出物质颗粒，使之从它的身体遣散出去。食物也不容易进入到它所有的血管里，而且与它所抛弃的巨大的放散物相比，食物远远不足以弥补那些所失去的物质的量。因此，完全有理由相信万物皆有一死，当它们由于物质的流失而变得消瘦，而且被外来的击打所彻底打败时，食物终究无法抵抗垂暮之年。同样，也没有什么事物在与外力不断搏斗的过程中，能够不被破坏并不为致命的打击所征服。

所以，再强大的国度的城墙，也将受到从四面八方而来的风暴的侵袭，终归会被摧毁崩塌成为断壁残垣。由于必须通过食物的补给才能维护物体的完整性，所以是食物维持着一切生物的存在，但是在这种情况下就毫无用处：如果血管已经不能保留足够的养料，自然也不再能够提供足够多的食物。即便是现在，生命的力量也确实已经破损，而且大地也已经变得贫瘠，以至于只能产出少许细小的生命体。而就是她，曾经创造了所有的物种，并且孕育出了野兽巨大的身躯。① 我并不认为动物是从高天之上放下的一根金绳上走到地上的，它们也不是大海或是那冲击岩石的海浪所孕育出来的②，是大地生育了他们，而且现在还供给他们生长所需的食物。另外，她独自地就为人类创造了最初的金灿灿的谷物以及产量丰富的葡萄园，也正是她独自就产出了甜蜜的水果和肥沃的草地，而它们现在即便在我们辛勤劳作的帮助下，也已经几乎不能再茁壮成长了。我们累垮了牲畜，耗尽了农夫的力气，我们磨损了铁犁，但是我们从土地上得到的收获却很少。它们的出产是如此的吝啬，它们带给我们的劳作强度是如此沉重。现如今，那年长的农夫摇着头，不停地叹息着他所付出的劳动一无所获，而且把现在这个时代与过去作比较，赞羡着父辈们的好运。还有那退化贫瘠的葡萄园的种植者，悲伤地责骂着季节的轮转，喋喋不休地抱怨着这个时代，而且嘟囔着说在那原先的世界里，人们的心里都充满着虔诚，并且依靠一块小小的田地就能使生活过得简单舒心了，尽管原先每个人所拥有的份地比现在要小很多。但是，那老农夫却不明白，万物都会逐渐衰退，由于岁月流逝造成的损耗而走向毁灭的暗礁。

---

① 卢克来修解释说：大地母亲在她年轻的岁月里，不仅孕育了植物，而且还生产了各种飞禽和动物。但是，后来她像妇女一样，生育能力变得衰竭，故而现在只能产出一些蠕虫之类的微小生命体。

② 在荷马的《伊利亚特》8.19，宙斯说，即使诸神从天上悬下一条金制的绳索，他们也无法把他拉下来。斯多亚派以寓言的方式解释这一段话，认为它指地上的生命来自天界。卢克来修是否认动物来自天界的说法的。

第三卷　灵魂的本性

一　序诗

哦，你是第一个在深深的黑暗之中，高高举起如此明亮的火炬照亮生命的幸福之乡的人。哦，你是希腊人的荣耀①，我将跟随你，循着你留下的脚印迈出坚定的步伐。我不是梦想成为你的对手，而是出自对你的敬爱而以你为榜样，模仿你和再现你。燕子怎么会去和天鹅试比高低，四肢站立不稳的小山羊如何能在奔跑中发挥出健壮的骏马那样的充沛精力呢？你是我们的父亲，是真理的发现者；杰出的人啊，从你的不朽篇章中，你给我们提供了慈父般的伟大箴言。蜜蜂在森林空地的花丛中贪婪地采蜜，同样，我们也以你那金子般的话为食，你的金玉良言配享永恒的生命。你的推理一开始宣告你的神圣心灵所揭示的万物本性，我们心中的恐惧就立刻烟消云散，世界之墙也为之而开，我看到了这整个虚空中发生的诸般事情：在我面前，出现了庄严肃穆的诸神，还有他们那安宁祥和的居所。在那里没有狂风刮过，没有乌云撒雨，严寒霜冻凝结的白茫茫大雪也不能损害它半分；相反，这里总是万里无云，天空眉开眼笑，遍洒光辉，庇护着一切。而且，大自然给诸神提供各种各样的东西，

---

① 伊壁鸠鲁。

任何时候都不会有什么东西来扰乱他们平和的心境。反之，在我们那儿都看不到所谓"亚基龙"的地方，尽管大地丝毫不妨碍我们一清二楚地看见脚下的广大虚空中发生的所有事情。在这一切的面前，我突然被一种神圣的喜悦感所俘获，全身颤抖，因为大自然由于你的力量而被如此明朗地展开，毫无遮掩。①

既然我已经阐明了万物的始基是何种东西，它们如何由于各种永恒的运动而做出各种各样形态的飞行，以及万物如何能由此而产生出来，接下来，我要在我的诗句中清楚地解释心灵和灵魂的本性②，并驱逐人们对于亚基龙的恐惧，因为它从最深处威胁着人们的生活，使一切都被死亡的黑森森的颜色所污染，使人无法享受到任何纯净而明朗的欢乐。不错，人们往往宣称，疾病和邪恶的一生比死亡的无底深渊更可怕，而且他们知道灵魂的本性是血液甚或空气（这全看他们的一时奇想怎么说），并且，他们也不需要我们的理智。然而下面所说的将向你表明，这些人的言论与其说是建立在事实的基础上，不如说是吹牛浮夸图虚名。就是这些人，一旦被驱逐出国，从人们的视野里被远远赶走，背负着耻辱的指控，遭受种种苦难，却还活着。这帮可怜的家伙无论到了哪里，首先做的事就是祭祀祖先；他们宰杀黑牛，将祭物献给死去的鬼魂；他们在艰难困苦的日子里尤其一心热切地崇拜迷信。所以，在危险和困境中最容易考察一个人，在逆境中最容易分辨出一个人的本来面目。因为只有在那个时候，从他们的内心才会吐出真心话。面具被撕去，而留下的是真相。

还有，对物利的贪婪和对出人头地的盲目渴望驱使可怜的人们践踏法律的限制，夜以继日地阴谋勾结犯罪，辛苦钻营，企图爬上权力的顶峰。

---

① 这儿虽然讲一般的自然和虚空，但是应该理解为尤其指"神界"——那里是世界之间的极为空旷的虚空。卢克来修说那里有伊壁鸠鲁的诸神，但是没有大众宗教所相信的亚基龙之类鬼神世界。

② 对于卢克来修，灵魂分为两个部分："心灵"（Animus）与"灵魂"（Anima）：前者是居于心中的纯粹的精细原子，后者是散布在全身的、与身体原子混合的原子；前者是思想和意志的原则，后者是生命的原理。

这些生命中的病态也全然是被对死亡的恐惧所推动的，因为常人一般觉得丧失名誉和贫穷匮乏与生命之甜蜜与安定感相去最远，好像已经来到死亡门前了。人们被虚假的恐惧所追赶，企图从死亡之门前远远逃开，躲得越远越好，于是他们通过血腥屠杀同胞来贪婪地聚敛财富，谋杀不断；他们对着同胞的惨死残忍地放声大笑，他们憎恨并害怕亲友对自己的热情款待。①

由于同样的恐惧，他们还常常被嫉妒弄得日益憔悴，因为某人在他们眼前身披权力的盛装，在华丽的游行队伍中成为众目所向的焦点，而他们却在一边自怨自艾，为自己陷于黑暗和困境之中而悲叹。还有些人为了追求立碑塑像和芳名永传而送了命。这常常走到极端，结果人由于恐惧死亡而陷入对于生命和光明的憎恨，以至于带着悲伤痛苦的心情设计了自己的死亡，而不知道这种恐惧感才是他们的牵挂和忧虑的源泉：它引诱一个人去破坏荣誉，引诱另一个人去破坏友谊的纽带；总之，它诱使人们践踏了一切自然情感。长久以来，就常常有人为了躲避亚基龙之地而不惜背叛自己的祖国和亲爱的父母。就像孩子们在漆黑的夜里对每一样东西都畏惧和发抖一样，我们在光天化日之下有时也害怕一些东西，它们并不比孩子们在黑夜中害怕即将发生的事情更可怕。因此，这种恐惧和心灵的黑幕必须被清除，不是被太阳的光线，也不是被白日的光明所驱散，而是要用自然的本来面目和法则来将它们驱散。

二 灵魂的本性

1. 灵魂是十分精细的物体

首先我要说，我们通常称作"智力"（the intelligence）的心灵担负

---

① 害怕被下毒。

着指导和控制生命的功能，它是人的一个部分，正如手、脚和眼睛是整个生物体的一部分一样。

[然而，有些哲学家却认为] 心灵的感知并不存在于人身上的某个确定的部位中，而是身体的一种生命状态，希腊人称之为"和谐"。①这样的智力虽然并不存在于人身上的任何部位，却使我们能具有感知地活着；正如我们常说身体是很健康的，然而这一"健康"却并不是健康者身上的某个部分。这样，他们就不把心灵的感知置于任何一个固定的部位；而这一点在我看来是完全错了。因为的确，我们眼前这个显而易见的躯体经常会生病，虽然我们在其他不可见的部位仍然感到快乐；而且反之亦然，一个在心灵上愁苦的人可能在身体上却很快乐，正如病人的脚很痛的时候，头部却可能毫无痛楚一样。还有，当整个躯体已经进入了柔和的梦乡，身体也沉沉地舒展开，毫无感觉时，我们体内却仍然有某种东西以多种方式处于兴奋状态，并让所有欢乐的波动和心中的忧虑沉浸其中，而这些欢乐和忧虑都是些虚幻之物而已。

其次，你要明白灵魂也位于体内，而且并非是"和谐"在使身体进行感觉。因为首先，当身体的很大一部分失去时，生命常常还能保留在我们体内；然而，当少许热的微粒消散在体外，并且气也被逐出口腔时，这同一个生命却立刻就将抛弃血管，离开骨骼。所以，由此你就能明白，并非所有的微粒都具有相同的功能，都能同等地支撑着生命，而是只有那些风和热气的种子才能确保生命在我们体内逗留——因而在我们体内存在着热气和生命性的风，它们在死亡之际将抛弃我们的躯体。

所以，既然我们已经发现心灵和灵魂的本性在某种程度上是人[体]的一部分，那就应把"和谐"退还给音乐家吧。这个名称是从高高的希

---

① "和谐"指的是身体各要素的协调。灵魂的"和谐"说可能起源于毕达哥拉斯学派，在柏拉图的《菲多》中有详细讨论。公元前4世纪，音乐家亚里斯多克塞努斯（Aristoxenus）等人又继续发展了这一思想。

里康山上带给音乐家们的①；或许，音乐家们从别的地方借用了它，用以称呼当时还无以名之的某个东西。无论如何，让他们去保留它，而你现在还是来听听我还要说些什么吧。

下面我要的说是，心灵和灵魂紧密联结在一起并组成了一种共同的本性；但是我们所说的"首脑"也就是统治着整个身体的东西，则是我们称之为心灵（mind）和智力(intelligence)的理性(understanding)。它位于我们胸腔的中央地带；因为这个地方才会感觉到恐惧和害怕，也能感觉到欢乐和愉悦，所以这里就是智力和心灵所在之处。灵魂的其他部分遍布于全身，遵循心灵的命令，接受智力的意愿和动作而动。心灵本身有它自己的感觉和欢乐，即使并没有什么东西在影响它或整个身体。正如当我们的头或眼睛受伤而感到疼痛时，我们的整个身体却并不全都为痛苦所折磨；同样，当遍布在四肢和全身的灵魂并未受到任何新的感觉所激发时，心灵有时也会独自受伤或享受欢乐的刺激。但当智力受到更为强烈的恐惧感的震动时，我们就会看到那遍布全身的整个灵魂都在体验着这同一种感觉，手心出汗、脸色苍白等迹象就会相继出现在全身，还有说话发颤、声音逐渐嘶哑，眼前一片昏黑，耳边一阵轰鸣，四肢发软。总而言之，我们经常看到一个人因为内心极度恐惧而晕倒在地。所以，每个人都可以从中轻易地认识到，灵魂和心灵紧密联结；当灵魂受到心灵的力量的沉重打击时，它将迅速冲向身体并向它发起猛攻。

这同一个推理也教导我们，心灵和灵魂从本质上说乃是物体［身体］性的东西，因为既然我们看到它能驱使四肢，将身体从睡梦中唤醒，并能改变人的神情，指引和控制整个人，我们还看到所有这些事情都必须通过接触才能发生，而如果没有物体就不会有接触，那么，我们还不应该承认心灵和灵魂有一个物体的本性吗？另外，你也能感知到，心灵和

---

① 希腊音乐中的"和谐"不是指能形成和音的同时发出的音符的集合，而是指在特定的音调中乐器的调音，因此形成连续音符的音阶或曲调。这并不是我们现在所说的"和谐"。

身体一同受苦，一同体验情感。如果某个人被武器恶毒地击中，他的骨肉被深深地切开，但没能置他于死地，他将仍然会感到一阵昏厥般的狂喜，随后沉闷地跌倒在地；躺倒在地后他的心灵仍然会有一股骚动，有时候还会生出一种想要站起来的犹豫愿望。因此，心灵的本性必定是物体性的，既然它能遭到物体性的武器的打击。

现在，我将继续向你解释，心灵是哪一种物质，它又是如何构成的。首先，我要说，它是非常精致的，并由非常细小的微粒构成。这确实是如此，你只要思考一下以下几点就会相信。看起来没有什么东西能和心灵一样，如此迅速地决定什么该做并立即执行，所以心灵能比我们所见到的任何东西都更快地激发它自身。但是，它之所以能这么快地行动起来，必定是因为那构成它们的种子是极其圆滑与细微的，这样它们才能在受到一种很小的力量推动之后就能够立即运动起来。比如说，水之所以能在受到一种很小的运动力量的作用下就随之流动起来，乃是因为它由小圆球形状的东西构成；相反蜂蜜的本性则更具黏合性，这种液体更为迟缓，它的运动速度也很缓慢，这是因为构成它的物质黏合得更紧，而且它也不是由如此光滑如此精细和如此圆巧的物质构成的。就像你所看到的，只要有一阵轻微的气息吹过，就能使一堆高高的罂粟籽从顶端吹落；然而它肯定不能吹动一堆石头或麦穗。①那些极为精细、光滑的物体，自身就具有运动的力量；但相反，只要是更重、更粗糙的东西，那就会是更稳固不动的。所以，我们既然发现心灵的本性是极为容易运动起来的，那它就一定是由极其细微、光滑而圆巧的物质所构成。如果你明白了这一点，我的好朋友，它将在许多方面对你有利，而你也会说它确实是有用的。

还有一件事也表明心灵的质地是如何的精细，如果它能缩成一团，将能被包容在一个如何微小的空间中。这件事就是，一旦平静的死亡安

---

① 原因在于：罂粟种子是光滑、圆润而且轻盈的，而石头是沉重的，麦穗有尖刺。

详地降临到一个人身上,当心灵和灵魂已经离开之时,无论就其外形还是就其重量而言,你都丝毫不能感觉到有一丁点儿的东西从身体上消失。除了一些生命的感觉和热气之外,死亡几乎将一切都完好地保存下来,因此整个灵魂必定由非常精细的种子构成,它们交织地遍布于血管、肉体和肌肉之中。因为当灵魂已经离开全身时,四肢的外围轮廓却依然完好无损地保存下来,而且一丁点儿的重量也没有丢掉。就像当美酒的香醇已经消失,或者当香膏的芬芳已飘散到空气中,再或者当某件东西的气味已经消失时,事物本身却在我们眼睛看来一点也没有变小,也没有减轻任何重量。因为很显然,在这些东西的整个实体中,构成气味的是许多极其轻微细小的种子。所以我要再三强调,我们要明白心灵和灵魂的实体一定是由非常细微的种子构成,因为当它们离开时,并没有带走一丝一毫的重量。

　　但是,我们不要认为这一本性是单一的,因为离开那濒临死亡的人的是一种混合着热的稀薄气息,并且这股热又与空气混合在一起。热总是与空气混合在一起,因为热的本性是稀薄的,所以必定有许多空气的种子在其中穿行。这样,我们已经发现心灵的本性有三重。然而,这三者加在一起也不足以产生感觉。既然心灵不承认他们任何之一能产生带来感觉的运动以及心灵自身所转动的思想,那就还需要有第四种性质加入其中,这是一种完全没有名称的东西①,没有什么能比它更容易运动起来,没有什么东西比它更稀薄,也没有什么东西的构成元素比它的元素更细微、更光滑,它首先在四肢散布带来产生感知的运动。因为它由极为细小的形状组成,它能最先投入运动,然后,热也开始运动,接着是那不可见的风的力,再下来就是空气;在这些东西都运动起来之后,血液开始沸腾,肌肉也全都在感受中颤动起来,最后,不管是愉悦还是相反的

---

① 伊壁鸠鲁把灵魂看作是由四种事物构成的混合体:某种似火的、某种似空气的、某种似风的,以及第四种不知名的元素。伊壁鸠鲁派认为必须要有这第四种极为精细的元素,以便说明感觉和思考之微妙过程。

激情都被传送到骨头和骨髓中。不过，疼痛要想这样迅速地传遍全身也没那么容易，其他任何严重的伤害亦然，除非它们能将全身卷入一个巨大的骚动不安中，以至于再也没有什么地方能供生命驻留停息，并且灵魂的微粒也通过全身的所有毛孔散逸出去了。通常情况下，这种致命的运动几乎在体表就被阻止住了。正因如此，我们才足够强壮到能够保持生命。

现在，当我渴望向你解释这些东西①是如何混合在一起，并以何种方式排列以至于能运动起来时，由于母语的贫乏，我感到力不从心。但尽管如此，我将尽自己最大能力来谈谈几个主要的方面。

各个元素的始基在运动过程中紧密互渗，以至于没有什么单一的元素能被分割下来；它即使能与其他元素分开，也无法凭借自己的力量在空间中运行。所有元素都必须像是一个物体中的许多力量一样共同起作用。就像在任何一种生物的肉体之中，存在一种气味，一定的热量和味道，所有这些联合起来才使躯体发育完全。所以，热、空气和不可见的风的力量混合在一起而组成一种性质，还要加上那个快速运动的力量——它在这些混合物中间是运动的源泉；从它那儿首先产生感觉的运动，并传遍全身。由于这种性质深深地埋藏于底下一个最隐蔽之处，在我们体内再没有什么东西藏得比它更深，②并且它自己乃是整个灵魂的灵魂。它就像心灵的精力和灵魂的力量于我们的身体浑为一体一样，深藏不露，因为它是由微小而稀少的元素而组成的。所以，我告诉你，这种无以名之的力量由深深隐藏的精细微粒组成，而且它自己还是整个灵魂的灵魂，并且统治着我们的整个身体。同样，风、空气以及热也必须互相交织，混合在我们体内，一种元素给另一种元素让路或是自己凸显出来。这样，它们就显明了：一个统一体乃是由所有的部分组成。故而，如果热和风分开，或是空气的力量被分离，那么感觉就将因为分离而被破坏和消散。

---

① 即灵魂中的四种元素。

② 卢克莱修并不是说第四种元素在体内位于最深处，而是说比起体内别的东西来，它更加地无法触摸，难以理解。

心灵之中也有那种热量，当它怒气冲天并且从双眼中闪现出越来越凶暴的怒火时，心灵中的热就呈现出来；心灵之中也有大量的冷风，它是恐惧的盟友，它使我们四肢发抖并刺激全身；心灵之中还有平和之气，当心灵平静、神态安详之时，它就显现出来。① 但是，那些有着烦躁的心与过激的精神的生物很容易在盛怒中爆发，它们有更多的热。关于这点，有一个明显的例子，就是那凶猛暴怒的狮子，它经常从胸中爆发出潮水海浪般汹涌咆哮和怒吼，它无法在心中找到什么空间以容纳那过于激烈的情绪。但是，具有冷静心灵的鹿则有更多的风，它能更迅速地通过肉体传递寒流，令四肢颤抖。另外，牛在本性上更多地靠平和的气而生存，它们决不会因为冒烟的火把而过分激动，尽管火把的烟雾在周围伸展着一片乍隐乍现的黑暗阴影；它们也不会被恐惧的冷箭所穿透而吓得动弹不得。它们正处于鹿和狮子这两者之间。

人类也是如此，虽然教育可以使一些人外表同样温文尔雅，但那些原始心灵本性上的特征仍然遗留下来。我们也不能认为人类的错误能连根拔除，以至于某个人再也不会勃然大怒，另一个人过于迅速地被恐惧所击倒，第三个人则异乎寻常地温和忍耐着外来的侮辱。在许多其他方面，人们的许多天性都必定各不相同，并且他们的习惯也随之各异。我现在还不能将这些隐蔽的原因揭露出来，也不能找到足够的名称来命名这些不同的状态，它们是由始基的不同形状所导致的。但是，在这方面有一件事情我知道自己能断定它，那就是，理性所无法驱除的那些遗存本性的痕迹非常细微，所以没有什么东西能阻止我们去过一种配称神灵般的生活。②

---

① 卢克来修一直在争论说个体情绪的即时变化是由心灵中某种元素占上风而决定的。下面他又讨论了动物种类和人的持久性品格的差异。

② 伊壁鸠鲁也提到过在人类当中可以像神灵般生活的思想。神灵即享有完全平和的心灵，所以不论谁获得这种平和的心灵都可以比作神灵。

2. 灵魂不能独立于身体存在

因此，灵魂本性被包含在整个身体之内，它自身又是身体的领导者及其存在的源泉；因为它们由共同的根紧紧连在一起，而且很显然，它们在被撕开之后就将一起灭亡。正如我们将香味从乳香块中提取掉之后，乳香的本性也随之被毁灭掉，同样，从整个身体中将心灵和灵魂去掉之后，整个生命也就毁灭了。所以，两者的元素从它们共同生命的最初起源处就紧密交织在一起，而且我们也看到，要是没有对方的帮助，身体和心灵两者单独就没有感知力量。正是通过两者联合起来共同煽动，感觉的火焰才会在我们体内点燃。

另外，身体决不能独自出生，也不能独自成长，它死后，其尸骨也不能保存多久。水不会因为把自己负载的热挥散掉而瓦解，而是依然完好无损；① 但是一旦灵魂离开身体，情况就大不一样了，身体将完全毁坏并日渐腐烂。从生命运动之初开始，身体和灵魂就互相依赖地结合在一起，甚至当它们还在母体中时就学会了这一与生命相关的运动。只要相互分离，它们就会受损、毁灭。所以你可以看到，既然结合对它们的生存是必不可少的，那么它们的本性必然是共同的。

还有，如果有人否认身体能感知，并相信只有那混合在身体之内的灵魂才承担着我们名之为感觉的运动，那么他就是在徒然地违背显而易见的事实。除了经验明确地告知并教导过我们，谁能解释身体的感觉是什么？"但是当灵魂离开后，身体的各个部位就不能再感知了。"是的，因为它失去了那些就是在活着时也不属于它自己的属性；此外，当灵魂从生命中被驱逐时，它还失去了许多其他东西。②

---

① 前面说到，香味是乳香的一个本质特性。但是这里指出，"热"并非水的本质特性，而只是一个偶性。

② 比如热、颜色和运动等。

还有，有人以为眼睛什么也不能分辨，而是心灵像通过敞开的大门一样，通过它们在观看事物。但是，这一说法很难说通，①眼睛自身的感觉会引导我们得出相反的结论；因为是它们的感觉把我们的意识吸引、刺激并一直将它传到眼球。尤其是当我们明亮的眼睛被反射过来的亮光所阻碍时，我们经常不能看到闪闪发光的物体，而这种情况却不可能发生在敞开的门上；我们要是透过一扇开着的门往外看，就不会有任何痛苦。另外，如果我们的眼睛只能起到像大门一样的作用，那么很显然，如果取走了眼睛，心灵在"大门"、"柱子"和所有东西都移走后，应当能看得更清楚。

还有另一件事，那是令人尊敬的伟人德谟克利特（Democritus）所下的论断，你对此切勿相信。他说身体和灵魂的始基成双成对地交替着，一个挨着一个地叠置，由此而编织成我们的躯体。因为灵魂的构成元素比组成肉体和全身的元素小得多，它们在数量上也更少些，稀疏地分散在全身，所以，你至少可以确定地说，灵魂的始基之间相隔的距离和那些落在我们身上还能够激起感觉运动的最小东西一样大，②因为有时我们不能感觉到粘在我们身上的灰尘和落在四肢上的粉末；不能感觉到夜晚薄雾的撞击和我们前行时撞在头上的蛛丝网；不能感觉到落在我们头上的蜘蛛萎缩的蜕皮和鸟儿的羽毛，以及在空中飞舞的蓟花的飞絮。它们都是如此的轻飘，以至于往往悬浮于空中难以飞落下来。同样，我们也不能感觉到每一种小爬虫的蠕动和蚊虫之类在皮肤上留下脚印。所以，我们体内必定要有众多微粒被搅动，灵魂的种子与身体混合并散布到我们全身，我们才能感觉到［身体的］始基受到了撞击，感觉到它们能在

---

① 认为感觉器官自身不感知而是充当心灵感知事物的门窗的理论，是由赫拉克利特最先提出的，后来被斯多亚派接受。

② 有些东西虽然触到我们身体却感觉不到，这是因为它们比灵魂微粒之间的距离还要小。不过卢克来修这里提到的蜘蛛网、羽毛等等，是因为它们分量轻而不是小，才不被我们感觉到。或许他不认为在体表存在着灵魂微粒。

彼此相隔的这么大的空间里互相撞击，互相结合，然后又彼此跳开。

　　并且，心灵在作为维护生命的护卫墙方面的作用更有力，它对生命有着更多的统治权。因为，如果没有心灵或智力，灵魂的微粒就不能在我们体内逗留片刻，而是跟随着心灵飘散在空中，使得四肢在死亡的寒战中冰冷麻木。但是，只要心灵和智力存活下来，人的生命也将继续存活。如果一个人的躯体被残割，四肢被解体，灵魂分离在四周并离开四肢，但他仍然能幸免于死、气息犹存。即便绝大部分的灵魂分离开去，只要不是全部，这个人就还能徘徊生命的边缘，一息尚存。就像当眼睛的周围被划破时，只要瞳孔还完好无损，视觉的力量将仍然保存；只要你没有毁坏整个眼球，也没有将瞳孔四周完全割断，只留下一个孤零零的瞳孔——因为若是这样就会将它们①全都毁坏了。但是，如果眼睛中央的那个小圆点被刺穿，那么眼睛里的光亮将立刻消失，而黑暗也将随之而来，尽管那个发光的眼珠仍然完好无损。心灵与灵魂就是以这样的联结，永远结合在一起。

3. 灵魂是有死的

　　现在请听着，你要认识到所有生物的心灵和轻盈的灵魂都是有生有死的。②对此，我将用值得你一读的诗文来表达，这是一件需要长期探索且苦中有乐的事情。我们大可用两个名字来指称同一事情，比如当我说到"灵魂"是不免一死的时候，请相信我，这也同时是在说"心灵"，因为它们本来就是同一事物，是结合在一起的。

　　首先，我已经指出灵魂是非常精巧的，它由非常精细的微粒和元素所组成，其构成元素比流动的水、云或烟的微粒都要小得多，因为

---

① 指瞳孔和眼球。
② 下面卢克来修用了28个论证来证明灵魂的有死性。

灵魂的构成元素在矫捷程度上比它们快得多；并且它在更为精细的外力推动下也会动起来，因为它能受到烟和雾的影像的推动，比如当我们沉沉入睡时，隐约感觉到高高的圣坛上冒出雾气，并升起了缕缕轻烟（毫无疑问，这些都是由于外物的影像进入我们体内①）。而且，你也看到当容器被打碎时，水会从各个边缘上流出，四散殆尽，而烟雾也会消散于空中。因此，你可以相信，灵魂也能挥发消散，并且流动速度更快，一旦它从肢体释放离开之后，它将更为迅速地分解成它的原初物体。事实上身体在某种程度上也是一个容器，一旦它由于某种缘故被破坏，并且由于血管中血液的流走而稀释时，它就再也不能容纳灵魂了。你怎么会相信空气这种比我们的身体更稀疏、渗透性更强的"容器"能够包住灵魂！

另外，我们觉得心灵和身体是一起出生、一起成长并一起衰老的。如蹒跚学步的小孩子们身体柔软、四肢软弱，其智力相应也很低微薄弱。然后，当他们年龄增大，体格强壮了，他们的领悟力和心灵的力量也进一步增强。再然后，当身体随着岁月的流逝而渐趋衰老朽坏时，明显感到肢体乏力、精神萎靡，智力也开始衰弱，说话含糊不清，大脑反应迟钝，身体上的所有机能都大大减退，同时开始失效。随之而来的就是灵魂的整个开始消解，就像轻烟散入高空的微风之中一样。因为我们看到它和身体一同诞生、一起成长，并且就像我刚才所指出的那样，它们最终也会随着时间的侵蚀而一起瓦解、毁灭。

另外，就像身体自身容易染上可怕的疾病和感到剧痛一样，我们看到心灵也容易遭受担忧、悲伤和恐惧的袭击，因此可以推出：心灵也不免一死。

另外，在身体患病时，心灵也往往失常。这时，心灵会处于精神错

---

① 卢克来修解释了视觉、思想和梦来自于"影像"——物体不断地从表面发散出来的极为薄的原子薄膜——触及到我们的眼睛或心灵。之所以选择雾气、轻烟为例，是因为这些精细的物质能够挥散出极其微小的影像。

乱状态中，说话语无伦次，不合常理。有时还被沉沉的倦怠感带入深深的持久睡眠中，双目紧闭，脑袋低垂。在这各种状态下，既不能听到任何声音，也认不出那些泪光闪闪地站在他周围、试图将他唤醒到生命中来的人们。所以，既然身体上的疾病的确传染并渗入到了心灵之中，你必须承认，此时心灵已经解体毁灭。而且，痛苦和疾病都是死亡的制造者，这是以前许多死去的人们所教给我们的经验。

另外，当烈酒的刺激力渗入人体时，酒的烈焰在全身扩散，传遍血管，此时为什么沉重感会压向他的四肢？为什么他走路会跌跌撞撞、步履蹒跚而且舌头打结，智力迟缓，双眼模糊，伴随有咳嗽、气喘和大吵大闹，以及所有诸如此类事情，这是为什么呢？如果不是烈酒的强烈威力惯于搅乱体内的灵魂，这怎么可能发生？但是，如果有任何东西能被麻醉或阻碍，这就表明，一旦有某种更强有力的原因进入，它就将毁坏，未来的生命将被剥夺。

另外，我们也常常看到有些人突然之间癫痫发作，就像是遭受了雷击一般，瘫倒在地，口吐白沫，疯狂地呻吟着、颤抖着，全身逐渐僵硬、扭曲，呼吸急促，人也因为抽搐而使躯体疲惫不堪。显然，这是因为灵魂受到全身暴病的猛烈攻击而被撕裂，处于疯狂状态所致，他口吐白沫，似乎要把灵魂吐出来，就好像咸海在狂风的猛烈作用下沸腾翻滚，击打出高高的白浪一样。还有，他痛苦得不断呻吟，是因为四肢为疼痛所折磨，通常还因为声音的颗粒被驱赶着，成堆成堆地从嘴里冲出来，那是它惯常的必经之路。情况很糟，因为心灵和灵魂的力量处于混乱的状态中，就像我所指出的，它们由于受到同样的毒害而处于分裂和粉碎的状态。之后，当病根已经清除，病体之中的毒液已经退回到它那隐蔽的老巢时，这个人先是摇摇晃晃地站立起来；然后，逐渐地他将完全清醒，感觉和灵魂相继得以恢复。所以，即使在身体之内，心灵和灵魂也会被如此巨大的病痛所摧残折磨，那么你怎么还能相信在没有躯体的情况下，在空旷的空气中，在强劲的疾风中，心灵和灵魂居然还能继续生存下去？

并且，我们看到心灵也像身体一样，在药物的治疗下能康复健康，这也预示了心灵是会死的。因为无论谁，如果他企图开始改变心灵，或改变任何其他性质，那么他就必须添加一些部分，或者调换原有顺序，或者从整体当中至少取出一点东西。但是，凡是永存不朽的东西，都不允许它的组成部分调整顺序，一点不能添加，一点不能减去。因为无论什么东西，如果对它的改变超过其界限，那么原来的东西就立即走向死亡。所以，如果心灵会生病，或者在药物的治疗下又能恢复健康，那么就像我已经指出的那样，这就表明了它是有死的。这一真理看来彻底打败了错误的推论，并切断了它的退路，使谬论受到双重的反驳。

另外，我们也常常看到一个人慢慢衰老，逐渐失去生命的感觉能力。首先是脚趾尖变成灰色，还有手指甲，然后是脚和腿坏死，然后是四肢的其他部位开始沿着死神的凄冷脚印慢慢爬行。既然在这种情况下，灵魂的实体被分解，也不能在全身之内运行了，那它就应当被认为是有死的。但是，或许你认为灵魂能借助自身力量，经过四肢撤回内部，将自己的各部分聚集到某个地方，并认为这就是感觉如何从四肢撤回的过程。但是，如果事实真是如此，那么全部灵魂聚集在一起的那个地方的感觉能力就应该显得更加敏锐。然而，我们找不到这样一个地方，所以无疑地，就像我以前所说过的一样，灵魂是被撕裂和散布到各处，随后灭亡了。还有，如果我突发奇想来承认这样的谬论，同意你的观点——灵魂可以聚集到那些正逐渐死去的人身体上，但你仍然必须承认灵魂是有死的。不管它是消亡并扩散到空气中，还是把它所有的部分收在一起并逐渐暗淡下去，都无关宏旨，因为越来越多的感觉从四面八方离开这个人，而生命也越来越少地在各处留存。

另外，心灵是人体的一个部分，它居留并植根于某一个固定的地方，就像眼睛、耳朵和所有其他控制着生命的感官一样。如果眼睛、手和鼻子被从身上割下来，就既无感知又不能存活，而是立即分解以致腐烂。

同样，心灵也不能在脱离身体和整个人之后独自存活，因为身体看来是"心灵的容器"，或者是你可以设想的任何其他表达更为紧密的关联的比喻，因为事实上身体的确是紧密地与心灵联结着。①

另外，身体和心灵只有在紧密连在一起的情况下，才能更加活泼有力、更加精神饱满地享受生命的快乐，因为心灵的本性不能在脱离身体后独自产生生命性运动，而被剥夺了灵魂的身体也不能承载感官并使之发挥任何作用。确实，就像把眼睛从它的根部撕裂、与整个身体脱离之后，它就再也不能看到任何东西一样，心灵和灵魂也不能单独地发挥作用。这无疑是因为它们的始基由整个身体紧紧围住，混合在血肉和骨肉之中，而不能在宽广的范围内彼此自由分开。所以，当心灵与身体相连时，它们就能产生带来感觉的运动；而在死后，当心灵和灵魂飘散到空气和风中，它们就不能在体外产生这一运动，因为它们再也不像以前那样被围住了。如果灵魂在空气中还能够将自己保持在一起，并从事以前在肉体和全身中惯常进行的运动，那么空气也就成了一具躯体和一个生物了。所以我要再三强调，当身体的所有外壳都被打碎，当生命的气息全都飘散在外时，你就必须承认心灵的感觉已经消亡——灵魂也一样，因为两者总是存在于一个共同体中。

另外，既然身体忍受不了与灵魂的分离，一分开它将腐烂变质，只留下一具气味恶臭的躯壳，那你为什么还要怀疑灵魂的力量从其最幽深的巢穴中聚集起来之后，就已经像轻烟一样渗透出去、飘散在外了？为什么还要怀疑身体在这样的毁灭性打击中变形、碎裂并一起崩溃的原因都在于当灵魂从四肢、全身的毛孔以及各个通道中渗透出去之后，它那最深处的根基已经从原来的位置上被移开？所以，从这许多方面你都可以推知，当灵魂通过四肢逸出时，它就已经消亡在外了；并且，在它逃

---

① 卢克来修承认他的比喻是不完善的，因为身体和心灵是紧密相连的，但是容器和其中所装的物体并非相互混合的。

出体外随风而逝之前，它早已在体内被撕碎了。

另外，当灵魂仍然在生命的界限之内运转时，当它由于某缘故而变得虚弱时，它也常常看上去要从整个身体中离开并释放出来。人的表情变得像末日已到时那样无精打采、死气沉沉，四肢也松弛并从僵硬无血色的身体上垂落下来。这些就发生在我们通常所形容的"心灵失落"或"灵魂出窍"的情况下，此时心灵和灵魂全都惶恐不安，急切希望抓住生命的最后纽带。因为在那个时候，智力和灵魂的所有力量都受到了震动，这种打击还一直波及身体，所以在稍微强一点的外力之下，它们就会一同瓦解。所以，你应当毫不怀疑：当灵魂从身体中驱逐出去后，它虚弱无力、毫无遮掩，此时它不要说恒久地支撑下去了，甚至连最短的时间也无法持续！

很显然，没有一个人在垂死之际感觉到他的灵魂是完整无缺地离开身体的，或是先上升到咽喉，然后到达口腔［离去］。事实上他只能感觉到灵魂从某个它往常所寄居之处消失了，就像他知道其他感觉能力在各自的部位消散出去了一样。但是，如果我们的心智是永恒不灭的，那它在垂死之际就用不着抱怨自己行将离去，因为那无非就像蛇蜕去一层旧皮一样。

再者，为什么心灵的智力和理解力从来都不会在头上、脚上或手上产生，而是在所有人身上都居住在某个唯一的固定之处？这必定是因为每个特定部位都被分配给每样特定之物以供它出生，并让它在出生之后继续在此存活。我们全身的各个器官就是这样各就其位地被安排、固定下来，其次序永不改变。每一样东西都是如此确定地一个紧随另一个，以至于火焰一般不会在水汽中产生，霜冻也不能在火中出现。

另外，如果灵魂的本性是不朽的，而且在脱离身体之后还能感知，那么，我想我们就必须假定，灵魂也具有五官感觉；因为除此之外，再也没有其他方式使我们能想象在下界的亚基龙之地徘徊游荡的灵魂。因此，画家和早年的作家们就将灵魂描绘成具有五官的东西。但是，离开身体之后，就决不会再有什么眼睛、鼻子和手能为了灵魂之故而独自存在，舌头和耳朵也是如此。所以灵魂在脱离身体后既不能感觉，也不能继续存在。

另外，既然我们意识到生命的感觉都深居于整个身体之内，而且看到只有整个身体才有生命。那么，如果突然之间，一种迅猛的力量把身体从中间切割成两半，毫无疑问灵魂也将被劈成两半，和身体一起被切开。但是，那些能被分割成许多部分的东西，就一定与"永恒不灭"这一名号无缘。

人们曾经讲述过战车如何用它锋利的大镰刀一路屠杀过来，常常突然把人的胳膊猛地砍下，以至于它从人体上掉下来落在地上时还在不停地颤抖。虽然在这种情况下，那个受伤的人的心灵不会感觉到任何疼痛，因为打击来势异常迅猛，同时心灵也专注地投入于战斗的狂热中，于是他带着身体上残存的其他部分继续浴血奋战，而没有注意到他的被砍落的左臂以及握着的盾牌，被车轮和狂杀乱砍的镰刀抛向战马脚下。另外，还有人没有注意到自己的右臂已被砍落在地，还在试图跨上马背继续战斗。有的人试图站起来，虽然他的一条腿已被砍断，那即将死去的脚重重地掉在地上，足尖还在抽搐。甚至还有的人的脑袋从热血沸腾的躯干上被砍下之后，还保留着活人的面容，双目圆睁，直到最后耗尽余下的全部灵魂。

另外，当你看到一条蛇用长长的身体爬行在地上，摆动着尾巴，伸出舌头，此时你若用铁刃将它砍成许多段，你将会看到那被砍断的部分的新伤口流着鲜血，各自在地上扭动爬行，伤口的凝血玷污了泥土；它的头部扭过来寻找着尾部，并企图咬住它，努力通过啮咬来减轻伤口的剧烈疼痛。难道我们要说在这些被砍断的每一个部分中都有一个完整的灵魂吗？如果真是如此，随之而来的结论就必然是：在一个生物体中有许多灵魂。所以，事实上是，那唯一的灵魂已经和身体一道被砍成许多段。所以，灵魂和身体都必须被认为是有死的，既然两者都同样能被分割成许多部分。

另外，如果灵魂的本性是不朽的，它在我们出生时潜入人体，那么为什么我们不能记起前生前世的岁月？为什么我们对以前所做过的事不能保留有丝毫的印象？如果说心灵的力量发生了巨变，使它再也无法回忆起以前所做过的事情，那么，我想它就已经离死亡不远了。所以，你必须承认以前的灵魂早已消亡，而现在的灵魂则是现在才产生的。

另外，如果当心灵的敏捷力量进入人体时，我们的身体已经完全成形，那么在我们刚出生且刚刚步入生命的门槛时，它就不应该是伴随着身体——甚至在血液里——一同成长，而是应该独自生活，就像被囚禁在一个笼子里一样，尽管整个身体仍然充满了感觉能力。因此，我要再三强调，灵魂不应当被认为是没有开端，或逍遥于死亡法则之外。因为我们切不可相信，如果灵魂是从外面而进入人体的，它也还能如此紧密地与我们的身体连在一起；而且经验明白无误地证明了相反的事实，因为灵魂是如此紧密地与身体连接在一起，它渗透在所有的血管、筋肉和骨头中，甚至牙齿也有感觉，正如牙疼所证明的，还有喝冷水时的刺痛以及咬到面包中的硬石子时所感到的发酸。既然灵魂和身体是如此紧密地连接在一起，那么很清楚，它们就不能独自出现，也不能将它们自己从所有的肌肉、骨骼和关节中完好无损地分离开来。

但是，假设你以为灵魂一般是从外面进入人体并一直渗透到我们全身的，那么，因为它与身体渗透为一体，它就更加会死亡了，因为渗透弥散开的东西都解体了，并且因此也就死亡了。灵魂通过身体上的所有毛孔而扩散，正如食物当扩散到四肢和全身时，就被人体所吸收而消灭，用自己的质料给另一个本性提供养分。灵魂和心灵也是如此，尽管它们是完整地进入一个新的身体的，但是由于渗透弥散也就分解了，其微粒通过所有我们所说的毛孔而扩散到四肢。那些微粒构成的这个心灵现在统治着我们的身体，但是当心灵扩散到四肢后就走向死亡。这样，灵魂看来就既不是没有出生的，也不是没有死亡的。

另外,在那无生命的身体里会不会有什么灵魂的种子留存下来呢?如果有,那么认为灵魂不朽就是不正确的,既然它在离开时已经损失了一部分。但是,如果灵魂的组成部分毫发未损,整个地逃离出去而没有在身体内留下它自己的任何微粒,那么,为什么肉体早已腐烂发臭的尸体还会吐出许多蛆虫?如此大堆大堆沸动在肿胀的尸体上的无骨无血的生物又是从哪里而来呢?现在,如果你认为灵魂能从外面爬进众多的蛆虫之内,并一个接一个地进入肉体,如果你毫不考虑一下,在这个灵魂已经离开的地方怎么会有成千上万的灵魂聚在一起,那么,这里就有一个问题值得追问并仔细考察一下:到底是灵魂们在到处猎取小蛆虫的所有种子,并用它们来为自己营造一个住所呢?还是它们似乎是进入已经造好了的身体之内?但是很难说明为什么灵魂要花这么大的力气,不辞辛劳地自己为自己营造住所这一问题;既然当没有身体时,它们可以各处自由飞翔,不致遭受病痛之苦,也不会受到寒冷和饥饿的折磨,因为正是有了身体才容易遭受到体弱多病的困扰,心灵也由于与身体相接触而遭受了许多不幸。然而,即使同意为灵魂建造一个身体以供居住是一件有益之事,我们也看不出灵魂怎样能办成这事。因此,灵魂并不能为自己营造身体和四肢,也绝不可能从外面进入早已造好的身体,因为否则灵魂将不能和身体如此紧密地结合起来,也不能通过共同的感觉而建立起二者之间的和谐。

另外,为什么凶狠的狮子身上总是要发怒?为什么狐狸则很狡猾?为什么鹿从它们的祖先那里遗传了恐惧、谨慎的本性并由此而迫使它们具备飞快奔跑的能力?为什么所有其他的这类特性总是在一个物种诞生之初就被植根于其体内?如果不是因为在每一物种中,各自心灵的固定力量都伴随着各自的身体一同成长,所有上述这些事情就绝不可能发生。但是,如果心灵是不朽的,它惯于从一个身体传递到另一个身体,那么,生物的各自习性将混淆错乱。波斯种族的猎犬将常常在长角的牡鹿的进攻面前四处逃窜,雄鹰在空中飞翔时遇到鸽子也会发抖,人将缺乏理性,而一代代的野兽反而将拥有理性。

如果有人说灵魂不朽，但是会随着更换身体而发生性质上的改变，那么这一观点就是建立在错误推理的基础上的。因为变化就意味着瓦解从而死亡。灵魂的组成部分调换了位置并从它们原来的位置上移开，所以它们必定能够在全身之内瓦解，最后与身体一同死亡。

但是，如果他们说人的精神总是进入人的身体，那我还是要问：为什么一个聪明人的灵魂会变得愚蠢？为什么从来没有一个孩子是慎思明辨的？为什么从来没有一匹小马驹发育得能和骏马的强大力量相媲美？毫无疑问，他们碰到诸如此类的问题时一定会推辞说，心灵在一个柔嫩的身体内也变得同样稚嫩。但是即便如此，你也还是必须承认灵魂是有死的，因为它在全身经历了如此彻底的改变后，将失去它以前的生命和感觉。

再者，如果心灵不是从最初起就是身体的好伙伴，心灵的力量如何能够与任何一个所给予的身体一起成长壮大，并达到所渴望的花季？而且，心灵为什么要离开一个衰老身体的躯壳？难道这是因为它害怕被囚禁在一个即将腐臭的尸体中，害怕它所居住的房子随着长久岁月的流逝而倒塌在自己身上？但是，如果心灵真是不朽的，这些就都不能对它构成任何威胁。

另外，假设当野兽们恋爱和分娩时，灵魂都站在旁边准备［投胎］，这显然是太荒谬了——不朽的灵魂成千上万地恭候着会死的躯体，它们一起狂热地争斗，看谁能最先跑进躯体中，要么这些众多的灵魂事先已经订好契约，规定了飞在最前面的可以先进去，并且大家谁也不得动武？

另外，一棵树不能长在天上，云彩也不能飘在深深的大海中，田野里生存不了鱼儿，树枝里流动不了血液，在岩石里也没有树液。每种东西在哪儿生成，在哪儿存活，都有固定的安排。所以，心灵的本性不能脱离身体而单独地冒出来，也不能远离肌肉和血液而存在。但是，即便这有可能，心灵就其自身的力量而言，也更容易存在于头部、肩膀、脚跟或是身体的任何部位中，而且起码也得是在同一个人身上，在同一个容器之中。① 不过，既然在我们体内都有确定的法则和条令，规定了灵魂和心灵只能在什么地方存在，在什么地方生长，那么我们就更加必须否认它们能完全在身体之外产生和存活的观点。所以，当身体毁灭时，你就必须承认灵魂也已经灭亡，在全身都被撕成粉碎。

事实上，把不朽之物和有死之物结合在一起，并认为二者在相互感知和发生作用上都是亲密的伙伴，乃是极其愚蠢的看法。他们居然会认为有死的东西能和不朽的、永不灭亡的东西在一个共同体中紧密结合起来，同舟共济，共同抵抗猛烈的风暴——我们还能设想有什么比这更不协调、更加矛盾的东西呢？

另外，任何不朽之物都必定或是具有坚固的结构，能抗拒任何打击，而且不让任何东西渗入进来分解其内部紧密相连的部分，比如我们前面阐述过的物质的微粒；或者它们之所以能永远存活的原因必定在于，它们像虚空一样能免受任何攻击，能够不为外物所触动，不遭受任何打击；或者是因为它周围再也没有什么空间让事物进入其中解体和消亡，这是总体之总体［宇宙］的永恒方式，在它之外再也没有什么空间可以让事物逃散于其中，也没有什么物体能够落到它上面，猛烈打击它而使它解体。

但是，或许有人认为灵魂可以因此而不朽——灵魂受到了生命力量的遮庇和保护，这或者是因为威胁其存在的东西无法进入其中，或者是因为进去的东西又都撤回来，即通过某种方式，它们在我们能够觉察到灵魂受到什么损害之前就被驱逐出来了。[然而，经验明显地表明这种假设不可能成立] 因为，我们暂且不提灵魂会随着病痛的身体而一同生病，而且还常常有其他一些东西进入心灵，用未来之事来折磨它，使心灵在

---

① 卢克来修的论证是：即使假设心灵能在身体外面生存，更适合它居住的地方还是身体中的某个部位比如头或脚（当然，在卢克来修的理论中，心灵的居所是胸膛）。

恐惧中处于悲惨境地，使心灵由于焦虑而筋疲力尽。还有，如果在过去的岁月中做过什么亏心事，这种罪恶感也会给心灵带来无尽的悔恨。加以心灵所特有的那种癫狂，那种健忘，以及在沉沉倦怠的黑暗浪潮中昏昏欲睡。

三　怕死的愚蠢

1. 死与我们无关

所以，死亡对我们不算什么，与我们毫无关系，既然心灵的本性就是有死的。并且，我们并不能真正体验到过去的岁月中的苦难，当时，迦太基人从四面八方蜂拥过来厮杀，全世界都为战争的恐怖喧嚣所震撼，在高高的天穹底下发抖战栗。人们迷惘不安，不知道谁将获得至高的权力，来统治人类与整个陆地及海洋。与此类似地，当我们不再存在时，当使我们成为一体的身体和灵魂的结合已经分裂解散时，就根本没有什么事情能发生在我们身上，因为我们已经不在人世了；也根本没有什么东西能重新唤起我们的感觉，即使是大地和海洋搅浑在一起，海洋与天空融合为一团。

并且，即使假定灵魂的本性和心灵的能力从我们身体中散逸出去之后还具有感知的能力，这也与我们丝毫无关了，因为我们是借助于身体和灵魂二者的联姻与结合才得以成为一个活着的整体的。甚至假设在我们死后，时间能将我们身体上的骨肉重新收集起来，并安排妥当成现在的样子，而且假设生命之光能再次给予我们，就是所有这些事情都能做成，它将仍然不能对我们产生丝毫影响，因为我们的一切记忆都已经碎裂消失了。现在，我们再也不会在意以前的那个自我，也不会为以前的任何痛苦而受折磨。因为当你回过头去看过去的所有无数的岁月，并回想一下万千事物的运动是如何的纷繁复杂时,你就可以容易地推知,构成现在的我们的这些相同种子,以前也常常被安放在同样的次序中。但我们不可能再回忆起它了,因为在两者之间已经发生过一次生命的中断;并且,所有的运动都已经远远地游荡,扩散到我们的感觉之外。①

因为,如果有任何人在将来要遭受不幸和痛苦,那么他就必须恰好在那个时候还活着以忍受悲惨的命运,但死亡带走了这种可能性,它不让那个人在这些不幸全都聚集、降临于其身上时还活着。由此我们可以肯定,在我们死后没有什么东西值得害怕;不存在者就不能经受厄运;当不朽的死亡夺去了一个人的有死的生命之后,他是否出生过已经无关紧要了。

所以,当你看到一个人在抱怨自己的命运,哀叹死后必定要么是在坟墓中全身腐烂,或者被火烧成灰,或者是葬身于野兽之口,你就可以知道他的抱怨是完全错误的。尽管他否认死后还有任何感觉,但他内心深处却隐藏着秘密的痛苦。我想他并不真正承认他所宣称的信念,也不承认那信念所根据的前提;②他没有完全从生命之中解除他那个自我,而是不自觉地想象着他自己的某部分在死后还留了下来。因为只要任何人在活着时就预想着自己死后身体将被鸟儿或野兽撕碎,他就是在可怜他自己。他没有把他自己和它〔即死尸〕区分开来,没有把自己和被抛弃的尸体分开;他把自己想象成是那具死尸,站在旁边并向它里面投进自己的感觉。因而他在抱怨他生来就是有死的,而没有看到在真正的死亡中,并没有什么其他活着的自我来为自己的死亡伤心流泪,或是站在旁边忍受自己肉体被割裂损伤或是火烧煎熬的巨大痛苦。因为,如果死后尸体被野兽用爪牙所啃食撕咬是一件坏事,我就看不出为什么以下这些事情不也是令人痛苦的坏事,比如说尸体躺在火上为炙热的火焰烧得逐

---

① 原子可能还是相同的,但它们的运动与原先的感觉已经完全断绝了联系。

② 此人宣称的信念是:人死后是没有感觉的。该信念所依据的前提是:死后灵魂不再存在。

渐萎缩化为灰烬,或者是被塞在甜蜜的香料中忍受窒息之苦,或者是躺在冰冷的停尸板上慢慢变得僵硬,或者是在层层叠叠的泥土下掩埋而受压轧。

"现在再也没有你那快乐的家庭和你世上最好的妻子来欢迎你了;再也没有你那甜蜜的孩子们跑过来争夺你第一个热吻,并让你全身心地沉浸在甜蜜的幸福之中;你再也不能拥有你的财产,并对此加以保护,可怜的人啊,可怜的人。"他们这样哀叹着,"一个致命的日子已经把所有这些生命的馈赠从你身边劫走"。但他们并不继续这样说道:"对所有这些东西,你再也不会有任何强烈的欲望了。"如果他们能够用心地认识到这一点并做到言行一致,他们就将从心灵的巨大的痛苦和担忧中解脱出来。

"是的,你现在沉睡在死亡的安宁梦乡中,而且你在以后的所有岁月中都将一直这样安息下去,所有的忧伤和痛苦都将远离你而去。但是当你躺在可怕的熊熊燃烧的柴堆上烧成了灰烬,我们站在你旁边会为你哀伤哭泣,那持久不断的悲伤永远无法从我们心里移走。"对于持这种论调的人,我们也可以问一问他,如果在睡眠和安宁的休息中,一切都已经结束了,那么这里有什么样的哀痛,会让人们在永恒的哀婉中不断憔悴下去?

在人们中间也会出现这种事情,当他们坐在餐桌旁,手里拿着酒杯,头戴花冠皱起眉头,此时他们常常从内心发出哀叹:"可怜的人类只能享受短暂的欢乐,它很快就将消失,再也没人能将它重新唤回。"仿佛在死后,他们的主要烦恼就是会悲惨地消瘦至死,或者为灼热难熬的口渴所烧焦,或者是急切地渴望拥有别的什么东西!事实上,没有一个人能在身体和心灵都已沉入死亡的梦乡之时,还能感觉到他的生命和他自己还需要什么。因为我们以前活着时所牵挂的一切都已经随同我们进入了睡梦之中,也根本没有任何我们自己的渴望、担忧再来干扰我们。但是,一个人之所以在梦中惊醒后可以重新打起精神,[因为]那些在我们体内一度散开的始基并未完全走失,并未远离产生感觉的运动。所以,如果有一种什么东西比我们所知道的虚无还更少，那么死亡对我们就更加无所谓了。因为在死亡时，那被搅乱的物质只是消散得更厉害，并且，没有一个人能在生命冷酷的中断之后又再度苏醒，并站立起来。

2. "地狱"在人间

另外，假设自然突然发声反驳，厉声叱责我们当中的某个人："哦，有死的人啊，你究竟遭受了什么重大的烦恼，以至于一直沉浸在这样过度悲痛的忧伤之中？你为什么要为死亡而放声大哭？因为，如果你刚刚经历过的一生是你所喜欢的，如果你所有的幸福都不会像是倒进了那个神秘的坛子中一样，在尚未被享受之前就已经白白地流掉了，[①]那你为什么不像酒足饭饱的赴宴者一样，心满意足并且心平气和地离开呢？你这蠢人！但是，如果你所享受过的一切幸福都已经烟消云散，而且，如果你对生命不停地抱怨，那你为什么还要试图延长生命？因为你还是会重新悲惨地失去它们，并在满足之前就死去。何不尽早结束这个令人烦恼的生命呢？因为我再也不能为你创造出其他什么东西，使你快乐起来，所有的东西都是相同的。即便假设你的身体没有随着岁月的流逝而衰弱下去，你的四肢也没有坏死变形，万物也将仍然保持原样，尽管你比所有世代的人都长寿，甚或命中注定永远不死。"对此我们怎么回答呢？只能说自然对我们提出了一个公正的谴责，并为自己合情合理地做了一个申辩。

但如果有个又老又衰的老人连声抱怨，为他的死而极度悲伤，超过了合理的程度。难道自然不是有理由更加大声地用尖刻的言辞来谴责他："省省你的眼泪吧，你这个老东西，不要再忧伤悲痛了；所有生命的荣耀

---

① 卢克来修这里指的是丹尼亚斯（Danaids）的女儿的故事，她因为谋杀丈夫而被罚在地狱里永远把水倒进有孔的坛子里。

你都享受过，而你现在已经老了。因为你总是渴望得到那些你没有的东西，蔑视你所拥有的东西，生命就这样在你不知足、不满意的哀叹中蹉跎而过，死神也在你未能充分享受生命的盛筵之前出乎意料地不期而至了。但是，现在你无论如何得把所有与你年龄不相称的东西都忘却，心平气和地向岁月低头吧！你不得不如此。"我想，自然这样指控、谴责和批评都是正确的。因为旧的事物总是会让开，被新的事物所取代，一物的出现永远都是以他物的死亡为代价。但是没有一个人会被送入"黑暗地狱"的深渊中，因为物质是必需的，后代的人们的成长需要它们作为质料。而且，所有的人都是如此，他们的生命也同样会在你之后走向终结，与你一模一样。在此之前已经有过许多世代的人灭亡了，而且这种消亡还将永远继续下去。所以，一物总是从他物中产生，生命并非无条件地给予任何一个人——所有的人都只是这份田产的佃农，只有使用权而已。回头看，你将看到那在我们出生之前的永恒岁月是如何消逝了，对我们而言已经是一片虚无。这是自然给我们举起的一面镜子，它显示出我们之后的岁月也必然死去。难道里面有什么东西显得这样可怕、这样悲惨？难道它不是比任何睡眠更平静吗？

并且，传说中存在于地狱深处的任何东西，实际上都存在于我们这个人世间上。"那里"并没有一位寓言中所说的悲惨的但达罗斯（Tantalus），在对那高悬于他头顶上空的巨石的恐惧中全身僵冷、麻木发抖。① 真实的情况乃是，在我们的这个人世间，一种对鬼神毫无理由的恐惧正深深地压迫着有死的人类，每个人都害怕那有可能降临在他头上的厄运。

也没有什么躺在地狱中的提抬乌斯（Tityos）② 正在被秃鹰所啃咬；在他那巨大的胸膛里，它们也根本找不到什么东西供它们永恒不断地搜寻、

---

① 荷马说但达罗斯所受到的惩罚是站在水中，水面到达他的下巴，但是他一低头喝水，水就退去。不过卢克来修采取的是希腊抒情诗人和悲剧诗人喜欢讲的但达罗斯受罚故事。

② 传说中由于强奸罪被罚入地狱的巨人，两只秃鹫永远在撕食他的肝脏。

啄食。尽管你可以把他的身体想象得多么巨大，让他巨大的身躯伸展到足够宽广，以至于仅仅是他伸开的四肢就不只能覆盖九亩土地，而是能覆盖整个大地，就是这样他也不能忍受永恒的痛苦，也不能永远用他自己的身体来为飞禽走兽提供食物。但是，这样的人就是我们人世中间的提台乌斯——他倒在爱欲之中，被兀鹰所撕碎，被巨大的痛苦所吞噬，或被其他的强烈欲望所带来的无穷焦虑所吞噬。

在人世间中，我们也可以看到"西西弗斯"（Sisphus），[①]他急切地向人们寻求权柄和残忍的刀斧[②]，但总是失败退回，灰心沮丧。因为他所寻求的权力乃是一个空虚之物，是永远不能得到的，并且，在追逐权力的过程中总是要忍受痛苦艰辛，这正好比一个人费尽力气地将石头推上山顶，石头立即又从山顶滚下来，迅猛地一直滚落到开阔的平地上一样。

这样，一直去喂养、填饱那永不知足的心灵，就是用美好的东西也永远不能使它满意。就好像一年四季轮番而至，带来丰富的果实和多种的美妙，而我们却永远不能满足于生命的硕果。我想这恰好像故事中所暗示的那些花季少女一样，她们把水不断地倒进那个神秘的大漏壶中，然而不管他们如何尽力，都永远不能装满它。

塞尔拜努斯（Cerberus）[③]和复仇女神（The Furies），还有那隐匿的光芒以及跶跶鲁斯（Tartarus）从喉咙里吐出的可怕火焰——所有这些都不存在，也根本不可能存在。但在这个人世间里，存在着由于犯罪而对所要受的惩罚的恐惧。罪行有多么深重，恐惧也就有多么沉重；还有为罪行所付出的赎罪代价——监狱，从可怕的"恶名之石"被抛下、鞭笞、死刑的执行者、处以极刑的地牢密室、淋沥青、烙铁片、用火炬烧身，

[①] 西西弗斯受到的惩罚是在地狱中把巨石推上山顶；然后，巨石立即会滚下山，于是他再周而复始地推。

[②] 权柄和刀斧是罗马统治者的标志。

[③] 斯尔比鲁斯，神话中看守通往下界入口的恶犬。

等等。而且即使没有这些东西，良心也还感觉有罪，由此而感到极度地恐惧，用针刺刺自己，用鞭子抽自己，看不到何处才是悲惨境地的终点，看不到何时才是深重惩罚的尽头，并且害怕这些苦难在死后还将变得更为深重。愚蠢之人的生命最终变成了一个人间地狱。

你也应当不时这么想想："即使是善良的安克斯（Ancus）①也在阳光之下闭上了自己的双眼，他在许多方面都比你这个没有自知之明的人要好得多！在他之后，许多曾经统治过强大国家的国王和君主都倒下了。甚至那个人②也不免一死——他曾经在大海上铺平道路，让他的军队能顺利跨越深海；他命令他的军队徒步穿过盐水的海湾；他和他的骑兵大队奔踏过海，冷眼放洋，蔑视海洋的咆哮翻滚。这么一个伟大的人也被剥夺了光明，灵魂也从他那行将灭亡的身体中逝去。还有西庇阿（Scipio）的儿子③，那战争的雷霆、迦太基的恐怖灾星，也已经像一个最卑微的奴仆一样把他的尸骨献给了大地。另外，还有那些科学和艺术的发现者，以及那些希里康山上文艺女神的同伴们，其中有荷马，他们独一无二的君主，也已经和所有其他人一样躺在了永恒的睡眠之中。还有德谟克利特，当年迈的高龄警告他，他心灵的运动已经开始衰退时，他也自愿地向死神献出了自己的头颅。④还有伊壁鸠鲁，也在他那生命之光行将耗尽之时远离了人世，他的智力远远地超过了全人类中的任何一个，他曾经使所有其他人都暗淡无光，就像天上升起的太阳使群星光芒隐退一样。⑤那么，难道你还要徘徊犹豫，不肯走向死亡吗？你现在虽然还活着，还睁开着眼睛，但你和死了有什么两样？你把生命中大半的时间都浪费在睡眠之

---

① 传说中安克斯是罗马帝国第四任国王。
② 指波斯王薛西斯（Xerxes），他公元前480年在Hellespont上造了一架浮桥。
③ 卢克来修这里提到的西比阿（公元前237—前187年）是罗马将军，曾经在公元前202年于Zama击败过汉尼拔。
④ 卢克来修用原子论者的语气描述德谟克利特的体力衰败，德谟克利特据说是自己饿死的。
⑤ 这是全书中唯一提到伊壁鸠鲁的名字的地方。卢克来修把伊壁鸠鲁比作太阳。

中；你在睁开眼睛醒着时也打鼾，并且从未停止过做梦；你常常用一些虚幻的恐惧来烦扰自己的心灵；你这个可怜的醉鬼，当你在昏醉之中，一大堆的忧虑从四面八方袭击你、压迫你的时候，当你被冲动的浪潮弄得一路晃悠悠、摇摇欲坠之时，你总是不能发现此时自己是多么的糟糕。"

人们明显地感觉到有一股力量重重地压在心头上，它压迫着心灵，使之憔悴。如果他们也能够认识到这是由什么原因造成的，是什么东西使一座如此巨大的悲惨大山压迫在他们心灵之上，那么他们就将不会像我们现在见到的那样度过他们的生命；他们就不至于每个人都不知道自己所需要的东西是什么，不至于每个人都总是在寻求着改变自己的位置，似乎这样就能将他们肩膀上的重担卸下。那已经厌倦生活、终老在家中的人往往会从他的豪宅中走出来，然后他又会突然返回，因为感到外面也并不怎样。他骑着那高尔种的马匹飞快地赶回他的乡间别墅，就好像急着去救火一样。然而当他到达房门口时，他却不住地打哈欠，沉入深深的睡眠之中，试图忘掉一切，或者又回头急匆匆地往城里赶，想去再看一看城市里面的热闹。就这样，每个人都在努力逃离自我，但是其实他无论如何也不能逃脱自我，而且正好与他的意愿相反，他紧紧地粘住自我，憎恨自我，因为他就像是一个不知道病根的病人。如果他能很好地找到病根，那么每个人都将立即抛弃心灵的负担而首先去钻研和探明万物的本性。因为这里的问题不仅关涉到他一时的处境，而是关涉永恒的境况，也就是人在死后的全部岁月中的境况。

另外，究竟是什么巨大而邪恶的对于生命的欲望使我们如此强烈地希望继续活下去，哪怕是活在困惑和危险之中？对于有死的人类，总有一个固定的生命终结点；死亡在所难免，我们必定要死去。另外，人们总是在相同事物中间存在和运动，我们不可能为自己制造出任何新的快乐。当我们还未拥有我们所渴盼的东西时，它们就显得比所有其他东西都好；当我们后来得到它时，我们又开始渴盼着另外的东西。就这样，生命中一种永无止境的渴望和期盼充满了我们，我们的嘴巴大大地张开着，永不满足。我们不知道未来将带来什么样的运气，会有什么样的机会，最终有什么样的结局在等待我们。并且，就是延长寿命，我们也不能从死亡的无尽绵延中减少分毫，我们也不能减短其时间，以便缩短我们处于死亡状态的时间。所以，纵使你能随着自己的意志而活过许多世代，永恒的死亡仍然在等待着你。那个随着今天的落日结束生命的人，比起那个早在许多月或许多年前就已死去的人，他死后不存在的时间并不会更短。

第四卷　灵魂的功能

一　序诗

　　我漫步来到派伊莉亚仙境①,这里无路可行,从未有人涉足。我喜欢到处女泉边开怀畅饮,我喜爱在这片土地——缪斯从未在此为任何人加冕——上摘取鲜花,为自己编织一个辉煌荣耀的花环戴上;这首先是因为我的教导关系到至关重要的事情,我正在把心灵从迷信的牢牢束缚中解放出来;其次是因为这一主题是如此的晦涩不明,而我的诗句是如此的清晰透彻,使一切都染上了缪斯的魅力光彩;这一点并非是可有可无的,医生在让孩子吃苦药时,首先会在杯口的一圈涂满甜蜜橙色的蜂蜜,这样,就可以哄骗不假思索的小孩开口,使他们同时喝下所有的苦药水。这虽然是在骗他们,但并不是在害他们,而是通过这样的办法治好他们的病、使他们恢复健康。我现在做的也是同样的事。既然这一理论对于还不习惯于它的人来说经常显得严苛苦涩,令人退避不已,于是我就选择了用甜蜜的派伊莉亚歌声的方式来向你阐释我的理论,就像在上面点缀了缪斯的美味蜜汁一样;我希望这样能让你迷上我的诗句,然后学习和理解万物的本性,并且明白这一知识的益处。

---

　　① 即文艺女神的所在地。参看第一卷。

二 影像与感觉

1. 影像的本性与速度

既然我已经解释了心灵的本性是什么，它是由什么元素构成的，它如何在与身体相结合后获得力量，又如何在从身体撕扯开之后复归自己的始基的；现在，我来探讨这一主题中具有重大意义的一件事，我将证明我们所说的"影像"的存在，这是一种从物体的最外表上剥离出来的类似薄膜的东西，它在空气中四处飞来飞去。我们在醒着的时候碰上这种东西，会感到很害怕；在睡梦中遇上它，会让我们经常看到死去的人的奇形怪状的模样和面容，常常使我们在昏沉沉的倦睡中吓醒过来。结果我们有些人就以为灵魂从亚基龙之地跑了出来，或是鬼怪精灵在活人当中游荡，或是以为当心灵和身体分离开来、消散在外并各归各的始基时，我们的某个方面还能在死后留存下来。所以，我将指出：事物的影像和稀薄的模样是从事物的外表面上抛出来的。即使是最不开窍的脑袋也能从下面的叙说中明白这一点。

［既然我已经阐明了万物的始基是什么样的，它们形状如何地千变万化，在永恒的运动的推动下自己飞动着，万物又是如何可以从这些当中产生出来；现在，你可以看到我将讨论这一主题中具有重大意义的一件事，看到我证明我们所说的"影像"的存在；我们这么表述，是要把它说成是类似事物的薄膜或表皮那样的东西，因为影像无论从哪一种物体脱开飞走，都会保持与那种物体相同的样子和形状。①］

---

① 括号中的段落可以肯定是卢克来修自己后来不想要保留在这里的。很显然，卢克来修写下它的时候，还是计划把第 4 章跟着第 2 章，因为括号中前面的几行 45—48 除了 3 处极小的不同外，与第 3 章的 31—34 是完全一样的，讲的是第 1 章和第 2 章的主题。

首先，既然在可见的事物中，有许多都向外抛出物体，这些物体有的松散地飘到外面，比如木头释放出烟，火苗释放出热；有时紧密地交织在一起，比如蝉在夏日蜕去的精致外衣，小牛犊在出生时从身体表面脱去的胎衣，滑溜溜的蛇在荆棘中抛弃的旧壳（我们常常可以在荆棘之间到处看到飞扬的蛇蜕皮）。既然这样的事情可以发生，那么事物的最外层表面就一定在传送出薄薄的影像。为什么事物不能像其他现象那样，从其表面脱落和抛出薄薄的膜？[①]没人能说出任何理由来否定！尤其是，既然事物的最外层上存在着无数的微小物体，它们就可以按照原来的秩序被抛出来，继续保持着物体的形状；而且因为它们数量少[②]，并且位于最前面，更不容易受到阻挡，所以会飞行得更为迅速。很显然，我们看到许多事物都抛出大量的分子，不仅从它们的深处和内部（这我们前面说过），而且从它们的表面上，其中经常能看到的就是色彩。在大庭广众下，铺展在大剧院的柱子和横梁上的黄色的、红色的和深紫色的帐布常常猎猎抖动，于是使一切浸染上它的颜色，使下面的巨大空场中的观众和舞台上的景致的颜色随之不断变幻……剧院四周的墙越是密封，天光越是被完全阻隔在外，里面的一切越是流光溢彩。因此，既然帐布从自己的表面抛送出颜色，其他东西也必然抛出薄薄的影像，因为在这些场合下它们都可以从最外表处抛射出来。所以可以肯定，四面八方都飘飞着结构精微的、外形有定的东西，只不过它们无法被单独地、分别地为人所知觉到。

此外，各种各样的气味、烟雾、热和其他这类东西从物体中涓涓流出，在外面四下消散，这是因为它们是从物体的内部深处冒出来的，而且在它们外流的道路上没有直接的开口使它们能集合起来一起冲出来，于是它们在出来的途中就被曲折的道路撕成碎片。但是相反，当表层颜色的薄膜被抛出来时，就不会被撕碎，因为它处于最前端，位于最外面。

---

① 既然更为粗糙的东西都被抛出，那么完全有理由认为有细微的薄膜被抛出。
② "少"是和构成固体的东西如蜕皮的"多"量种子相比。

最后，我们在镜子里、水里和任何明亮的表面上看到的影像，既然都保持着事物的同样外表，那就一定是由这些事物中抛出的图像所构成的。所以，必然存在着与事物相似的稀薄形状，它们不可能被人分别地、单个地看见，但是由于连续不断的发射和折射，就从镜子的表面送返回来一个视像。不可能有任何其他的方式能够使它们得以保持，并使这些与原物如此相像的形状被传送回来。

现在，请注意听讲和了解这些影像的结构是多么的微薄。首先，始基远远低于我们感觉的域限，比我们的双眼已经开始无法察觉的点还要小许多倍。为了进一步证明这一点，让我再用几句话解释一下万物的元素是如何的细微。

首先，有一些生物极为细小，以至于它们的三分之一部分根本无法被看到。你以为它们中的任何一个的肠胃是什么样的？或是其心球和眼球、四肢和器官？它们是多么地微小！进一步，构成心灵和灵魂的本性的始基又该是怎样的？你难道看不出来它们是多么地精微和多么地细小？

此外，任何能从自己的体内散发出辛辣的味道的东西，比如万灵药草、难闻的苦艾、味道浓烈的南木、苦味的山陀尔草等，如果你轻轻地把这种东西捏在两个［手指中间，它就会把味道传到手指上，尽管黏上来的分子你是无法看见的］。①

……你应当认识到有成千上万的各类"相似物"在到处移动，没有任何内在本性，没有感觉能力。②

况且，你不要以为从物体身上散发出来的这些影像是唯一飘悠在四周的东西；在天上被称为"空气"的区域中，还有其他自行出现和自己形成的影像。它们以各种方式形成后被带到了高空之中，正如我们经常看到云朵迅速地在高空中集聚起来，翻腾游走，摩挲着大气，扰乱了天穹那宁

---

① 这里原文有破损，括号中的是后人猜测补上的一小部分。
② "内在本性"指语言和推理能力。这两句是反对德谟克里特的"影像能感觉和推理"的观点。

静的面容。经常可以看到好像是有巨人的脸孔在空中飞过，后面还拖着长长的阴影；有时前面有一片像崇山峻岭和山上落下的巨大岩石一样的云在急急赶路，从太阳边上掠过；后面还跟着一些妖魔拉着、拖着别的云朵。这些云一刻不停地消失变形、幻化成各种各样的东西的模样和轮廓。

现在［让我告诉你］这些影像是如何轻易地、迅速地出现，不断地从事物中流出来和滑离开。因为事物的最外表总是有某些东西流出来，抛开去。这些东西在遇上某些物体尤其是玻璃时，能穿透过去。但是如果它们遇上了粗糙的石头或坚硬的木头，就会立即破碎，从而无法把影像反映回来。不过，如果挡在前面的物体紧凑而光亮，特别是如果它是一面镜子的话，就不会发生这样的事，因为影像既不能像通过玻璃那样穿越过去，也不会破碎掉——那平滑的表面足以向它提供确定的安全。结果，影像之流就从那个东西向我们反射了过来。任何时候，不管你如何突然地在镜子面前放下一个物体，它的影像都会立即出现；所以你应当意识到，从事物的表面不断地涌出一种结构稀薄、形状精微之流。许许多多的影像以极短的间隔冒出来，故而完全有理由把这些东西的发生称为迅速的。正如太阳必须在极短的间隔中送来许许多多的光线，才能使所有的地方一刻不停地浸染在阳光之中，同样，在每一个瞬间，从事物那里都必须有许多的影像以多种多样的方式、向四面八方飞离；因为我们不管朝事物的哪个方向用镜子照着它，都会映出同样形状和颜色的东西来。

另外，天气有时一直晴空万里，突然间又会面目丑陋，黑云翻滚，以至于你以为所有的黑色都从亚基龙的四面八方逃了出来，充塞了整个巨大的天穹——乌云铺天盖地就像阴郁的黑夜一样，黑漆漆的面容令人恐怖地高悬在上，俯瞰着我们。和这样的云相比，影像是太小太小了，小得无法想象，无法作出任何合理的说明。①

---

① 这里的论证是压缩在一起的。其中主要观点是：如果云可以如此迅速地形成，那么比云小得太多的影像就能以几乎无法想象的飞快速度形成。

现在请听我解释影像飞行得是如何之快，它们在空气中游泳的速度是如何地惊人；不管它们趋向什么方向运动，它们都能在一瞬间就穿过长长的距离。这些我都将用简短但是甜蜜的诗句告诉你，因为天鹅的简短歌声远远胜过在南方辽阔的云天中传来的喧嚣一片的嘎嘎鹤鸣。

首先，你可能经常看到了由细小元素组成的轻盈的东西飞得很快。其中一个例子就是太阳的光线和热量，因为这些东西都是由十分微小的元素组成，而且经常经受着撞击；它们在被抽打之下毫不迟疑地穿越挡在前面的空气。光线确实一道紧跟着一道，后面的光芒催促着前面的光芒，就像在一支队伍中那样。同样，影像也能在瞬刻之间就穿越无法言喻的巨大空间，这首先是因为它们背后的极为微小的动力推动它们前进；其次也是因为它们如此轻盈迅捷地运动着；最后是因为它们被吐出来时组织结构极为精微稀疏，可以轻易地穿透任何东西，渗透挡在前面的空气。

此外，如果从物体的内部深处发送出来的那些粒子——比如太阳的光和热——能飘逸在外，弥散开来，瞬间就穿越天上的整个空间，飞遍海洋和大地、充满澔澣的天空，那么那些已经在物体外表的粒子，当它们被抛射出来，没有受到任何阻拦时，又该如何呢？你难道没看出它们必然飞行得更快和更远，并且在阳光布满天空的那一刻中穿过了比这个还要多许多倍的空间？

这里还有一个证明影像飞行的高速运动性的真实的和典型的例子：只要在户外星空之下摆上一盆清水，满天星斗就会静静地反映出来，在水中闪闪发光。这样，你应当看到影像如何能在一瞬间从天界落到大地之上了吧！所以，我一再地说你必须承认［影像的运动］具有惊人的［速度］。

2. 影像与视觉，感觉的可靠性

［……从我们所看到的一切东西中都必然不断地四散流射出］① 物体

---

① 这里有断损，后人依据猜测补加。

来，打击我们的眼睛并激起视觉。气味从有些东西中络绎不绝地流出，比如冷气从河水中流出，热量从太阳中流出，吞噬岸边围墙的浪花从波涛中流出。各种各样的声音也不知疲倦地在空气中穿行。另外，当我们在海边漫步时，我们的嘴里常常会冒出一种咸味来；当我们看见有人在我们面前调和苦艾和水时，也会觉得一种苦味。千真万确，从所有的东西中都有各种粒子源源不断地流出来，消散在四面八方之中；这一流动没有止歇，不会受到任何耽搁，因为我们可以不停地感受到它：我们时时都能看到众多的东西，闻到它们的味道，听到它们的声音。

此外，既然我们在黑暗中碰到的东西，当我们在白天清晰的光亮中看到它时，也能认出它是同一个东西，那么，触觉和视觉必然是由同一个原因所激发的。故而，如果我们在黑暗中抓到了一个方的东西，并有所感觉。那么，在光亮中落到我们视觉上的那个方形的东西如果不是它的影像，又能是什么呢？所以，影像是视觉的原因；如果没有影像，则什么也看不到。

虽然我所说的事物的影像分布在所有地方，被抛出来遍布四面八方，但是因为我们只有用眼睛才能觉察到它们，所以我们无论朝哪个方向看过去，那儿的各种事物的形状和颜色就扑面而来，充满视觉。

而且，影像使我们能够察觉到并区分出每个东西离我们有多远，因为当影像被抛出来后，就会推动位于它和我们的眼睛之间的空气，使得这一空气流入我们的眼睛，好像刷着瞳孔然后穿了过去。我们就是这样感知到了每样东西和我们中间的距离：影像前面推来的空气越多，刷扫我们眼睛的微风就越长久，外面的东西看上去就越是远。当然，这一切都以极为飞快的速度穿过，所以我们一下子就看到了事物本身以及它和我们之间的距离。

至于为什么我们看到的都是事物本身，而不能看到任何打击我们眼睛的一个个单独的影像，也并不是什么值得大惊小怪的事情。虽然风是一点点地吹打在我们的身上，刺骨的寒流流动到我们身上，我们一般来说不会感受到风和冷中的单个的粒子，而是一下就感受到整体的风和冷；并且，我们把我们身体受到的打击感受为某个外在的东西在打击我们，它给予了我们这个外在的物体的感觉。另外，当我们用脚尖踢一块石头时，我们触及到的是石头的最外表及其颜色，但是我们感受到的却并非这些，我们的触觉让我们感受到了石头最深处的真正坚硬。

现在，注意听我讲为什么影像看上去好像在镜子的后面。它确实看起来退得远远的，就像在真实世界中，当打开的门让我们能从房子里通过它向外望出去所看到的外面的东西那样。这一视觉效果也是因为两道不同的空气流引发的；因为在这一场景下，我们首先看到的是门里边的空气，然后是左右两扇门本身，再后面是外面的光线刷扫我们的眼睛，然后是空气和通过门所看到的外面那些实实在在的事物。同样地，当镜子中的影像朝我们抛过来的时候，当它还在到达我们的眼睛的路上的时候，就推动驱赶着它与眼睛之间的所有空气，使我们在看到镜子之前就觉察到这一空气。而当我们看到镜子本身时，从我们发往镜子的影像也就同时达到了它，并且反弹回来，回到我们的眼睛中，而且在其前面还向前推动着另一股空气，使我们在看到镜像本身前先看到这一空气；这就是为什么它看上去从镜子向后退出了很远。因此我要一再说，毫无理由对这两种情况感到大惊小怪——从门口看出去或是从镜子的表面反射镜像时所产生的视觉效果，因为这两种情况都是由于两股空气的作用而导致的。

其次，为什么我们身体的右边在镜子中看上去成了左边呢？原因是：当流射出去的影像击中镜子的平面时，它并不会完好无损地转个弯飞回来，而是被径直朝后面扔回来，就像如果有个人朝着一根柱子或是横梁扔出一个还没有干的灰泥面具，如果这个面具能保持前面的形状不变，并塑造出一个复制品，然后再向后抛回来；那么，以前的右眼现在就会成为左眼，而左眼相应地成了右眼。

影像也可以从一面镜子传到另一面镜子，于是经常产生五个或六个影像。不管在房子的纵深之处隐藏着什么东西，不管这之间的通道有多么扭曲和隐蔽，只要在这些弯弯曲曲的道路上摆上几面镜子，就能把它们展示出来、公之于众。影像确实是在镜子之间来回折射跃动，所以当它照出左面的部分时，它又成了右面；然后它会又一次跃回来，回到原先的位置上。

再者，所有边缘上都朝我们微微弯曲的镜子中的右边镜像反映的也是我们的右边，①这或者是因为影像从镜子的一边被带到了对面的另一边上，然后在被两次扔开后回到我们这里来；或者是因为我们的影像到达镜子后被镜子的凹形打了个弯，推转过来对着我们。

还有，影像与我们一道前进，一道止步，模仿我们的动作。这当中的原因你可以认为是：不管你从镜子中的哪一个部分移动了，顿时影像就不能从那个部分反射回来，因为自然迫使所有影像从事物那里送回来和跃回来——而且是以相等的角度送回来。

另外，眼睛避开明亮的物体，不愿注视它。如果你盯着太阳看，眼睛就会瞎掉；这是因为太阳的力量本身就强大，而且它的影像从高处穿越纯净的空气重重地冲下来，所以它会打击眼睛，破坏其组织结构。此外，任何明亮似火的东西都会灼伤眼睛，因为它含着许多火的种子，它们穿入眼睛后会引起疼痛。

再者，黄疸病人看到的一切东西都是黄绿色的，这是因为许多这种黄绿色的种子从他们的体内流出与物体的影像相遇；而且他们眼睛里面还混合着许多这种种子，它们把自己遇上的一切都染上昏黄的色调。

此外，我们在暗中能看到明亮的地方的东西，这是由于当靠近我们的黑暗空气先进入我们张开的眼睛并占据它们，之后，立即会跟进来一股清澈明亮的空气，它清洗和赶走先进来的黑色空气，因为这一明亮之

---

① 这是一种凹镜，它会两次反映对象，从而两次掉转影像，结果使影像恢复对象的原先位置。

气更为流动、更为精细、更加强有力。当这股气重新让眼睛的通道充满亮光，使它们在一度被黑色空气弄浑浊后重新开放后，随后跟来的那些物体影像就立即处于光明之中，并激起我们的视觉了。但是反过来，我们却无法从明处看到暗处中的东西，原因在于黑暗的、粗糙得多的空气跟在后面过来，堵住了所有的毛孔，弄浑了眼睛的通道，使到达到眼睛的任何事物影像都无法影响眼睛。

当我们从远处遥望城市里面的四方形塔楼时，它们经常看上去是圆形的。这是因为远处的角看上去都是钝的，或是根本就看不见；这些角的打击消失了，没有能一直移动到我们的眼睛，这是由于当塔角的影像通过一片开阔地时，空气的频频打击就把它们弄钝了。因此，所有的棱角都避开了我们的视觉，使得远处的石头建筑看上去就像被打磨圆了一样。这倒不是说它和我们跟前的真正的圆东西一模一样，而是看上去模模糊糊地有那么一点相像。

我们自己的影子在太阳下看上去像是在活动，它跟着我们的脚步走，模仿我们的姿势（你可以想象一下那没有被光照到的空气，它也可以跟着人走，模仿人的动作和姿势；因为我们习惯地称作"阴影"的东西不过就是没有被光照到的空气）。无疑这是因为在我们行进的阻挡下，地面上的某些地点一个接一个地被遮去了阳光；而我们所离去的地方又会被阳光重新填补上。这就使得我们的身体的阴影看上去一成不变，总是跟在我们后面。因为新的光线在源源不断地倾泻出来，尽管前面的光线如卷入火焰的羊毛一般不断消逝着。① 所以，地面上很容易被夺去光明，也很容易再次被光明充满，并洗去黑暗的阴影。

然而，我们并不认为眼睛在这些情况下受到丝毫欺骗。因为眼睛的任务就是看到光亮在何处，阴影在何处；至于这是不是同一个光亮，或者，原来的阴影现在是不是过到那一边去的那个阴影，或者，要么事实是我

---

① 面对火焰的地方看上去总是还有羊毛，但是实际上并非同一个羊毛了。

上面所讲的情况——这些问题仅仅由心灵的理性力量所决定；眼睛并不能识别万物的本性。所以，不要把心灵的错误加给眼睛。①

我们乘坐的船在行进中可能显得停止不动，而停在那里的船却显得像是从一边疾驰而过；我们划船经过的山峦和平原看上去却在飞速退后。

群星看上去都一动不动地固定在以太的天穹上，实际上它们全都在不断地运动中，因为它们冉冉升起，又以明亮的身影跨越整个天空，然后回到它们遥远的落脚地。太阳和月亮同样看上去停在自己的位置上一动不动，虽然经验证明它们一直在向前行进。

远在大海中央的矗立着的群山之间，有一条宽阔地可以容下一支舰队自由通过的水道。但是这些山远远看去却像是连成一体的岛屿。

小孩子原地打转后停下来，觉得屋子在转动，柱子在旋转，好像整个房子要倒在他们身上似的。

而且，当自然开始托升起闪烁着颤动的火苗的阳光，让太阳从山后面爬上来，这时太阳看起来与下面的山岭很近，而且正在用自己的炎热的火苗碰到它们。这些山离我们不过弓箭射几千次那么远，而且常常甚至不过就是一支标枪投掷五百次那么远。但是，这些山和太阳之间实际上存在着广漠的天际之下的大片大片的海水；存在着成千上万块土地，上面居住着各种各样的民族和成群的野兽。

在铺石路上的缝隙之间，有时会有深不足一指的一汪水洼，它朝大地下面展现出一幅景象，其纵深看上去与高高在上开展着的天穹一样远，使你［往里面看时］好像在看着云彩和天空一样，好像看到明晃晃的星星被奇迹般地埋到地底下了一样。

再者，当我们的急奔的马被牢牢地卡在河中央时，我们朝下看着迅速奔流的河水；马虽然站立不动，却显得好像有一股力量把它的躯体向

---

① 对于伊壁鸠鲁派，感觉的任务只是接受印象，对印象进行判断的是心灵。所以正确或错误发生在心灵判断推理的阶段。

一边裹挟，激烈地把它逆流往上顶。而且，我们无论朝哪儿看过去，一切都显得像是和我们一样在逆流向上游奔走。

另外，柱廊中的每根柱子之间的距离相等，高度相等；但是，当你从柱廊的一端观看它的整体时，它就像是渐渐地收缩到一个狭窄的圆锥形的尖点上去，房顶和地面会合到一起，左边的和右边的柱廊连成一体，直到最后一切都聚集到那个圆锥形的点上消失不见。

一个海上航行的水手觉得太阳是从水波中升起的，又降落到海水里，隐匿自己的光芒；很自然，这是因为水手除了水和天之外什么也看不到。所以，你不要简单地认为他们的感觉的可靠性已经被完全撼动。

还有，那些对于海洋陌生的人以为港口中停靠的船只被肢解了，船尾破裂开来，在波浪中挣扎摆动。因为船桨和舵露出海面的部分是直的，而浸在水下的部分看上去都像是断开了、扭曲着并向上平展、又弯了回来，几乎像是在波涛上漂浮着。

当风卷着四处散开的云朵在夜间穿过天空时，闪闪发亮的星星看起来与云彩相对滑行、越过它们，这一运动方向与真实情况截然不同。

而且，如果把手放在一只眼睛下面，向上挤压眼睛，就会出现一种特别的感觉：我们所看到的一切都显得是双重的：有两盏灯在晃动着火焰，房子里的所有家具都添加了一倍，每个人都出现了两张脸和两个身子。

再者，当睡眠用甜蜜的倦慵牢牢绑住了我们的手脚时，我们整个身子陷入深深的宁静之中；但是我们那时却感到自己醒着，动着手脚。虽然我们身处伸手不见五指的黑夜中，我们却以为自己看见了太阳和白日天光，把自己的狭小的屋子当成了天空、海洋、河流和群山，迈着大步跨越平原；而且，虽然夜晚万籁俱寂，却觉得听见声音；虽然一声不吭，却觉得在长篇大论。

我们还看到其他许多令人奇怪的事情，它们好像都在动摇我们感觉的可靠性；但是，这是根本不可能的，因为这些事之所以欺骗人，最主要的是由于我们的心灵本身的意见被附加在感觉上,结果是不曾被我们看到的东西好像被我们看到了。最困难的就是把简单的事实与心灵所当下附加上去的可疑东西区分开来了。

而且,如果有人认为什么都无法知道,那么他就连这一点也应该无法知道——既然他已经宣称他什么也不知道。所以我不想和那些把头放在自己的脚印中的人辩论。而且即便我承认他可以知道这一点,我还是要问他:既然物质的东西对于他的视觉不是真理的开端之处,那么他是怎么知道"知道"或"不知道"的?他从哪儿得到真与假的概念?什么证据能够证实可疑的东西与确定的东西是不同的?

你将会认识到,真理的概念首先来自感觉,而感觉是无法反驳的。因为必须存在某种具有更强大的可信性的标准,才能以自身的真实反驳虚假的东西。而如果不是感觉,又是什么东西更能让我们信靠呢?难道从错误的感觉中派生出的理性能够反驳得了这些感觉?要知道它自己完全是从感觉中派生出来的!因为除非感觉是真实的,否则所有推理都是错误的。耳朵可以裁判眼睛,触摸可以裁判眼睛吗?口中的品尝能够反驳触觉,或是鼻子能打败它,眼睛能驳倒它?我认为当然不是这样。因为它们各自都有独立的功能,自己的独特力量;所以,在确定什么是软的、冷的或热的时候,应当运用一种感觉;而在识别事物的颜色以及与颜色结合在一起的东西时,应当运用另外一种感觉。口中的味道对于一种感官有影响,气味是针对另一种感官的,声音又是关系到另一种不同的感官的。所以一种感觉决不可能反驳另一种;同时,一种感觉也不可能裁判自己,因为它们必须总是具有同等的可靠性。① 所以,这些感觉在任何时候感到是真实的情况,那就真的是那样的。

而且,如果理性没有办法充分解释为什么一个东西近看是方的、远看是圆的,那么,那个找不到理由的人即使用不正确的方式解释这两种

---

① 一种感觉不可能在别的时候否认自己现在所显现的东西。

形状，也比让对于明显现象的坚信从你的手中滑离要好，因为否则的话就会打碎所有可靠性的开端，推倒生活和存在建立于其上的一切基础。除非你坚定地相信感觉，避开悬崖和各种必须躲开的危险东西，转而追寻与此相反的东西，你就不仅会使所有推理都毁于一旦，而且会使生活本身立即陷于瘫痪。所以，请相信我，所有那些收集起来反对感觉的语词大军都是在白费力气。①

最后，正如在建造一座房子的时候，如果最初的量尺是扭曲的，②如果矩尺错了，上面的线不直，如果水平仪的任何部分有一丁点儿的不对，整个房子造出来后必然全盘皆错，歪歪扭扭地倾斜着，这里凸出来，那里凹进去，一点也不对称，以至于有的部分看上去马上就要倒下来，有的部分确实倒塌了。这一切灾难都是由于一开始时采用了错误的原则。所以，如果你的推理建立在错误的感觉上，就必然是扭曲的和错误的。

3. 听觉、味觉与嗅觉

下面我们讨论其他各种感官是如何察知自己的对象的，这对于理性并非什么坎坷难走的路。

首先，当声音和说话声潜入耳朵时，就会用它们的物体［body］打击感官，让我们听到它们。我们必须承认声音和说话声也是物体性的，因为它们能打击感官。

而且，说话的声音经常摩擦咽喉；叫唤声的发出使得气管变得粗糙，因为当话音的始基大量聚合、开始从狭窄的通道向外发送出来时，咽喉先被充满，口腔中的通道自然也会受到摩擦。故而，能造成伤痛的话语声音无疑是由物体性的元素所构成的。

---

① 伊壁鸠鲁派公开反对怀疑论对于感觉的可靠性的怀疑。
② "regula"或"canon"，字面意思是泥瓦匠或木匠的尺子，这也是伊壁鸠鲁讨论其知识论的著作的名称。伊壁鸠鲁已经将正确的研究规则和正确的建筑方法进行类比。

你也一定不会看不到：当一个人从曙光初上的清晨一直滔滔不绝地演讲到夜幕降临时，从他身上流失了多少物体，他是多么地筋疲力尽，尤其是如果他是大着嗓门演讲的话。既然一个人在讲演中丧失了他的一部分身体，那么语音必然是物体性的。

而且，声音的粗糙来自元素的粗糙，就像圆滑的声音来自圆滑的元素一样。当野蛮人的号角发出低沉的隆隆吼声，并且颤抖着嘶哑地轰鸣回响时，穿入人们耳朵的元素的形状势必与从希里康山（Helicon）曲折的峡谷中传来的天鹅凄伤哀怨的歌声的元素大不一样。①

所以，当我们把这些声音从我们体内的最深处挤送出来，从嘴里直接发出去时，那灵活转动的舌头——语词的机灵的制造者——把它们结合、塑造成形；嘴唇的口型也参与其事，帮助话语的形成。当这些语音不用跑很远就能到达终点时，说的话就一定能被听得一清二楚，每个音的结合和塑造模式都能被区分出来。这是因为声音保持着自己的形状和形式。然而，如果居于其间的空间长过了头，语音在穿越了太多的空气中就必然会被混淆成一团，飞到我们耳朵里的话声就模糊不清了。于是，你还可以听到一些声音，但是你无法识别出里面的意思；传来的语音一路受阻、结果一片糊涂。

此外，某个人高声尖叫出来的一个词经常唤醒了整个人群中的所有耳朵。所以，一个语音会一下子就分散成许多语音，因为它把自己分布到许多不同的耳朵那里，在语词上印出独特的形状和清晰的声音。不过，那些没有恰好落入耳朵的语音就从一边流过并消失，远远散开而没有在风中留下任何痕迹；有的声音撞上坚硬的地方后反弹，传回来一个声音，有时出现好像有谁在说话似的幻觉。

当你仔细考察了这些之后，你就能给自己和他人解释为什么我们在阴暗的山谷中寻找同伴、四处大声呼唤他们时，那些孤寂无人的地方的

---

① 参看前面的注释。

岩石会按照你喊话的次序依次传回同样的语音。我甚至看到过有的地方可以传回六到七下回声，虽然你只喊了一声。是山冈之间的来回击打和重复这些喊声，使它们有序地传了回来。

附近的居民想象这样的地方是长着山羊脚的山陀尔、仙女宁芙们所出没的地方，而且他们说那里还有许多牧神，正是它们在夜晚中漫游喧闹和快乐的嬉戏打破了无声的寂静，传出了琴弦之声和甜蜜的悲伤曲调，这是由弹奏笛子的手指触动之下发出来的。他们还说农夫们在乡村中到处都听到了潘神（Pan）摇晃着自己半人半兽的头上的松叶，鼓着嘴唇在芦管上来回吹奏，潘神之笛毫不疲倦地涌流出林中乐音。他们还讲到许许多多其他这类事迹和神奇之事，显得他们并不是住在甚至诸神都离弃而去的荒野之地。这就是为什么他们翻来覆去讲说这些匪夷所思的传说；当然也可能是出于别的原因才这么说的，反正所有人都急切地想让自己的耳朵享受点什么趣闻轶事。

让我们继续。对于声音如何穿过眼睛无法清楚地透视的地方来影响我们的耳朵，你实在用不着感到奇怪不解。我们经常看到有人隔着紧闭的房门进行对话，这当然是因为声音能够完好无损地通过一个物体的曲折通道穿过去，而图像就被挡住了。如果图像没有直接的通道可以游过去——比如所有形象都能飞过去的玻璃里面的通道，那么就会被弄碎。

此外，一个声音可以分布到四周各地，因为当一个声音说出来，跳跃着由一分为多时，就产生出其他的声音；这正像一颗火花经常分散成许多火焰。所以，隐匿不见的地方充满了声音，可以说是一个沸腾翻滚着的声音海洋。可是所有的图像在被送出去后都笔直向前走，所以一个人不可能看到墙那边的东西，尽管他能听到墙那边传来的声音。而且，即使是声音，也在穿过房子周围的墙达到耳朵里面时，也已经被磨钝和混淆，结果使我们好像听到的只是声响而不是清晰的说话声。

为了解释舌头和颚是怎么感觉味道的，我们用不着添加更多的推理或麻烦。

首先，当我们咀嚼食物时就把味道挤榨出来了，于是嘴里就感觉到了它；这就像一个人手里拿着浸满了水的海绵并且把它挤干。这样，我们挤出来的东西就散布开来，进入颚的所有管道和海绵状的舌头的弯弯曲曲的孔道中。因此，如果渗入的汁水的分子是滑溜溜的，它就会令人愉快地接触和影响舌头四周所有的湿漉漉的地带。如果相反，汁水的分子非常粗糙，那么它们一流出来就会刺激感官并撕裂它。

再者，来自味道的快乐不会超过颚之外。当食物一通过咽喉落下去，就会被散开分布到全身之中，于是不再有任何快感。身体用什么食物滋养自己也是无关紧要的事情，只要你能消化吃下去的东西，并把它分布到全身，而且让肠胃保持在持续健康的状态中。

下面我将解释一下：不同的食物是如何适宜于不同的生物的，以及为什么对于有些动物来说是又酸又苦的东西对于别的动物却十分可口。实际上，这些东西中的差别是如此之大，以至于对于有的动物来说是食物的东西，对于别的动物简直是剧烈的毒药。甚至有那么一种蛇，它一碰到人的唾液就会自己咬自己而死。黑勒波（Hellebore）对于人来说是一种剧毒，但是却能让山羊和野鸭吃了长膘。

为了了解这一切是怎么发生的，你必须首先记住我前面说的话：事物之中包含着许许多多以各种方式混合在一起的种子。其次，就所有进食的生物而言，既然它们外表容貌各自不同，既然它们的轮廓和形状的外围限定和确定了每一种动物的种类，它们的组成种子的形状也必然各不相同。进一步，既然种子不同，那么种子的间隔和孔道即我们称为通道的，在全身中和嘴里、颚上也应该不同。故而，有的必然小一些，有的大一些；有的是三角形的，有的是方形的，有的是圆形的，还有的有许多排列各异的小角。因为不同的形状关系和不同的运动必然要求有不同的通道的形状；所以不同的组织结构必然造成不同的小孔。这就是为什么对于有的动物甜蜜的东西对于其他动物却是苦的，因为，对某个动物来说是甜的东西，必然是进入颚的管道中的非常圆滑的物体，它们带来了令人舒适的触觉。但是相反，如果一个东西对于一个动物来说入嘴很苦，那么无疑是因为粗糙而有倒钩的元素进入了食道。

从这些解释出发，就很容易理解所有其他情况了。当一个人由于胆汁太多而发热的时候，或是当别的疾病的能量以别的方式被激起时，整个身体就会陷入一片骚乱，所有始基的位置都会全盘改变；结果原先适宜于引起感觉的物体失去了效力，而别的东西变得更合适了，于是在穿透进来之后产生了苦的感觉；实际上这两种种子都混合在蜂蜜的味道中，这一点我前面多次向你解释过了。

现在注意听：我将讨论气味如何影响鼻子的问题。首先，必须要存在大量的东西，它们不断流出多种多样的气味之流；而且我们必须认为这些气味之流散布在各处；只不过不同的气味适合于不同的生物，因为它们具有不同的元素形式。因此，蜜蜂能够被任何地方的蜜糖味所吸引，不管多远，都通过空气中找过去；秃鹫则被腐肉所吸引。如果你放出一群猎狗，它们就会把你带到任何分趾的野兽所涉足过的地方。白鹅——罗马民族的城堡的保护者——远远地就能捕捉到人的气味。① 所以，不同的气味被给予不同的生物，引导它们找到各自的食物，并且迫使它们从讨厌的毒药那里连忙退回。正是以这样的方式，一代代的野兽才得以保存下来。

在各种影响鼻子的气味中，有的比另外的传得更远，但是没有任何气味能传得像声音和说话声那么远；不言而喻，它也不能传得像那些打击眼睛、激起视觉的东西那么远。因为气味在四周缓缓游荡，总是很快就渐渐消失，消散到空气的微风之中；这首先是因为它是从每样东西的内部深处十分困难地冒出来的——所有东西在打碎时，踩烂时或在火上融解时，都会发出浓烈的气味，这表明气味是从事物的内部释放出来的；

---

① 当罗马在公元前 387 年遭到高卢人的围攻时，卡皮特 (Capitol) 山由于神鹅的警觉叫声而得到拯救。

其次，或许气味由比声音更大的元素所构成，因为气味不能穿透石头墙壁，而声音和说话声一般来讲却可以通过。由于这一原因，你将很难确切地发现气味究竟是从哪儿发出的，因为气味的打击在慢悠悠地通过空气之中时冷却了下来，不能把对象的新鲜信息趁热带到感官这里来。这就是为什么猎狗经常弄错了气味。

不仅味道和气味是这样的，而且事物的外貌和它们的颜色也并不总是对于所有动物的感官都是同样合适的，有的东西对于某些观看者来说十分刺眼。即使那用翅膀拍开夜幕、总是用嘹亮的啼鸣召唤黎明的公鸡，也是凶残的狮子所不敢驻足正视的，它们一看到公鸡就想逃走，无疑这是因为公鸡的身体里面有某种种子，当它们散发到狮子的眼睛里面时，就会在瞳孔中挖洞，引起刺痛；所以狮子尽管勇敢，却无法忍受与它们对视。但是，这些种子一点也不能伤到我们的眼睛，这或是因为它们不能穿透人的眼睛，或是因为当它们穿透进来立即找到了从眼睛里面自由跑出去的出口，结果它们不会滞留不走而伤害眼睛的任何部分。

三　心灵与影像

1. 影像与心灵

现在请注意听：是什么东西激发了心灵。我将用少许的话让你了解这些东西都是从哪里进入到心灵里的。①

前面我告诉过你，事物的许多影像以各种方式在各个方向上运动着，它们十分稀薄；当它们在空中相遇时很容易结合起来，就像蜘蛛网或金

---

① 伊壁鸠鲁派认为思想和梦与视觉有内在的关联。视觉是由于影像触及眼睛而引起的，思想和梦境是由于更加细微的影像进入到心灵中而引起的。

叶一样。实际上，这些影像的组织结构比影响到眼睛和打击视觉的影像还要稀薄，因为它们能通过微粒的交接处穿透进来，唤醒内部的心灵的稀薄物质，激起感觉。

所以，我们看到了人面马身的山陀尔，看到斯基拉的躯体，以及像塞尔拜努斯（Cerberus）那样的狗脸，①还有那些死去已久、骨头早已埋在大地怀抱中的人的形象，这都是因为各种各样的影像在四处来回漫游，有的是自发地从空气本身中产生的，有的是从各色事物中抛射出来的，还有一些是由这些形状结合而成的。当然，不可能真地从什么活的山陀尔那儿流出影像，因为从来就不存在这么一种本性的生物。但是，当人的影像和马的影像偶然在空中相遇时，它们可以很容易地黏合起来；这是因为我以前说过的：它们的本性精微、组织结构稀薄。所有其他这类东西也是以同样的方式形成的。既然我前面说过，这些东西由于极度轻盈而飞速运动着，那么这些精微的影像中的任何一个都能很容易地轻轻一触就激动我们的心灵，因为心灵本身也是细微的和极端灵敏易动的。

有时，睡眠放松了四肢，而心灵的智力却还醒着，这当中的缘由只能是：我们醒时影响我们的那一影像在我们睡着的时候还在影响我们，其程度如此之强烈，以至于我们当真看到了某个已经离开了生命、被死亡和尘土所主宰的人。这种情况是自然所导致的，因为这时我们所有的感官活动都被阻碍，全身上下安静了下来，所以无法用正确的感觉来反驳错误的感觉。而且，在睡眠中记忆力也停止活动、松懈下来，不会竭力地提醒我们：心灵以为自己看到的那个活生生的人其实早已落入死亡和毁灭力量的手中。

再者，影像在活动着，有节奏地舞动着两臂和其他肢体，这也不是什么离奇难解的事情。在我们的睡梦中，影像看上去确实在这么活动着。

---

① 斯基拉是意大利和西西里岛之间海峡中的一处险礁，古代被人认为是一个女怪。塞尔拜努斯是守卫地狱之门的三头犬。

但是事实其实是：当先前的影像消失后，第二个影像紧接着在另一个位置上产生了，结果先前的那个影像就好像是变动了姿势。当然，这一切必然以极为迅速的速度发生着。影像的速度非常之快，库存量如此快，粒子的数量在感觉的每一个瞬间是如此众多，所以影像的源源不断的供应完全不成问题。

如果我们想把事情弄清楚，还有许多问题要问，还有许多解释要提出。

第一个问题是：为什么心灵在随意想到什么的时候，就能立即看到它？难道影像待命在旁，等候我们意志的命令，从而只要我们欲念一动，一个影像就立即出现在我们眼前——不管它是大海、大地还是天空？还有人群、游行、宴会、战斗……难道自然用一个词就准备好了所有这一切？尽管同时在那个地方还有许多其他人的心灵在思想着各种各样完全不同的东西。

再者，我们在梦中看到脚步有节奏地踏动着的影像，他们柔软的四肢舞动着，在我们的眼前波浪起伏地一阵阵摆动着娇柔的双臂，手足呼应地表演同样的舞姿；对此我们又怎么说？从表面上看，这是因为四处游荡的影像深受艺术之熏陶，技艺娴熟，所以能够在夜间上演舞蹈。

或者，可能这才是理由：在我们所察觉到的说出一个词的那一瞬间，其实蕴藏着只有理性才能把握到的许多时刻；① 所以，在任何一瞬间中，各个位置上都有各色各样的影像整装待发——它们的速度是如此快，它们的数量是如此庞大。因此，先前的影像刚刚消逝，另一个影像就在一个其他的位置上出现，结果先前的那个影像就显得像是在改变姿势似的。而且，由于这些影像极为稀薄，心灵不可能清晰地看到它们当中的每一个，只能看到那些它所努力盯着看的影像。② 而且，心灵确实准备好去看，

---

① 理性能把一个感觉到的时刻再划分为几个更小的时刻，就像它能把原子划分成几个无法独立存在的"最小部分"一样。

② 心灵只有在把自己的注意力聚集在某个事物上的时候，才能看到它。所以理性并不能觉察所有的影像。

并且希望看到随之而来的东西,结果那些东西也就真的随之而来了。① 你难道没有看到过,当眼睛企图识别什么细微的东西时,会聚精会神、费劲去看?否则我们是无法看清楚东西的。即使对一目了然的东西你都要努力才能看清,那么,如果你的心灵没有集中注意力,它想识别的东西那时就会像是全部退隐到后面,与你离得非常遥远。所以,心灵除了自己所注意的东西之外,其他什么东西都看不到,这又有什么奇怪的呢?再者,我们往往会从很小的迹象推论出很大的结论,结果自己把自己欺骗了。②

有时还经常发生的事情是:梦里的影像在变化中不再是原来的同一个,刚刚是一个女人,一会儿就变成了一个男人;或者接着而来的影像的模样和年龄都变了。但是,睡眠和遗忘能解释这些,所以我们不必感到大惑不解。

2. 批判目的论

在这方面还有一个错误,我们恳切地希望你要避开它,充满恐惧逃避错误:不要以为眼睛的明亮瞳孔是被造来让我们能看到面前的东西的;或者,以为腿和臀部联结起来并安放在脚上,乃是为了使我们能够大步向前迈进;或者,手腕接在强硬的上臂上,指挥着两边的双手,乃是为了使我们能操持事务,以便存活下去。③ 这一类解释以及其他那些人们所给出的解释,都是倒果为因,而且基于扭曲的推理之上,因为我们身上的一切并不是为了我们能使用它而诞生的,相反,是诞生出来的东西创

---

① 心灵努力关注某些影像,决定去观察由之而来的影像系列,结果这一系列就确实出现了。至于其他无关的影像,就不被注意到了。

② 此处的意思好像是:心灵经常从少许证据就推论出普遍结论;这件事也可以证明,有许多的东西没有被心灵所注意到。

③ 伊壁鸠鲁派所反对的目的论者主要是亚里士多德和斯多亚学派。

造了它的用途。在眼睛及其目光出现之前没有视觉,在舌头产生之前没有说话;实际上,舌头早在世上有说话这件事之前就诞生了,耳朵的出现也远远早于声音被听到。总之,我认为,所有的器官都先于其使用而存在,所以它们不可能是为了其用途的缘故而生长出来的。

相反,在标枪飕飕飞舞很久以前,战场上人们赤手空拳地格斗,撕扯四肢,血溅全身;自然早在人们懂得用左臂擎着造出来的盾牌防身以前,就教导人躲开伤害。你还可以肯定:早在柔软的睡床出现之前,人在精疲力竭之后就会休息;而河水解渴也早早出现在酒杯发明之前。这些从经验和生活中发现的东西,确实可以被认为是为了其用途而发明的。但是,那些在其用途的概念出现之前就产生的东西,就完全另当别论了。在后一类东西中,首先就是感官和四肢;所以我要一再强调:你完全没有任何理由相信它们会是为了其用途的目的被造出来的。

每一种生物体按照其本性,不用教导就会寻找自己的食物,这也没有任何值得奇怪的地方。我已经向你证明了许多事物都会流射抛出各种各样的物体,但是它们大多数是从生物身上抛出来的;因为动物总是在快速地活动着,而且在动物流汗中一定会有许多物体被从身体内部挤压出来;当它们精疲力竭、气喘吁吁的时候,许多物体会从嘴里呼出来;由于这些原因,身体就被稀释了,它的整个本性受到损害,结果就感到疼痛。所以,这时它需要进食,以便通过填补空隙而振奋身体和恢复精力,并且缓解和消除那遍布全身和所有脉管的急不可耐的食欲。① 而喝下的液体也流到缺水的所有部位;本来大量聚集起来的热的物体弄得我们的胃里像火一样燃烧,也被水的到来所驱散出去,就像火被熄灭了一样;于是干渴的灼烧就不再烤焦我们的身体。这样,你的急切渴求就被从身体中冲刷走了;你的饥饿的欲望就被满足了。

下面我要讲的是我们如何能随心所欲地迈出步子,我们如何能任意

---

① 卢克来修把饥饿的身体描写成一座需要支持和修补的摇摇晃晃、布满裂缝的房子。

挥动四肢,是什么把这一沉重的肉身往前推进。请仔细听我讲。

首先,"步行"的影像进入我心,影响心灵,这我们以前已经说过了。然后,意志就出现了,因为只有当理智预先看到自己想要做什么后,才会动手做什么(它所预先看到的,就是那件事所呈现在我们心灵面前的影像)。所以,当心灵激起了自己,打算动身并向前迈步,它立即就会击打分布在四肢和整个躯体中的所有灵魂成分。这不难做到,因为灵魂与心灵紧密结合在一起。灵魂接下来又击打躯体,结果整个这团物质就一点点被驱动而向前移动。另外,当其之时,身体还展开了自己的毛孔,空气(就像所有对运动十分敏感的东西那样)通过张开的通道大量涌入,分布到身体的所有最小的部位中。这样,在这两个原因的作用下,身体就被带动向前了,正如船被船和风带动向前行进一样。

而且,你也不必惊奇为什么如此之小的元素能够摆布如此巨大的身体,推动我们的整个重量。实际上非常稀薄和成分精微的风就能以巨大的能量推动大船向前;而且,一只手就能控制这条船,不管它开得是多么快;一把舵就可以指挥它朝向任何方向转弯。此外,一部机器的滑轮和踏板可以移动许多非常沉重的物体,只需花少许力气就可以把它们举起来。

3. 睡眠与梦

下面我要讲的是睡眠是怎样如宁静的潮水一般涌来,浸透全身并放松掉心中的牵挂的。我将用简短而美好的诗句向你叙说,因为天鹅的简短歌声远胜过南方云空中的一大片嘎嘎鹤鸣。请你务必用敏锐关注的耳朵和聪明伶俐的心灵倾听,这样你才不会否认我所说的是可能的,不会心怀对真理的排斥感离我而去;尽管错的是你,而且你还看不出来。

首先,睡眠来临时,灵魂的力量在整个身体里面被分解开来,一部分被扔出去而离开了;更多的一部分挤在一起,退入身体的深渊,这时四肢便松弛了下来。因为无疑我们的感觉来自灵魂的工作，而当睡眠阻挡了灵魂行动时，感觉就没有了。我们必须假设灵魂在那个时候已经陷入无序状态，被抛了出去——但是也没有全部被抛了出去，因为那样的话，躯体就躺在永久的死亡冰冷中了；如果四肢里面连一点灵魂都没有被隐秘地留存下来，就像微火还藏在灰烬堆之中，那么感觉怎么可能突然被重新在四肢之中点亮，就像火焰从隐秘的火中重新燃起一样？

至于是什么原因引起了这一新的状态的出现，灵魂怎么会陷入混乱无序，身体怎么会疲软无力的，我下面就向你解释。你看我不会讲空话耽搁你的时间的。

首先，既然身体被周围的空气的微风触及着，躯体的外部必然会受到气流的频繁吹拂的重重打击，这就是为什么几乎所有东西都被皮肤或甚至硬壳、或是老茧或树皮保护着。当我们呼吸的时候，这一空气在被吸进和呼出时还打击着我们的体内部分。因此，既然身体在内外两个方面受到打击，而且进入细小通道的空气还渗入到我们身体的基本分子和元素中，逐渐地我们的整个身躯就会垮掉；因为身体和心灵的始基的位置都被弄错乱了。然后，一部分灵魂被抛了出去，一部分缩回到自己内部隐藏起来，还有一部分扩散到全身中，不再能结合在一起或进行组合运动；因为自然关闭了所有的来往通道，于是感觉就在运动改变后把自己深深地埋藏了起来。既然此时没有任何东西能鼓舞四肢，躯干就绵软了下来，四肢慵懒无力，臂膀和眼帘下垂，臀部在你躺倒时也松懈下来，失去了力量。

还有，吃饭之后人也会想睡觉，因为当食物散布在全身脉管中后，能产生空气所产生的同样效果。酣睡经常发生在吃饱或疲倦的时候，因为那时最大数量的元素长久地受到挫压，秩序混乱不堪。灵魂也是一样，它的一部分被扔到一起，沉入到更深处之中；而扔出体外去的部分量更加大，分裂得更为厉害，更加一片模糊。

无论人们热忱地执著于什么事业，无论我们曾经沉溺于什么事情，心灵都会由于过于关注它而在梦中与它常常相遇：打官司的人梦到起诉和援引法律条款，将军梦见投身在战场上厮杀，水手则与正在掀起的风暴搏斗着，我则梦见在钻研我的任务，孜孜不倦地寻找着万物的本性；一旦找到，就用我们的母语把它表述出来。同样，许多其他的追求和技艺经常看起来在梦中用其幻象牢牢抓住人心。

而且，当人们连续许多天一直在观看演出比赛时，我们经常可以看到，当他们停止用感官观看这一切后，心灵中还有一些通道仍然开放着，可以让影像进入。于是多少天之后，同样的东西还一直在他们的眼前运动着，结果他们即使醒着仿佛还能看到舞蹈者摆动着柔软的四肢，耳朵中还能听到琴声潺潺，如泣如诉，能看见那些观众席上的人群和舞台上的各种耀眼的辉煌景象。

身心投入与全神贯注确实有着极为重要的影响；不仅人会这样，而且所有的动物都常常这么做。实际上你可以看到健壮的骏马躺卧在地时，仍然在睡梦中喘气流汗，好像在竭尽全力做最后之一搏，奋力扬蹄争夺锦标，或是好像要从打开栅栏的起点迅猛奔出去。猎狗在温柔的睡眠中经常突然四腿抽紧、一阵猛踢狂吠，还常常在空中嗅来嗅去，好像发现并找到了一头野兽的踪迹；如果这时醒来，它们就经常会追逐小鹿的幻影，就像真地看到它们在逃跑；直到幻像渐渐消失，猎狗才回过神来。有时那住家的友好的小狗急促地抖动躯体，从地上跃起，就像看到了什么陌生的面孔或模样。这些动物越是凶猛，在梦中就越是野性大发。如果各种鸟儿在温柔的梦中看见鹰鹫追逐飞翔、激起争战，就呼啦啦拍翅而逃，忽然惊动笼罩在夜色中的诸神的林木。

再者，能干出惊天动地的大事的人也经常在梦中干着同样的事情：国王赢得了胜利，战败者被俘；在梦中投入了战斗，大声喊叫，好像被砍断了脖子。许多人激烈地搏斗着，痛苦地呻吟着，就像被豹子或凶残的狮子的爪牙撕扯着，喊声震天。许多人在睡梦中说着重要的事情，经常把自己给卖了。许多人在梦中遭遇了死亡。许多人以为自己的身体被从高高的山顶上摔到地面上，吓了个半死；醒来时还魂魄出窍，半晌回不过神来，不知身在何处，颤抖不已。还有，有的人梦见自己干渴难耐，坐在河边或令人愉快的泉水旁，大口大口地喝下所有河水。小孩子在熟睡之中以为自己站在痰盂或溺壶边上，提起衣裳就尿出体内滤出的所有水来，湿透了五彩锦缎的巴比伦被子。那些青春期带来了初次渗入的种子波涛的人，当时间成熟，种子在全身产生时，在梦中遇上了正好四处飞动的某人的身体影像，于是好像看到一张可爱的面孔和美丽的身材，这一刺激激起了那个部位中的种子的肿胀；其后，就像真的干完了整个好事，他们经常射出滚滚热流，弄脏了衣服。

四　情欲

1.　情爱徒劳无益

我说过，这种种子一当年龄成熟、身体健壮时就会在体内兴起。不同的力量推动和激起不同的事物，只有人的力量才能在人体中产生人类的种子。这种种子出现后，就从隐蔽之处被排出来，从整个身体的四肢和所有器官中汇集到下体的某个确定的地方，立即激发躯体上的生殖器官。这些部位被激起之后就会胀满种子，并兴起把它射向疯狂的情欲所朝向之处的欲望；身体奔向在心灵中造成创伤的那个情爱对象。[①]一般来说，所有的人都朝自己的伤害者倒下去，我们的热血朝着打击我们的那个方向喷出去；如果敌人就站在前面，就会被溅上红彤彤的鲜血。所以，如果谁受到了维纳斯之箭的伤，不管朝他发箭的是一位长着少女般柔美的肢体的男孩，还是一位浑身上下弥散着爱意的女人，受伤的他都会奔

---

① 创伤是希腊情爱诗歌的一个普遍比喻。

向打击的来源，想要和它合为一体，把那液体从一个身体射进另一个身体，因为他的无言的欲望已经在预言快乐了。

这就是我们的维纳斯，爱神的名称正是由她而来。由于她，人们心中才第一次滴进了爱的甜蜜露水，随之而来的就是冰冷的忧虑。因为，即使你所爱的人没有出现，她的面容却浮现在你面前，她那甜蜜的名字在你耳边回荡。但是，你最好还是躲开那些肖像，并把那些滋生爱意的东西赶走，将你的心灵转移到其他方向，把你体内集聚的精子射向别的身体，而不要把它们保留给一个情人，也不要把痛苦和烦恼保留给自己。因为，伤口会加速恶化，并且在［思念的］滋养下演变成不治之疾；疯狂的欲火将日益旺盛，而由此带来的苦难也将越来越深重，除非你用新的打击来消除那最初的伤痛，并在最初的伤痛还新鲜待发之时就及时地到处猎色以治愈它，或者将你的心思转向别的事情。

回避爱情的人并不会缺乏维纳斯的果实［即性的快乐］，不如说他既能获得快乐，又不必受到惩罚；因为性爱当然给健康人带来了比害相思病的人更为纯粹的快乐。确实地，纵使是在紧紧拥抱的时候，情人们的热情也好像是处于暴雨中一样飘摇不定，不能确定应该以什么样的进程来与对方寻欢作乐，犹豫着不知到底是应该先用眼睛还是先用手来享受欢乐。他们紧紧地压着欲望的对象，弄痛了对方的身体；他们还往往将牙齿凑到对方的嘴唇上，嘴对着嘴狂吻起来，因为这种欢乐并非纯净不杂，而是有一种秘密的针刺激起他们去伤害那些唤起了疯狂的种子的东西。

但是维纳斯［即性爱］给那些遭受情爱之苦的人们一个轻柔的缓释，其中的欢乐抚慰着人，止住了情欲的啮咬。或许有人希望这样就可以浇灭燃烧着情欲的身上的火焰，但是自然对此彻底加以否定。正好相反，情欲的独特之处就在于，你享受的情欲越多，心中燃烧起来的令人晕眩的欲火就越猛烈。食物和饮料都被我们的身体吸收；既然这些东西能占据体内的固定的部位，人对于水和面包的欲望就很容易满足。但是，人的美貌和动人的姿容却除了这些单薄易逝的影像之外，再也没有什么东西能进入人体以供享受；而且这种渺茫的希望还常常会被风儿吹走。这就好比一个处于睡梦中渴得要命的人，急得找水喝，但却不会有真的水来浇灭他体内的焦渴。他找的只是水的影像，所以一切都是白费劲；即使他梦中在一条水流湍急的河流中间低头狂饮，也还是感觉口渴。在爱情中，维纳斯也是这样用影像幻觉来捉弄情人们，而且，即使情人真正看见了对象的肉体，也不能使他感到满足。甚至，即使他双手在对方全身上下漫无目的地抚摸，也不能感到满足，因为他无法从对方柔软的四肢上扯下点什么。最后，即使当他们肉体与肉体紧紧缠绕在一起享受着生命之花——这时他们预先品味着强烈的情爱之欢，此时维纳斯也即将在女人的身体内播下爱情的种子，他们贪婪地紧紧拥抱在一起，两张滴着口涎的嘴巴紧紧贴在一起，彼此喘着粗气，牙齿紧压着对方的嘴唇——但是所有这一切，也还都是徒劳，因为他们并不能从对方身上撕扯下来点什么，也不能使自己的肉体渗入到对方的肉体中，与其融为一体，虽然这有时看来正是他们希望并努力要做到的。他们如此饥渴地在维纳斯的胶合中紧紧搂抱，然而他们的肢体却逐渐在强烈的快感中松弛融化。最后，当聚集起来的强烈欲火从他们体中猛然喷发后，猛烈的燃烧过程会出现一个短暂的停息。然后，当他们再一次寻找他们所强烈渴盼的东西，却又毫无办法找到征服这种困扰的方法时，同样的狂暴又会再次席卷而来，那热情不减的疯狂也将再度出现。就这样，他们在游移不定的状态中由于隐秘的伤痛而憔悴下去。

除此之外，他们还浪费了自己的精力，并因过度劳累而导致自己的身体虚亏。此外，他们还要听从另一个人的差遣过日子。责任和义务由此而被忽略，他们的名誉也受到了动摇和破坏。同时，他们的财产也消失了，化为巴化伦的香料、可爱的西西翁出产的鞋子在她脚上闪闪发光。你也可以由此断定，闪烁着绿光的大宝石会镶嵌在黄金上，而豪华的紫色束腰袍子也会因为长久穿着而破损，并因为吸满了爱的香汗而失去光泽。而祖先艰辛劳动挣来的那份财产则变成了发带和头饰，或变成了从阿林达（Alinda）和西奥斯（Ceos）来的豪华披风或丝绸锦缎。由精美的餐巾和珍馐佳肴准备而成的盛大的宴席，伴随着浪荡的娱乐、成堆的酒杯、大量的香膏、花冠和彩环，等等；但是所有的这一切都是白费劲，因为即使是在花香鬓影中间，从这欢乐的喷泉中还是涌出了一些痛苦的水滴。这或者是因为带有罪恶感的良心不时刺痛他，使他悔恨正在虚掷年华，自甘堕落；也可能是因为她吐出并留下一句模棱两可的话语，在他的焦渴的心中固定下来，如火一般地折磨着他；再或者是因为她任由自己的秋波过于自由地投送，并且正在注视着另一个男人，而她脸上的一丝笑容正好被他捕捉到。

另外，这些祸害是由进行得很顺利的爱情所带来的；但是在一个不幸且无助的爱情中，你就是闭上眼睛也能看到无数的祸害将随之而来。所以，就像我所说过的，最好还是事先防备，不要陷入爱情的蛊惑之中。因为要避免受到诱惑而陷入爱情的陷阱还是要容易些，反之，当你已经被卷入爱的洪流后，要挣脱出来并打破维纳斯所编织的坚固的罗网就很难了。即使你已经卷进去并且被绑缚起来，你也还能逃脱危险，除非你自己挡住自己的退路，一开始就忽视你所热恋和渴盼的她身上和心灵上的许多缺点。因为这是男人们在被欲火蒙住双眼时往往要发生的事情，他们还会把许多女人们身上其实并没有的优点也归给她们。这样，我们就经常会看到在许多方面畸形、丑陋的女人们备受宠爱，并且被给予很高的赞誉。一个恋爱中的人会嘲笑其他人，并劝他们去恳求维纳斯息怒，因为他们是难以置信的爱情的受害者。这个可怜的家伙常常看不到自己比任何人都更为不幸。黑皮肤的女孩会被认为是"美丽的栗色少女"；肮脏而体臭的是"甜蜜的小荡妇"；长有绿色眼睛的是一个"小小的巴拉斯"（Pallas）；体形像丝带一般消瘦且笨拙的是"一只小羚羊"；矮胖的小侏儒是一个"可爱的夫人"，一个"聪明的小精灵"；身材高大的泼妇是一个"漂亮的女人，并充满威严"；如果她是一个哑巴不会说话，那就会被当作是"谦虚的女士"；凶悍的、充满恶意、喋喋不休的是"一只小鸳鸯"；肥胖而胸脯高隆的妇人则好像是哺育幼年酒神时的塞里斯（Ceres）；塌鼻子的是塞里娜（Silena）或萨提尔女神（Madame Satyre）；厚嘴唇的是"甜蜜的吻"。① 如果我要努力把所有这些都列出来，那将会是一项多么费时的工作！

但是，就算她的脸庞是一张最优美动人的脸，就算她全身都散发出一种维纳斯般的艳丽，事实上却还有许多其他女人，事实上我们过去没有她也照样活到现在，事实上她也在做着与丑陋妇女完全一样的事情。并且我们也知道：这个可怜的女人正在用香烟熏染自己的身体，因为她身上所发出的那种臭味使她的女仆也在躲开她，并在她背后咯咯地偷笑。但是那个被关在门外的求爱者则在暗暗哭泣，他常常在门槛旁边堆满鲜花和花环，用茉乔栾那的香油涂抹在她那尊贵的门柱上，并且在门上留下了许多相思的吻痕。但是，如果他最终被允许进入她的房子，那么只要有一丝异味在他进去时飘进了他的鼻孔，他就会寻找一个合适的理由迅速离开。这样，以前经常回荡着的哀叹声就会停止结束，他将深感惭愧，并当场责备自己曾犯下的愚蠢错误。现在他明白自己曾经给了一个凡人太多的赞誉，远比她应该得到的更多。我们的维纳斯早就深知这一点，所以她们费力地将那些在生活幕后进行的东西隐藏起来，以免被那些她们想牢牢绑在爱的锁链上的男人们所发现。但这都是徒劳，因为你完全能在想象中将这一切都拖到光天化日之下，并找出所有这些欢乐的原因。但如果她心地善良而不令人讨厌，你就应该在自己这方面稍微宽容一些，不要过于苛责人类的弱点。

2. 情欲应当服务于生育

当一个女人叹息呻吟时，她并不一定就是在伪装自己的热情。当她

---

① 巴拉斯就是雅典娜，塞里斯是司农业的女神，塞里娜是萨提尔（希腊神话中半羊半人的神）的领袖。

与男人的身体紧紧地抱在一起，身体贴着身体，并用湿润的嘴唇久久地狂吻着他的双唇时，她也往往是发自内心的情欲而这样做，而她在寻找共同的快感时也刺激着他去奔赴爱情的全程。否则，雌性的鸟儿、牛畜、野兽或绵羊或马儿要不是出于它们自己的本性，也处于欲火之中，它们不会服从对方，也不会乐于接受那骑在它们身上的雄性动物的生殖器的猛插。你难道没有看到，当共同的快乐将一对生物锁在一起时，他们往往是如何地在共同的锁链中忍受着巨大的折磨？我们经常看到站在十字路口的两只狗，它们想努力分开，用尽全力朝着相反方向拉扯，却被维纳斯坚固的锁链紧紧绑在一起。但是，除非他们双方都感到这些快乐足以引诱他们步入圈套，并且被紧紧套在其中，他们之间就不可能会发生这种事情。所以，我要再三地强调，快乐对于双方都是共同的。

并且，在双方的种子都混合在一起时，如果由于偶然的机缘，女方的力量突然战胜了男方的力量，那么由于母亲的种子的缘故，小孩生下来就会长得更像母亲；就像若男人的精子占上风，小孩生下来就会长得更像父亲一样。但是那些你看起来长得既像母亲又像父亲的小孩，他们将双亲的面容、神色混在一起，从父亲的身体和母亲的血液中共同地成长起来，这种情况则是因为爱神维纳斯把双方的热情都聚集在一起以达到等同的程度，从而双方的种子也就在体内被激发并均匀地搅和在一起，两者之间没有征服者，也没有被征服者。

有时，小孩生下来可能更像祖父；有时，孩子会酷似祖父的祖先的面容，因为父母经常在他们体内隐藏有许多始基，以各种方式混合在一起，这些是从最初的祖先那里一代一代地遗传下来的。从这些始基那里，维纳斯借着多种搭配带来各种形状，并将他们祖先的面貌、声音、头发等方面的特征都复制下来。这些特征就像我们的脸、身体和四肢一样，都是从固定的种子而来的。

女孩也可以是出自她们父亲的种子，而男孩也可以是由他们母亲的质料所构成；因为生育总是同时从双方的种子而来，并且后代长得更像双亲中的哪一个人，那个人的种子就超过了构成小孩种子总量的一半。这一点，不论小孩是男还是女，你自己也能看出。

并非是神的力量剥夺了一个男人生育的能力，以至于永远也不会有小孩甜甜地叫他一声爸爸，使他在不能生育后代的婚姻中度过他的岁月。绝大多数人却都是这么想的，他们悲伤地把很多牺牲品的血溅在圣坛之上，并在圣坛之中点燃祭祀的香火，祈求神使自己能用更多的种子使妻子怀孕。但这些都是白费劲，他们只会给神添加烦恼，打扰神圣之地。他们之所以不能生育，有一些是因为精液太稠腻，另外一些则是因为精液里水分过多而稀薄。那些太稀薄的精液由于不能牢牢地粘在固定的地方，它们就立刻流散开来，并在时机不当的生育中分开退回。而那些过于浓厚的精液，由于它们是过于浓厚粗密地喷射而出，它们就或者是不能往前流射到足够的距离，或者是不能均匀地渗透到固定的地方，再或者就是，虽然已经进去了，却不容易和女人的种子混合在一起。因为性和谐完全因人而异。有些男人能使某些女人比另外一些女人更容易怀孕；有些女人也从某些男人较之其他男人那里更容易接受他们的精子并怀上身孕。许多女人在前几次婚姻中往往不能生育，但在后来却找到了能使她们怀孕的配偶，使生活因为有了可爱的孩子而丰富；而有些男人往往在他们的妻子正处于旺盛的生育阶段时，不能让她们生出小孩，但他们也能找到一个更合适的配偶，使他们终于能养儿防老。男女双方的种子应该能够以一种适合于生育的方式混合在一起，这一点非常重要。所以，浓厚的种子应该与稀薄的种子混合，稀薄的则应该与浓厚的混合。并且，在这方面，滋养生命的食物也很重要，因为有些食物使体内的种子变浓，另外一些食物则使之稀释并被浪费掉。

另外一件事也非常重要，就是那件令人神魂颠倒的快乐之事是以什么姿势进行的。一般都认为，如果妻子采取了像野兽和四脚动物的那种性交姿势的话，她们就更容易受孕，因为在那种姿势下，胸脯向下而腰部高耸，那么种子就能占据适当的位置。过于放荡的扭动对于妻子们无论如何都是没有用的,因为若是这样,女人就是在阻碍并拒绝使自己怀孕。如果女方过于兴奋,用屁股猛烈地迎击男人的情欲,剧烈地扭动她的身体,胸脯像大海的波涛那样起伏不停,那么她就使犁沟远远地偏离了犁头的笔直路径,使男人的精子不能准确地喷射到适当的地方。娼妓们就是为了达到她们自己的目的而放荡地采取这种姿势,因为她们要避免怀孕、生育,同时这种性交方式又能给男人带来更强烈的快感。显然,这对于我们自己的妻子们就完全没有必要了。

有时也会发生这样的情形:不是由于神力的影响,也不是由于维纳斯的利箭,一个相貌较为丑陋的少女会被人爱上。因为一个女人有时是因为自己的言行举止,由于她那热情的态度和全身整洁干净的衣服,而容易让你习惯于与她生活在一起。另外,习惯也能滋生爱情,就好像一件被外力反复敲打的东西一样,尽管打击很轻微,在长久之后它仍然会被制服而瓦解。难道你没有看见那落在石头上的水滴,年深日久之后它将在石头中间滴出一个窟窿?

第五卷 世界和文明的起源发展

一 序诗

1. 序诗 A

谁有如此强大的心灵,能创作一首与自然的庄严伟大和这些发现相称的诗歌?谁有这样的雄辩力量,能想象出与他[1]的美德相般配的赞颂?他靠他自己的理性赢得了无价的珍宝,传给了我们大家。我想,在凡人的子孙中找不到任何这样的人。如果我们一定要找一个与展现给我们的自然的庄严伟大景象相般配的称呼的话,那么我们只能称他是一位神;高贵的麦米乌斯啊,他确确实实是一位神!他第一个发现了现在称作"智慧"的合理的生活计划,他用自己的技艺把生灵带出了狂风暴雨和深深的黑渊,让他们栖居于如此宁静无忧、如此清晰爽朗的光明之中。

你不妨比较一下古代其他人的被看作近乎神明的发现。克瑞斯据说把庄稼带给了人类,利柏尔(Liber,即酒神巴库斯)带来了用葡萄汁酿制的酒。但是,生活中没有这些东西也能过下去,正如我们听说有的民

---

[1] 即伊壁鸠鲁。

族就这么一直活到今天。但是，如果没有一个清洁的心灵，就不可能过上幸福的生活。因此我们有更充分的理由相信他是一位神，从他那儿来的生命的甜蜜安慰传遍许多伟大的国家，至今还抚慰着我们的心灵。

不过，如果你以为赫库勒斯（Hercules）的业绩可以与他相比，那你就更远地背离了真实的理性了。因为现在还有谁会受到张牙舞爪的奈米安狮子（Nemean lion）或鬃毛直竖的阿卡狄安野猪（Arcadian boar）的威胁？那祸害勒纳（Lerna）一方的克立特的公牛或是统帅毒蛇的水怪现在又能怎样危害我们呢？那有着三个胸脯、三个身体的巨怪格里奥尼（Geryones）又能伤到谁呢？我们谁会遭受斯提姆法利亚（Stymphalian）沼泽地的怪鸟的祸害，或是奔驰在比斯多尼亚（Bistonian）和伊斯玛拉（Ismara）领地上的色雷斯的狄欧米得斯（Diomedes）的鼻孔喷火的马的祸害呢？请问：海斯柏里得斯（Hesperides）的闪闪发亮的金苹果的看守者，那条凶狠无比、眼如利剑、盘踞围绕着树干的大蛇，它们在大西洋海岸和无情的波涛边上能造成什么危害呢？反正那地方我们的国人没人敢去，即使是化外之人都不敢去。其他这一类已经被杀了的怪物也一样；即使它们没有被消灭，今天还活在世间，又能造成什么危害呢？我认为，一点也没有！大地上至今还布满了成群的野兽，在森林、高山和密林的深处充满了令人丧胆的恐怖；但是这些地方我们完全可以回避不去。

但是，要是心灵没有得到洗涤清净，那就将会有怎样的争斗和危险不顾我们的躲避而钻进我们心中啊！贪欲借助焦虑的锋利之剑和巨大的恐惧撕裂忧心如焚的人；你再想想傲慢、肮脏的欲望、暴躁！它们带来的毁灭是何等的惊人！再看看奢华和懒惰吧！所以，那个消灭了所有这些东西的人，那个用语词而不是刀剑把它们从心灵中驱赶干净的人，难道不应当被看作配得上神灵的称号吗？尤其是，他还经常以卓越的、神明一般的方式阐明不朽的神灵，并且在他的论说中揭示出万物的本性。

2. 序诗 B

我追随的就是他的芳踪，我跟随的就是他的教导，我用诗歌教导你：物是如何必然服从它们由之产生的法则，它们如何不可能违反时间的强有力法规；其中首要的发现就是：心灵的本性由物体性的东西所构成，它有诞生，它不能完整无损地长久持续存在下去；我们之所以好像看到长久辞世的故人，乃是因为影像经常在我们的睡梦中欺骗我们的理智。接下来，按照我的计划的步骤是，着手从事这一任务：我必须证明世界的整体必然会死亡，而且它曾经是诞生出来的；那物质的大块集群是如何建立起大地、天空、海洋、星星、太阳以及月球的；然后，我要阐明大地上产出了什么动物，而什么生物无论在任何时代都不可能出生；人类以什么方式开始在交往中通过命名事物而使用各种语言的；对诸神的畏惧是如何潜入人心并使得大地上他们的圣祠、水池和灌木丛、祭坛和肖像都变得神圣化起来。此外，我还要解释自然以何种力量导引太阳的日常行程和月亮的来往运行，以免我们以为它们在天地之间按照自己的心意进行有规律的年度巡回和偏转，以便带来庄稼的丰收和动物的繁殖，或是认为它们是根据诸神的安排作环绕运动的。如果有人已经受到了正确的教导，知道诸神过着无忧无虑的生活，但同时还不明白万物是如何运作的，尤其是不明白我们所看到的天上的以太天界中的活动的原因，那么，他们就会再次退回到古老的迷信中，为自己找个严酷的主子——这些可怜的家伙相信"他"［神］无所不能，却不知道什么能存在，什么不能存在，不知道每样东西的力量都是有限的，都有自己的埋在深处的界碑。

二 世界的起源

1. 世界不是神圣的和永恒的

那么，我们就继续吧，我将不再只作承诺而延误时间了。麦米乌斯，首先请看整个的海洋、土地和天空：这三重的本性，这三种物质，这三种迥然不同的形式，这三种交织得如此紧密的宏大结构；只要一天就能把它们毁掉。世界的宏大复杂的体系已经维系了数不清的岁月，但它终究会土崩瓦解。当然，我不会不知道，天地有个毁灭的终结的这一观念对于人心是多么的新奇和怪异，而且要我用推论去证明它，是多么的困难；这种困难当你希望别人倾听前所未闻的事情而又无法把它拿到眼前或放到人的手中，从而让信念的大道直达人心和理智之时，就会发生。不管怎样，我还是要说出来。我的话或许会得到明白的事实的确证，也许，不久你将亲眼看到狂暴的地震发生，万物在震撼中痉挛崩溃。不过，且让好运把这事远远引开，我们还是用纯粹理性而非经验来说服大家相信：整个世界可能会在令人恐怖的巨响中土崩瓦解。

我关于这件事所发布的预言比皮索从三角鼎和福布斯的桂冠上宣告的预言还要庄严，① 还更加具有理性的确定性。不过在发布它之前，我要用智慧的话语告诉你许多的安慰，以免你或许被迷信所紧紧控制，认为大地、太阳、天空、海洋、星星和月亮具有神圣的身体，一定会永恒存在，并因此相信巨人所干的事确实是犯下了滔天大罪，应该受到惩罚——巨人按照自己理智和意愿奋力推摇着世界的墙壁，企图熄灭天空中太阳的闪闪光芒，用有死者的语言诬蔑不朽者。但是，这些

---

① 皮索（Pythia），古希腊德尔菲太阳神的女巫；福布斯（Phoebus）即太阳神。

东西[天]、地、日月等[等]远远不具备神圣的力量，实在不配列于诸神之间。它们自己已经表现出自己的本质是什么，它们甚至连生命运动和感觉都不具备。

因为事实上不可能想象心灵与理性居住在任何物体之中，正像在高天之上不可能有树木，在咸咸的海洋中不可能有云彩，鱼儿不可能生活在田野中，血液不可能流动在木头里，树液不可能蕴藏在岩石中。各种东西能够生长在什么地方，这都是确定不变的。所以心灵不可能没有身体而独自存在，也不可能远离筋腱和血液。即便心灵的力量可以独立存在，它更适合一些的存在位置还是在头、肩膀、脚跟或人体的某个部位中，起码也是居住在同一个人体中、同一个容器中。但是，既然灵魂和心灵即使在我们的身体当中也必须按照确定的规则和安排而只能在某个地方存在和生长，那么，我们就更加不能同意灵魂居然能完全地在体外生存——在动物性的身体之外，在崩塌的土块中，在太阳的火焰中，或是在水里、在高天的空气中。所以，这些东西不可能具有神圣的感受，因为它们甚至连活物都不是。

还有一件事你也断断不可相信：诸神的任何神圣住处位于我们这个世界中的某个地方。① 因为诸神的本性极为精细，远非我们的感觉所能及，甚至连心灵的理智都难以察觉；而且，它不是我们的手可以触摸到和影响的，它也不能触及我们所能触及的任何东西，因为自身不能被触及的东西也就不能触及到别的东西。所以，它们的住处要与它们自身的精微本性相称，势必与我们的住所截然不同。这一点我下面会更详细地向你证明。

有人说他们[诸神]是为了人的缘故而发愿建造好了世界的宏伟结构，故而我们应当把天地当作神的伟大工程来赞颂；世界将永远存在，神圣不朽，因为这样一个由诸神在过去为人类的永久生活居住而精心设

---

① 伊壁鸠鲁派的观点是：诸神居住在"诸世界之间"。

计建造的美好大厦决不可以被任何力量合法地从根基处撼动，也不可能被论争所攻击，被推翻在地。麦米乌斯，那些制造出这些以及其他层出不穷的自命不凡的想法的人，都是些蠢货。因为我们的感恩戴德究竟能给不朽的和幸福的神灵带来什么富足的好处，以至于他们想要为我们做点好事？对于这些生活在宁静中的神，我们的贿赂诱惑有何种新奇之处，能持续发挥那么久的效力，使他们想要改变自己过去的生活？因为很明显，只有讨厌旧东西的人才会喜欢新东西；但是［神］在过去的岁月中从来不感到厌烦，在无比福祉中快乐地生活着，你拿什么来激起他喜爱新东西的渴望呢？而且，我们如果没有被造出来，究竟会遭受什么祸害？难道我们因此就一直在黑暗和悲伤中打滚，直到创造之光首度降临在我们的头上？人出生之后才会希望活下去，只要令他开心的快乐留住他。但是对于从未品尝到生活之爱和从未列入生命之册的人，他的"从未被创造"这一事实，怎么能伤到他呢？

再说，制造事物的模式最先是从哪儿进入到诸神心中的？起码神得先有个"人"的概念，才能知道自己想要制造什么并用心灵之眼盯住它。如果自然本身没有先提供一个创造的模型，始基的力量如何能被诸神所发现？始基在一起时，通过相互次序的改变能造成什么样的结果，又有谁会知道？如此之多的始基以如此之多的方式，经历了无穷无尽的时间直到今天，在频频［相互］撞击和自身重量的驱动下，总是以数不胜数的方式运动着和相遇着，尝试过各种各样的结合，联结起来产生了可以想象的任何事物。所以，如果它们落入目前这样的配置安排，进入目前这样的运动，就像万物的总体在它的永恒创新的历程中所显示的，又有什么好奇怪的呢？

但是，即使我并不知道万物的始基是什么，我至少可以根据天的种种行为以及其他许多事实而肯定地说：世界决不是神圣力量为我们而创造的，因为现存的世界中的缺陷实在是太多了。

首先，在巨大的天穹覆盖下的领域里，有一大块地方被野兽出没的荒山野岭所占了去，再一块落在岩石和沼泽的手中，此外还有那把陆地远远分隔开的海洋。在陆地中，有两大块由于烧灼的高温和不断的降雪而几乎被完全从凡人手中夺走。即使是最后留下来的土地，自然还是用自己的力量在上面遍布荆棘。人们只能费力抗争，经常扶着粗糙的锄头悲叹生活的不易，用力推动铁犁掘开土壤。如果不是靠我们用犁刀翻开肥沃的土块和开掘沟渠使大地产出，那就什么都不会自动地生长出来，进入柔和明亮的空气中。即使是这样，人们花费了巨大的艰辛劳动种出来的庄稼在已经郁郁葱葱、成熟在望之际，还会时不时地被天上的骄阳烤焦，被骤雨和冰霜打倒，或是被狂风暴雨踩躏摧残。

此外，自然为什么要喂养和壮大那些陆地上和海洋中的可怕野兽群落——那些人类的敌人？四季为什么要带来疾病？为什么非正常死亡四处发生？

再说婴儿吧；当自然把他们随着生育的阵痛从母腹中一把推入天光之下时，他们就像被冷酷的浪涛抛到海滩上的水手一样，赤身裸体地躺在地上，不能说话，缺乏所有维系生命的东西，悲伤的哭声响彻四周——他们这么悲伤很有道理，因为他们看到了等在前面的日子充满了太多的困苦。相比之下，各种各样的牛群羊群以及野兽都在生长，它们用不着喋喋不休，它们谁都不需要听到保姆的哄骗和模仿婴孩的呀呀说话声；它们不必根据季节天气的变化经常更换衣服；最后，它们不需要武器，不需要高耸的城墙保护自己，因为对于它们中的每一个个体，大地都富足地给予了一切所需要的东西；自然乃是万物的聪明制造者。

首先，既然构成这一世界总体的泥土和水、微风和酷热都是由产生出来并会死亡的物体所组成的，我们必须认为整个世界也是有生有死的。因为每当我们看到生物的部分和肢体是由有诞生、有死亡的物体所组成之时，我们就会看到这些生物无一例外地与自己的组成部分一道有生有死。所以，当我看到世界的硕大部分和各个肢体会消失又会再生，我就能够推定天与地过去也曾经有个开始之时，也将会有个毁灭之日。

当我先设定土和火总有一死,并且毫不犹豫地说水和气也会消灭,又会再生和再度成长时,我并不是在循环论证。首先,大地的很大一部分在太阳的不停灼烤和成群的脚步的践踏下,呼出了尘云飞雾,被劲风吹散而布满整个天空。还有一部分土壤被雨水冲刷走了,而河水也拍打着河岸,一点点地侵蚀它。此外,大地所养育长大的一切生物都会在一定的时节把自己归还给大地。毋庸置疑,万物的母亲显然也是大家的坟墓,所以你可以看到大地总是在削减又增长,增长又削减。

进一步来说,无疑大海、河流和泉眼一直在涌出充沛的活水,它源源不断、流淌不息;你只要放眼看看那些奔腾而下的水流就明白了。但是,一点一点地,水的最前端部分被耗掉了,结果总体来说水不再那么富足无比了;这部分地是因为劲风刮过水面,减少了水量,同时高高的太阳也用自己的光线剥削着水分;部分地是因为水在地下一直流到了很远的地方,在这当中,海水中的盐分被过滤了,只有水分渗了回来;最后这些水都汇集在众河的源头;然后,又回过头来,在地面上形成一条新鲜的淡水河流,沿着以前为它挖的河道流淌。

下面我要讲空气,它整体每时每刻都在进行着各种各样的变化。从事物中飞离的东西经常流入到空气的巨大海洋中。如果空气不反过来向万事万物退还微粒,让返回去的微粒重新获得活力的话,那么一切东西到了现在必然早就都消失殆尽、化为空气了。所以,空气永不停息地从物体中产生,又重新复归物体之中;可以肯定的是:一切都在永恒的流变之中。

慷慨富足的清晰光芒的源头也是一样——以太的太阳勤勉地在天空铺满清新的光亮,而且每时每刻给明亮的地方补足新光线,因为光线的最前端总是一点一点地损耗消失在它所照射到的地方。你从下面的现象中就可以理解这一点:一旦有云层出现在太阳之下,挡在它的光线中间,云下面的光线立即就全部消失了,被云遮住的陆地就进入到阴影之中。由此你可以看出,事物随时需要新的光线,而已经照射下来的光线一点点地消失了；如果光源不带来络绎不绝的补充，则事物就绝不可能显现于日光之下。而且，在夜里还可以看到地上的光照：悬挂着的灯笼，明亮摇曳、冒着乌黑浓烟的火炬，它们也都是以同样的方式被火滋养着，急急忙忙地带来光芒的新的供应。它们随着颤动的火焰向前连绵不断地飞行着，整道光线当中看不出有任何断裂或空当；它的飞快速度使火光不断迅速到来，遮盖了其中熄灭的瞬间。因此，我们必须认为太阳、月亮和星星也是从一个不断涌现和更新的库藏中射出光芒，而光线前头的部分总是一点点地损耗掉；所以，你决不应该认为它们的力量是不可毁灭的。

而且，你难道没有看到，连石头都被岁月所征服？高塔倒下，岩石碎裂，诸神的庙宇和雕像风化破裂，它们的庄严神圣性并不能延展命运的界限或是抗拒自然的规律。并且，我们不都看到了大人物的纪念碑分崩离析，颓然倒地，[你问问自己是不是相信这些雕像也会变老。]我们难道没有看见过大块的岩石从高山上剥落滚下，无力承受无限时间的沉重压力？因为如果它们自亘古以来就能承受岁月的所有攻击而不断裂的话，它们就不会突然剥离而后坠落了。

此外，如果天地没有一个诞生的开端，如果它们永远地存在，那么为什么没有诗人吟唱忒拜战争（Theban War）和特洛伊战火之前的什么故事呢？这以前的那么多丰功伟绩都跑到哪里去了？为什么到处都找不到铭刻着伟大事件的永恒的荣誉丰碑？……我以为原因在于这个世界还年轻，还很新鲜，离它的开端还并不太远。所以，即使在今天，有些技艺还在不断地改进和完善之中，有的还在成长中；今日造船上出现了许多新的改进，昨天音乐家发明了新曲调；而且，世界的本性和体系也是最近才发现的，我自己也被人发现是第一个能用我们的母语阐发这一学说的。

不过，如果你当真相信这一切也同样在过去发生过：一代代的人在酷热下死去，或者他们的城池被世界的巨大震动毁灭掉，或者无止无休的淫雨使洪水泛滥整个大地，淹没了他们的城镇，那么，你就更应当改正自己的错误，承认大地和天空也可能面临毁灭。既然万事万物能遭到如此巨大的灾害、陷入如此巨大的危险中，那么一旦更严重的事件发生，就一定会出现席卷一切的灭顶之灾。而且，看到人们一个个患上同样的致命疾病，这就最为充分有力地说明了我们都是有死的。[①]

　　再者，任何能够永恒地存在的物体，都必须或者是因为具有坚固的结构，能够抵挡任何打击，不让任何东西穿透它们而造成内部分子的联结处的分解，比如我们前面讨论过其本性的物质微粒；或者，它们之所以能历经无数岁月而存在下来，原因在于它们不会受到袭击，就像那根本无法被触及、丝毫不会受到打击的虚空；或者，是因为四周再也没有可以让事物流散进去并在其中瓦解的空间，宇宙总体的永恒性就来自这一原因；由于宇宙总体的外面不可能再有任何地方，它的元素不可能向外跃出，也不可能有什么［外来的］物体落到它上面，重重地击打它、分解它。但是，我已经说明了，这个世界既不是由坚固的物体所构成的（因为事物的内部混杂着虚空），也不像虚空本身；此外，那些从无限空间中聚集起来，如狂暴的飓风一样摧垮世界或是给它带来其他的灾难危害的那些物体也决不缺乏；而且那个让世界之墙在打击之下瓦解散开在其中的空荡幽深的空间也就在一旁。所以，死亡之门并未对天空关上，也没有对太阳、大地和深深的海洋关上，它正在伸出硕大可怕的爪子打开大门恭候着它们呢。因此，你也应当承认这些事物同样有过诞生的日子，因为具有有死的身体的东西不可能抵抗住从远古直到今天的无法估量的岁月的强大力量。

　　再者，既然世界的最强大的成员[②]投入了最为不正义的战争[③]，激烈地相互厮杀着，你难道看不出它们之间的长久争斗可能会有某个终结？要么，太阳和所有的热量占了上风，吞下了所有的水；这是它们努力想做

[①] 所以大地所遭到的灾祸也证明了大地的有死性。
[②] 即所谓四大元素：土、气、火、风。
[③] 因为相互争斗的四大元素同属于一个共同体——世界。

到的，但是迄今为止它们的企图都失败了：河流带来了如此充沛的供应补给，甚而进一步威胁用深深的海水淹没万物；不过这也是徒劳，因为风又横扫过水面，减损了水量，就像以太的太阳用自己的光线刮掉海面上的水一样；阳光又自以为能够在水实现自己的企图之前一举晒干它。它们的好战热情是如此地激烈，就好像是在势均力敌的争战中为什么重大的事业一决雌雄似的。不过，它们所能做到的只是一度火占了上风；有一次，就像传说中说的，水成了大地上的霸主。

有一次火占了上风，它到处烧毁了许多地方，那是法松（Phaethon）赶着凶暴强悍的太阳马远远偏离了他的轨道，穿越整个天空，下降到大地的上空。但是全能的天父在盛怒下猛地用雷电把野心勃勃的法松从太阳车上打了下来，落向大地。太阳神在下面接住他，从他手里拿回那世界的永恒灯盏，把失散的惊马找回来，套在车上，然后指挥它们回到正常的道路上，使一切重归原样。你知道，这些都是古代希腊诗人吟唱的传说故事。① 但是这一切实在是离真实的理性太远了。事实上，火之所以占上风，是因为当时它的物质微粒从无穷宇宙中以异乎寻常的众多数量聚合起来；后来，它的威力由于某种原因受到挫折，减弱了下去；否则，世界就会被炙热的暴风彻底烧毁掉。

水也曾经一度聚积起来，称霸一时，正如传说中讲的波涛滚滚、淹没了大部分人类的大洪水；后来，从无限宇宙中集合起来的水的强大力量受到了某种阻遏，退落了下去；连绵大雨终于停下，河流也收敛了其威力。

2. 世界的形成

下面，按照顺序我就要描述大块物质集团是以什么方式建立起大地、

---

① 太阳神有一次把自己的太阳车借给儿子法松用一天，不听话的法松捅了娄子。卢克来修在这里是以寓言的方式讲自己的理论。作为伊壁鸠鲁派，卢克来修当然不相信永远存在的太阳或是太阳神、法松什么的。

天空和深深的海洋，以及日月的运行轨道。可以肯定，始基并没有运用聪明的理性有意地计划和安排自己进入到有序的位置上，它们肯定也没有谈判过各自应当负责进行什么样的运动。只不过是因为许许多多的事物的始基从远古直到现在一直受到撞击和自身重量的驱使，总是以各种各样的方式运动着、相遇着，并尝试过了各种结合起来产生事物的方式。它们历经无穷的时间，散布到广漠的空间里，试过了各种组合和运动方式；最后，某些突然聚合在一起的微粒成为伟大的事物——大地、海洋、天空和生物——的开端。

当时，在那种情况下，看不到太阳之轮在高天之上飞翔并发射充沛的光芒，也看不到伟大天穹之中的灿烂星座，看不到海洋、天空、大地、空气以及一切我们今天能看到的东西；那时只有一股奇特的风暴，各种各样的事物的始基混合在一片紊乱无章之中；它们之间的冲突与不和引发了相互间的战争，使它们的间隔、轨迹、联结、重量、打击、相遇、运动等等混乱不堪；因为，由于它们形状各异、形式不同，它们不可能在结合时都能保持下去并共同产生合适的运动。后来，各种部分开始相互分离，相同的东西结合在一起，才渐渐构造出一个世界的模样，使其肢体各在其位，使其主要的几大部分得到妥善安置：高高的天空与大地分开；海洋在专门保留给自己的地方铺开海水，并且与进入到自己的单独的位置中的纯粹的以太之火远远隔离开来。

因为事实很显然，土类的物体由于其重量和相互缠结，就最先集合到中间，占据了最下面的位置；当它们聚合得更紧、缠结得更厉害之后，就会越来越多地挤出那些可以形成海水、星星、太阳、月亮和世界众墙的分子，因为这些都是由比土地元素更为圆滑和细小的种子所组成的。所以，那些从土地元素之间的松散接合处破土而出的，首先是以太元素；它们向上飞去，轻飘飘地随身携走了不少火，就和我们经常看到的这一场景的样子差不多——清晨，当璀璨的太阳的金色光芒刚刚染红了露珠晃动的绿草时，湖水和川流不息的河水上呼吸出了一道薄雾，大地有时也像是冒着轻烟；当所有这些冉冉上升的气雾在我们头上很高的地方集合到一起时，逐渐连绵成形的云彩就在天际织出了一片衣裳。就是以这样的方式，在天地诞生之初，轻盈而舒展的以太逐渐连绵成形，从四面八方弯过身来，在各个方向上都远远铺展开去，贪心地拥抱和围拢住所有其他的东西。

接下来是太阳和月亮的诞生，它们的球体旋转在天与地中间的空气之中；因为它们既没有沉重得降落下去、停住不动，也没有轻盈得穿过高天飞翔而去，所以大地和广大的以太都没有接纳它们，而是让它们处于中间，像有生命的物体那样旋转着，作为整个世界的有机组成部分存在；就像我们身体上有的肢体停息着，而另外的肢体在活动。

之后，当这些微粒从大地中撤出时，大地猛然下陷，形成了今天海洋用它那蔚蓝色的广阔身躯所覆盖的地方；海水用咸潮淹没填补了那些空洞。一天又一天，以太的波涛和太阳的光芒四面八方击打着大地的最外层，把大地越打越紧密，使它被密密实实地拍打到一起，置于世界的中心；从土地的身体中挤榨出去的咸咸的汗珠，一天天渗入海洋，增大着它那汹涌起伏的水体；同样，那无数的热和空气的微粒也滑了出来飘飘然飞走，在远离大地的高天之上充满着光芒灿烂的天际。平原沉了下来，高山隆起上升，因为岩石不会下沉，而且并非所有的地方都会降落到同样的水平上。

这样，沉甸甸的土地通体紧凑、日益坚固；而那些稀泥则由于自身的重量流到一起并沉积到底部，就像渣滓一样。土地的上面是海，再上面是空气，更上面是燃烧着的以太。它们都是由流动的粒子构成的，它们纯粹不杂，每个都比下面的一个轻盈。以太是最轻盈、最易于流动的，所以它漂浮在空气的微风之上，从不把自己的恒常不变的流体与空气的风暴掺和在一起。以太下面的一切都会受到粗暴的飓风的袭击，在风暴的任意摧残下天翻地覆地遭着罪，而以太自己却携带着自己的火焰一成不变地自在滑行。以太能够按照永恒不变的一种运动方式温柔地飞行，这一点也可以从本都海（Pontus）的风貌得到印证：这片海总是一成不变地流动着，总是沿着同一条路径向前滑行。①

3. 天象，天体的运动

下面我们要吟唱的是天体运动的原因。首先，说到天空的巨大圆形转动的原因，我们必须认为，空气在天轴的两极施加压力，从外面把握着它，从两个方向上把它关闭住；然后，另外有一道空气在天球的上面流动，并且流动的方向与永恒的世界的闪亮星群的转动方向是一致的；或者，是在天球的下面有另外一股空气流动，并且向［星群运动的］相反的方向向上推转着天球的巨大圆环，正如我们看到河流推动着［水车的］水轮和上面的斗筲转动一样。②

而且，还可能是由于：整个天穹保持不动，而是璀璨的星座在转动着。这或是因为迅速移动的以太波涛被关住了，转动着身子寻找一个出口，于是推动了四处各地的耀眼光点［星星］在夜雷阵阵的天空中转动；或者是从某个天外区域流进来的气流推动这些火团转动前行；或者它们自己可以向前慢慢爬行，趋向那些它们的食物在招呼它们的地方，在整个天穹中一路觅食，填饱自己火球般的身体。③

至于这些原因中到底哪一个在我们的世界中发挥了作用，对此我们没有确切的把握。不过，在整个宇宙中的众多以不同的方式构建起来的世界里能发生什么，事实上发生了什么，只能用我所教授的这种方式去把握：当解释星星在整个天穹中的运动时，提出几种可能的原因，其中

---

① 许多古代人如亚里士多德、Strabo、普利尼和塞涅卡都认为本都海（即黑海）一成不变地流入普洛庞提斯海（Propontis），向爱琴海流去。

② 这里是把我们的这个世界（包括星星）看作是一个旋转着的球体，大地悬空位于它的中心。在这个世界之球的外面的空气从两端向内压住它。另外还有气流在上面或下面推转整个天球环绕运动。

③ 卢克来修这里把星星比作在田野里缓慢前行找草吃的羊。

必然有一种正好能解释我们这个世界中的星星的真实动因；但是确切地指出到底是哪一种原因，就不是我这样按部就班进行思索的人所应当做的了。

地球之所以可以停息在世界的中心地带，可以是由于它的重量逐渐地消失和减轻，它的下面还有其他的实体，它从大地诞生起就和它结合在一起，并且与它植根和生活于其中的世界的空气的部分合为一体。所以大地对于空气来说不是负担，不会沉重地压迫空气，正如对于一个人来说，他的四肢并不是一个负担，就像他的头对于脖子不是负担一样，或总而言之我们不感到身体的整个重量压在脚上一样；而外来的压力，即使有时非常之小，也会令我们感到很不舒服。每一种东西究竟能干什么，这是至关重要的。这么一来，大地就不是什么格格不入的东西，突然被从宇宙的某个角落里扔到这里的异己的空气之上，而是从世界之初就与空气一道孕育出来的，是世界的一个固定的部分，就像四肢是我们人的固定部分一样。

此外，大地会随着一声巨大的霹雳雷声突然抖动起来，并撼动着自身之上的东西。它没有办法不这么做，因为它被牢牢地绑在世界的空气部分和天空上。它们紧紧地靠在一起，从它们出生那天起就被共同的根子编织成一体。

你难道没有看到，最为细微的灵魂物质是如何承受我们的沉重的身体的？这正是因为二者结合得极为紧密，几乎交织成一体。而且，是谁能够在尽力一跳中把身体提举起来的，还不是指挥四肢的灵魂力量？现在你应当明白了，当一种细微的事物的力量与一个沉重物体结合在一起时，它将会是多么地强大有力！这正是当空气与大地结合起来，以及心灵的力量与我们结合起来时的情况。

太阳之轮及其热量不会比我们所感觉到的那样大许多或小许多。因为不管火从多远的地方向我们的身体投洒光线和呼出暖洋洋的热，都不会由于离开原先的火焰体很远而减少分毫，火在眼睛看来一点也没有变小。因此，既然太阳的热和洋溢的光芒闪耀着来到我们的感官和世界上，太阳的原来形状及其大小也应当被我们在地面上真切地看到；你不可能加上点什么，也不可能减去点什么。

月亮也一样，无论她是靠借来的光一路照耀着世界，还是从自己的身体中射出光来，她在运动中的形状一点也不会比她显现给我们的那个样子要大。因为我们通过空气所看到的一切远处的东西，在它们的尺寸缩小之前首先要变得昏暗。所以，既然月亮呈现出了明澈、清晰的外貌，那么，我们从地上遥遥所见的形状和大小必然正好就是她在高天之上的本貌。

最后，既然我们在地上所看到的所有的火，只要它们的火苗清清楚楚，只要它们的光芒可以被看见，就不太会由于距离的远近而改变大小，那么，就你从地上所看到的天上的以太之火［星星］而言，你也可以肯定，它们的实际原貌与显出的大小的差别会很小而且微不足道，只是有那么一丁点的稍大或稍小一些而已。

还有一件事情也用不着大惊小怪：如此之小的太阳怎么能吐出那么多的光芒，足以用它们湮没整个大海、大地和所有的天空，并用温暖的热量充满一切。完全可能是由于从这个地方打开了整个世界的独一的源泉，涌出并放射富足的光的浪潮，因为来自世界各个角落的热元素都汇集到这里，就这样合为一体涌流着，结果使得热从这个唯一的源泉流溢出来。你难道没有看到有时一个小小的泉眼能泛滥广大的草原，淹没一片田野？

也有可能是这样的：尽管太阳之火并不大，但是如果空气正好处于一定的状态中，很容易在少许热量的打击下就被点燃，于是，太阳的照耀就可以使整个空气布满炙热的燃烧，这正像我们时常看到一个火星就能使漫天大火降临到庄稼和干草上一样。

也有可能那高悬的玫瑰色的灯笼闪闪发光的太阳的四周有许多看不见的热和火，尽管它们没有被太阳的闪亮所显明出来；所以，太阳携带的热就能把光线的打击力量增强到如此巨大的地步。

太阳是如何从他的夏季居所走到冬至的转折点摩羯座，又是如何从那个点回头转向他的目标——巨蟹座的夏至的，对此我们同样没有任何唯一的、直截了当的解释。月亮为什么会看上去每个月都能走完一遍太阳在一年中走过的那条路径的，我们的答案也是如此。我要说的是，我们对这一类事情提不出单一的理由。

在最有可能的原因中，是伟大的德谟克里特所提出的可敬的判断，他说：不同的天体越是靠近大地，就越是难以被天穹的旋转所带动向前，因为在低层的空间里，天的运动的迅捷性消失了，力量日益减弱了；所以太阳就慢慢地落后，落到本来在它后面的星座当中，因为他已经比这些燃烧着的形象［星星］要低得多了。他说月亮还要更甚，她的路径更加低；与此成比例的，她也就离天空更远，离地更近，所以她也就更难赶上星星的步伐。此外，由于月亮低于太阳并因此更少受到旋转运动的推动，星座在绕天空运行时能更快地赶上她，超过她。这就是为什么她看上去更快地逆着各个星座做相反的运动，因为星座能更快地一次次赶上她。

还有可能是：在太阳的轨道两边的世界区域中，有两股气流按照固定的时间交替流动，横吹过黄道；其中一股气流的劲吹把太阳从夏天的星座区域推回，一直推到冰冷刺骨的冬至，另一股气流又把他从冰雪之地扔回来，一直扔到炎热火烤的区域。我们应当以同样的方式设想月亮，以及那在巨大的轨道上旋转的星星；它们也可以在气流的推动下，时而朝这个方向、时而朝那个方向运动。你难道没有看到不同层次的云朵也可以在相反方向的风的推动下飘动，上层和下层交错而飞过？这些星座难道不可能同样被相反的气流驱使，在巨大的以太轨道上迎面交错飞过？

4. 昼夜和季节的变化

夜晚把大地掩埋在广漠的黑暗中，这或是因为太阳在长途跋涉之后到达了天空的终点，疲惫不堪地呼出了他的所有的火，旅途的颠簸和穿越那么多的空气使他非常虚弱了；或者，太阳正在大地下面被推动他越过地面上空的同一个力量推转回来。

同样,在每天的一个确定的时候,玛图达(Matuta[①])都会穿过以太的天界把玫瑰色的曙光洒播开来。这或是因为同一个太阳从地底下回来后,重新开始主导天空,用自己的光芒点燃它;或是因为此时有一个火的聚集过程——众多的热种子习惯于在一个固定的时候飞到一起,这使得每天都出现一个新的太阳之光,正如人们所说的,日出之际可以看到伊达山(Ida)的高峰上有四处飘散的火苗;然后,它们聚集到一个球体中,共同形成了一个圆球形的太阳。

这些火种子能够在如此一贯不变的时候飞到一起,重新恢复灿烂的太阳;对于这一点也不必感到有什么离奇的,因为我们看到,到处都有许多东西是按照固定的时候发生的。树木在固定的时节开花,在固定的时节凋谢。到了一定的年龄,我们就会掉牙;一定的年龄会让毛头小子长出柔和的茸毛,两颊垂下胡须。最后,闪电、降雪、下雨、云和风都在一年当中相当确定的季节出现。这是因为原因一开始就一直是这样起作用的,而且因为在世界的最初就是这样活动的,事物现在就必须以确定的秩序有规则地一再发生。

一年之中,白天会逐渐加长,夜晚会一点点缩短;然后当轮到夜晚逐渐加长时,白天又一点点缩短。这或是因为同一个太阳在大地的上方和下方行走时把以太的天界划分成了长度不相等的弧线,并且把自己的轨道划分成相等的部分;当他完成一个圆周时,就会把他从另一半轨道上取得的同样多的热给予这一半轨道,直到他到达了天空中的那个星宫——在此,一年的交会点使得夜晚和白天一样长短。因为在刮北风和刮南风的居中点上,天空把太阳的转折点根据整个黄道的位置同等地分开——太阳就是在黄道上缓缓行进,同时把他的光线斜斜地照射到大地上和天空中。这些就是那些测量了天空的那些区域以及其中的星座的人

---

① 罗马黎明之神。

的科学所阐明的。

或者,这是因为空气在某些地段比较厚,所以在大地下方时,太阳之火的颤抖的光线就受到阻滞,不能很容易地穿透出来,让旭日东升。因此,冬日的夜晚漫长而迟缓,慢慢走到晨曦的微弱光芒浮现之时。

还有可能是因为在一年的各个季节中,形成某地日出的飞火聚集过程有时快些,有时慢些,循环交替。看来这就说明了事实……

月亮可能在太阳光线的打击下发射光芒,并且由于与太阳的轨道日益远离,而把光芒一天天更多地折射到我们的视野中,直到她完全与他处于正相面对的位置上①后发出最为满盈的光;这时,月亮上升到天顶时,正好可以看到太阳完全落下去。然后,当她从与太阳相对的位置穿越星空向太阳之火一点点地滑近时,她又必然一点点地把自己的光芒藏在身后。这一看法是那些认为月亮像一个圆球并且在太阳下方运行的轨道上的人所相信的。

也可能是,月亮在她自己发出的光芒中旋转,但是依然能够呈现出不同的明亮程度;因为可能还存在着一个物体与她一道滑行,以各种各样的方式阻挡遮盖她。这个物体因为本身不发光,所以看不到。也可能是,月亮像一个一半沉浸在明亮的光芒中的圆球,她转动着,于是在球身转过来时显现出不同的月相,直到她那火的一半脸全部转向我们的目光所及之处。然后,她又一点点地把这一面转到后面去,使她的闪光的半球从我们面前逐渐消失。这一看法是巴比伦的查尔丹占卜家(Chaldeans)所企图证明的,他们还用它来反驳天文学家的科学。他们好像认为冲突的双方不可能都是对的,好像有理由让人一定要相信某一方而不是另一方的看法。

最后,为什么新月不应该总是按照固定的阶段以固定的形状出现?为什么在每一天中形成的月亮不可以消失,而被另一个月亮取代其位置?

---

① 是横过整个天空的相反对立,不是贴在一起的"面对面"。

这些都很难用推理来解释，用语词来证明；因为人们看到许多东西都按照十分固定的秩序——产生。当春天之神和维纳斯来临之际，维纳斯的长翅膀的使者［丘比特］大步走在前面，后面跟着西风之神（Zephyr）和花神（mother Flora），一路遍洒五彩夺目和芬芳宜人的鲜花。接下来跟着烤焦一切的热神，伴随着他的是灰扑扑友伴谷神和吹着北风的季风神（Etesian）；再下面是秋天之神，和他一道挺进的是酒神（Euhius Euan）。其他的季节和风也都随之而来；在高空中打雷的瓦尔特努斯（Volturnus）和闪电的主宰南风之神（Auster），最后是"最短之日"神，他带来大雪和令人麻木的霜冻；这之后是牙齿冷得格格作响的冬神。看到那么多事物都是严格按照一成不变的时节产生出来的，那么月亮的生灭有时，也就不足为奇了。

太阳的日食和月光的隐匿也应当有几种可能的原因。月亮当然可以遮住太阳对于大地的光照；她可以从大地这一面在上升中昂起头来，用她的幽暗球体阻挡他的炙热光线。而且，也完全可以想像有个别的不发光的物体在滑行之中干了这件事。至于太阳，当他穿行于对他的火焰有害的空气领域之中时，他也完全可能在固定的时节里丧失了火力，昏暗下去，在某个时候消失不见，然后，又重新恢复光芒四射的风采。

而且，大地也完全可能在运行于太阳上方并遮挡住太阳之时，夺走月亮的光芒，使她在沿着每月的历程运行中滑入那个清晰的圆锥形的阴影之中。同样，如果有一个别的物体在月亮下方运行或是在太阳的上方滑行，挡住了太阳的照射和光亮的浪潮，这又有什么不可能呢？而且，如果月亮是由自身的光芒而闪闪发光的话，那么当她穿越天空中的某些确定的地方——那些有害于她的光芒的区域——时，为什么不可能昏暗下去？

5. 大地的幼年

现在让我们继续。既然我已经解释了任何东西都有可能以某种方式穿越广漠天宇的湛蓝的空间，因此我们就能理解是哪一种力量和原因造成了太阳的各种轨迹和月亮的运行；它们的光线是如何受到阻挡、消失并把世界猝不及防地蒙在黑暗之中，看上去就像是闭了一下眼，然后又张开眼来目光炯炯地凝视着万物。我现在回过头来考察世界的幼年和大地的柔软原野，看看它们在第一次分娩的阵痛中要把什么东西最先带入光明的领域之中，交付给任意吹拂的风。

大地最先产出了各色各样的小草，在山岗和平原上铺上了明亮的嫩绿的草丛；青翠的草地上鲜花盛开；然后，各种树木生长出来，相互之间你争我夺，争先恐后地向高处的空中猛蹿。就像羽毛和毛发胡须首先从四足的动物或有着强劲的翅膀的鸟儿身上长出来一样，刚刚诞生的大地也先长出小草和小树苗，然后才以各种方式、通过多种过程生育出了种类纷繁的一代代动物。因为动物并不能自天而降，陆地上的生物也不可能从咸咸的水洼中爬出来。

所以，唯有大地对自己的"万物之母"的称号当之无愧，因为一切东西都是从大地中产生出来的。而且即使在今天，在雨水和太阳的温暖照射下，还有许多生物从大地中诞生；所以如果在大地和空气还年轻的时光里，更多和更大的生物能产生出来，又有什么好奇怪的呢？首先，有翼的生物和各种鸟类从春天里受到孵化的蛋中破壳而出，就像现在，蝉在夏天里从它们的精致的壳里自行蜕皮而出，求取生命。大地在那个时候最先产出了各种生物的种类，因为当时土里面充满了热量和湿气。所以，只要有个适宜的地方，就会形成一个子宫，牢牢地扎根于大地之中。一待时机成熟，婴儿们便从中诞生，摆脱湿气的包围，奔向空气之中；于是自然让大地的孔道都朝向那里，并从这些张开的脉管中释放出与乳汁一样的液体，就像现在当一个妇女生了孩子之后，就会奶水充足，因为所有的营养都涌向乳房。大地为她的孩子提供食物，温暖担当了它们的衣服，草地是它们的柔软厚实的睡床。世界在它的幼年时代没有严寒，没有酷热，也没有阵阵飓风，因为一切都是共同生长、一道健壮的。①

所以，大地一再证明自己无愧于她所获得的"母亲"的称号，因为她独自产生了人类，并且几乎一下子就生出了遍布崇山峻岭的所有野生动物，同时还产出了空中飞翔的千差万别的各种鸟儿。

但是，就像一个妇女由于年老而耗尽了生育力一样，大地的生产也总有一个限度；最终她停了下来。因为时间改变了整个世界的性质，而且事物的一种状态总是要过渡到另外一种，没有任何东西能够保持不变：万物变易不居，一切都会被自然改变，不得不变。一件东西随着年龄的增长而衰竭、垮掉、失去力气，另一件东西却逐渐从不起眼的状态中脱颖而出，成长壮大。因此岁月改变着整个世界的性质，大地的一种状态让位于另一种状态，结果她不再能生出过去能生出的东西，但是她能生产她以前所不能生产的东西。②

大地还产出了许多奇怪的外貌和形体的东西，似乎表明她在试图生产某种种类的生物，比如处于男女之间而又与二者都不相同的两性人，还有的生物没有脚，有的缺少双手，有的没嘴巴、不能说话，有的没有眼睛、看不见东西，有的四肢紧紧贴着身体生长，哪儿也不能去，什么事情也无法做，既不能躲开祸害，也不能拿取他们所需要的东西。这一切都和大地所产出的其他怪异的东西一样，不会有什么结果，因为自然禁止它们的生长，它们无法活到生命的鼎盛年华，既找不到食物，也无法为爱欲而结合。因为我们看到，生物结合配偶需要许许多多的东西，这样它们才能生育后代，锻接出一代代的链条。首先要有食物；其次，那弥漫全身的孕育生命的种子一定要能从松软下来的身体里流出来；再者，雌雄动物为了结合交配，必须都具备交流快乐的手段。

许多动物种类由于不能繁殖子孙，续接后代，必然在那个时期灭绝

---

① 也就是说：冷、热和风也都还年幼和软弱。
② D. A. West 论辩说这里的原文应当读作："所以过去能生育的（即大地）现在不能了，而过去不能生育的（即各种生物的父母）现在却能了。"

了；因为不管你看到哪一种呼吸着生命气息的东西，都必须或是借助狡猾，或是依靠勇气，或是至少拥有敏捷的速度，才能保护自己，得以从起源一直延续下来。还有许多物种是因为对我们有用而靠人类的保护而存活到今天。

首先，凶残的狮子群落中的暴躁幼狮是靠勇气活下来的，狐狸靠的是狡猾，而小鹿靠的是矫健。不过，警觉而忠诚的聪明的犬类，各种各样的驮兽的后代，毛茸茸的绵羊，长角的公牛，所有这些依靠的都是人类的保护。麦米乌斯，这些动物都急切地逃离野兽生活，它们想要的是和平安宁以及现成的充足食物；我们人类向它们提供这些，作为它们对我们的酬劳。

但是，那些自然没有赋予这些品性的生物，就既不能靠自己独立活下去，也不能给人类带来什么方便，使人喂养它们和保护它们。这些生物种类受到它们自己的致命锁链的绊阻，必然会遭到别的动物的捕食或掠夺，直到被自然最后灭绝。

不过，从来就没有存在过什么半人半羊的山陀尔（Centaurs），而且任何时候都不可能出现双重本性和格格不入的两种肢体结合在一起（而且两半身体的力量还可以很好地平衡）的生物。下面是一个论证，可以让最笨的脑袋明白这一点。

首先，马在三岁刚过的时候正是年轻力壮之时，但是儿童绝非如此，因为那时他还经常在睡眠中寻找妈妈的乳房喝奶。到了后来，随着年老体衰和生命力的减退，马的强壮力量逐渐失去；而这时人的青春期正在到来，脸颊上长出了柔软的茸毛。我说这些是为了让你相信，由人和驮马的种子组合的"山陀尔"不可能存在或产生出来；那一半是鱼一半是凶狠的狗的斯基娜拉（Scylla）也不可能，还有所有那些有着完全不相称的肢体的怪物——它们不可能同步成长，不可能同时发挥身体的力量和同时年老体弱，也不能感受共同的激情；它们的性格习惯不一致，也不能找到对它们身体同样有益的东西。事实上，你可以看到长着胡须的山羊常常吃毒参（hemlock）而长膘，那东西对于人来说却是剧毒。

而且，如果你看到火常常烤焦和烧坏狮子的黄毛身体，就像它能烧坏世界上任何血肉之躯一样，你还怎么能相信有那么一个"喷火怪"（Chimaera），它由三种身体组成：前面是狮子，后面是蛇，中间是山羊，并且能从体内喷出猛烈的火焰？

还有，那些认为这种动物在大地和天空还刚刚新生时应当能够产生出来的人，只不过靠的是"新生"这个空洞的字眼；他们完全可以根据同样的理由没完没了地大放厥词，说什么那时候金子的河流到处流淌，树上开满了珠宝的花朵，人一生下来就长着如此魁梧的四肢，能一步跨过大海，双手转动四周的天空。因为虽然当大地最初产出动物时土壤里面蕴藏了许多种子，但是这并不能证明"杂种生物"能被造出来，或者不同种类的动物的肢体能结合到一起。不同种类的植物、庄稼和茂密的树木至今还大量大量地从地里冒出，但是它们决不可能浑为一体生长；总是各自按照自己的样式出生，每一个都根据自然的确定法则保持着自身特征。

三　人类和文明的起源

1. 原始人的生活

人类在那个世代的陆地上比现在要结实得多，这很好理解，因为坚实的大地建造了他们。他们体内的骨骼更大、更坚硬，加上遍布全身的强壮筋腱，这使他们不像现在那么轻易地就被热或冷或少见的食物或身体的任何疾病所征服。在天上转动的太阳的无数岁月的光照之下，我们就像野兽一样过着四处漫游的生活。那时没有弯弯的铁犁的坚硬的舵手，没有人知道如何在田里用铁劳作，把小苗栽种到地里，用镰刀在高高的树上削去老枝。太阳和雨水的馈赠，大地自身所产出的东西，就能令他们的心灵十分满足了。他们大多时间都吃着橡树的橡子，还有你现在看到在冬天成熟发红的树莓，这种浆果那时地里到处都是，比现在长得还要大。世界在自己的繁盛的青春年代还产出了许多其他的食物，虽然坚硬粗糙，但是多得足够可怜的初生人类食用了。

至于说解渴，那儿有河流和泉水的召唤，就像现在从高山峻岭上奔流而下的瀑布大声轰鸣着，招呼着远方的感到干渴的兽群。而且，他们就住在林芙女仙的森林地带附近，在游荡中对那一带很熟悉，知道那里的潮湿的岩石上有个小溪潺潺流出，在潮湿的岩石上涓涓流淌并滴落到青苔上，知道有的地方有泉水冒着泡儿钻出地面。

他们还不知道怎么用火工作，也不知道使用毛皮并把自己裹在一片片野兽皮当中；他们住在灌木、森林和山洞里，为了躲避风吹雨打而在树下隐藏自己粗糙的身体。

他们还不能认识到共同利益，不知道如何按照法律和习俗来管理相互间的交往。运气给了谁什么奖赏，他就把它拿走；人人都被自然教训得要按照自己的意愿生活，自己发挥力量保护自己。

爱欲（Venus）把相爱的人的身体在林木中结合起来，女人或是被相互的欲望所吸引，或是被男人的粗野蛮力和激烈的欲望所征服，或是受到了男人的贿赂——橡子、浆果、梨头什么的。

借助于他们手脚的惊人力量，原始人甩出密集的石头，挥舞沉重的棍棒，追猎林中的成群野兽。他们放翻了一大批，只让少数几头逃回了藏身之地。

当夜幕降临时，他们就像豪猪一样赤身裸体躺在地上，往自己身上扒拉些树枝和叶子。他们不会在夜色的阴影中充满恐怖，四处游走，在野地里大声哭号，寻找白日和太阳；他们只会在沉睡中平静地等待，直到太阳用玫瑰色的火炬把自己的光辉铺满天空。因为他们从小就习惯于见到黑暗和光明交替出现，他们不可能会大惊小怪，或是害怕永恒的黑夜将统治世界，阳光将永远隐退。这些可怜的人真正要担忧的是野兽常常使他们的睡眠成为一种危险：他们经常在一头口吐白沫的野猪或是一头猛狮逼近时从藏身的岩石下飞奔而逃，在深沉可怕的夜晚中把自己用树叶编织的床铺让给这些野蛮的来客。

那时的凡人们也决不像现在的人那样在离开生命的甜蜜天光时悲哀不已。不错，那时每个人都可能被野兽抓住、撕咬并活活吞下。看到自己鲜活的肉身正在葬于一个活坟墓中，①那个人发出的号叫声传遍灌木丛、森林和山冈。那些侥幸逃脱的人，后来也只能用发抖的双手盖住被撕咬破裂的身上的可怕创口，用可怕的哭号呼喊，直到被残酷的折磨结束生命。没有人能帮上忙，谁都不知道怎么治疗伤口。但是，那时不会有像发生在战场上一天就毁灭成千上万士兵的事情，也没有船只和水手被海上的滔滔巨浪摔上礁石。那时，大海的汹涌怒吼全都是在白费力气，全然是徒劳无益，毫无意义；她的威胁没人能理解，与谁都没有关系，只能悄然退去。不会有人上那个看上去微笑宁静的大海的当，葬身于其中。邪恶的航海技艺当时还深深隐藏、无人知晓。在那些年月里，是食物的匮乏使得身体衰竭致死；现在却相反，是食物的餍足压垮了人们。在那些岁月里，人们经常由于无知而中毒身亡；而现在他们却是富于技巧地把自己消灭掉。

2. 语言的出现

然后，当人类获得了简陋的小木屋、兽皮以及火，当女人与男人结合之后迁入一个固定的家中时，婚姻的法则就开始变得人人皆知。他

---

① 吞噬人的野兽是一个活的坟墓，这种观念在古代很流行，比如希腊三大悲剧作家和很多古代乃至近代的诗人都用过这一比喻。

们看到自己后代的出生，这时候人类就开始变得柔软起来，因为他们已经发现了火，他们发抖的身体变得能忍受露天的寒冷了；而且，维纳斯消耗了他们的精力，孩子的天真可爱又轻易地摧毁了父母们的高傲性情。然后，邻居们也开始相互结下友谊，热切盼望既不伤害别人，也不受到别人的伤害，并为他们的小孩和妇人们求取庇护。他们用声音和手势结结巴巴地表示：对于所有的人来说，同情弱者就是正当。虽然完全的和谐不可能一下就产生，但是有很大一部分人——实际上是绝大部分人——都在信守公约，否则，人类这个种族甚至在那时就会完全被毁灭掉，生育繁衍也不能使人类延续至今。

　　但是，自然促使人们发出各种语言的声音；而且为了生活的方便，人们也开始给各种东西指定名称；这就好比我们所看到的小孩子，他们不会说话，所以被迫使用手势去称呼那些在他们眼前的东西。因为每种生物都能觉察到它的能力可以被用于达到什么目的。当小牛犊的角还没有完全长出时，它们就会用它怒冲冲地凶猛冲撞。而小豹子和小狮子甚至在它们的爪牙还几乎没有长出来的时候，就已经能够用爪子抓、双脚踢和口咬等方式来打斗了。另外，我们还看到所有长翅膀的物种都相信它们的翅膀，并试图借助它获得不稳定的帮助。

　　所以，那种设想有某个人为万物指定名称，并且人们也从他那里学到他们最初的语言的想法，是十分愚蠢的。因为，为什么只有他才能够用语词来命名所有的事物，并发出各种不同语言的声音，而同时其他人却被认为是做不到的？另外，如果其他人不是已经在交流过程中使用了这些语词，那么，是由于什么而在他心中埋下了词语用法的概念？并且是由于什么而使他最先获得这种力量，从而能够使他知道想要做什么，并能想象着他所要做的事情？他一个人也不能逼迫许多人屈服，强制他们自愿学习他所发明的那些事物的名称。要以某种方式来教会并劝服听不懂他的话的人去做应该做的事情也很不容易，因为他们不能忍受这个人喋喋不休地往自己耳朵里面灌输各种声音——他们以前从未听过这些声音，也不知道到底是什么意思。

最后，如果具有生动声音和会说话的舌头的人类，能够用不同的声音区分万物以表达不同的情感，这又有什么值得惊讶的呢？我们看到许多不会说话的动物，甚至所有种类的野兽，当它们感到恐惧或痛苦，或者当它们兴高采烈时，都会发出各种不同的声音。这一点你不难从明显的事实当中看到。

当摩罗斯犬（Molossian Hounds）受到激怒时，它们那大而松弛的下巴就会露出坚硬的利齿，开始低吼；它们在压抑怒火时发出的威胁声远远不同于最后当它们狂吠出来、声震四野时所发出的声音。但是当它们开始充满爱意地用舌头去舔吻它们的幼仔，或者用爪子将它们抓起来扔来扔去，并温柔地用牙齿轻轻地咬它们，假装着要将它们吞下去时，它们所发出的声音远远不同于当它们被单独关在房间里时的吼叫声，也绝不同于当它们夹起尾巴躲避打击时的叫声。

另外，你难道没有看到马的嘶鸣声也同样各不相同吗？当一只处于花季之年的马儿在长有翅膀的爱神的刺激下，在牝马之间乱跑撒野时，当它在战斗中张开鼻子大声嘶鸣时，以及当它在其他场合中四肢战栗鸣鸣哀鸣之时，在这些不同情况下，马儿所发出的叫声也各不相同。

最后，长有翅膀的物种，各种不同的鸟类，那在海洋的浪花之间觅食的鹰、鹗和海鸥，当它们为抢夺食物而厮打时，当它们的猎物在奋力抵抗时，它们发出的叫声就远远不同于其他时候的叫声。有些鸟儿，如那些长寿的乌鸦和成群的白嘴雁，会随着气候的变化而改变它们那尖锐刺耳的歌声。据说它们会为将要到来的雨水而鸣叫，有时也会为刮大风而呼叫。

所以，如果不会说话的动物都能在不同的情绪的驱使之下发出各种不同声音，那么认为人类能够用不同的声音来指称各种东西就更为合理。

3. 国家法律的出现

　　为了使你不至于在这个问题上默默地思索，我要告诉你：最初是闪电将火带到人间，并且从此以后，火种就开始蔓延开来，广为散布。正如我们所见到的，许多东西被天上的闪电击中后就会着火并燃烧起来，因为来自天上的电击正好给了它们足够的热量。还有，当一棵枝繁叶茂的树在强风的吹打下摇来摇去，压在另一棵树的枝丫上时，它们会由于猛烈的摩擦而迸出火花，燃烧着的火花于是四处乱溅。可能就是由于这些原因中的某一种给人类带来了火。此外，太阳也教会人将食物煮着吃，并用火的热量将它烧软，因为他们看到田野里的许多东西都在太阳光的强烈照射下被晒熟了。

　　逐渐地，那些心智强大的杰出天才就引导着人们用火和其他的发明来慢慢改变过去的落后生活方式。国王们开始建立城市，并修建护城碉堡以作护身和避难之所。他们还按照各人的美貌、体力和智力来分配牲畜和土地，因为在那个时候美观具有很大的力量，而体力也极为重要。然后，财富的力量被引进，黄金也被发现了，它们轻而易举地剥夺了体力强大和相貌优美之人的荣誉，因为不管身体如何强健，如何美丽，绝大多数人都还是会听从富人的指挥。

　　但是，如果有一个人用正确的准则指导自己，以一种寡欲而知足的心态生活，那么他就拥有了最大的财富，因为清心寡欲就不会觉得有所缺乏。但是人们大多都是渴望声名远播并大权在握，以为这才能使他们的好运牢牢地建立在一个坚实的基础上；财富才能使他们平静安乐地度过一生。但这一切都不过是幻想，因为在他们为了攀登荣誉的顶峰而努力奋斗时，就会在前进的途中遇上各种危险。并且，就算有一天他们真的爬上了顶峰，别人的忌妒之心有时也会像雷一样地轰击他们，在一片责骂声中把他们投入最黑暗的地狱之中；因为忌妒就像雷电一样，经常要轰击那些爬到顶端和所有位于他人之上的人。所以,千真万确,平静的服从要远比征服世界和统治帝国好得多。那么,就让他们去盲目地疲于奔命,任由他们在野心的狭路上流尽鲜血不断争斗吧,因为他的小聪明都是得自于他人之口,他们一窝蜂地去追求许多东西时听从的不是自己内心的情感而是谣言。这种愚蠢的行为现在不可能成功,将来也不会得逞,就像它在过去也从未成功一样。

这样,国王们被谋杀了,昔日宝座上的尊严和高贵的王笏都被丢翻在尘土之中;君主们头上无比荣耀的王冠也血迹斑斑地抛落在暴众的脚底下,让我们为这高贵荣誉的没落而恸哭哀号。人们总是都盼望着有朝一日能将他们所极度恐惧的东西践踏在脚底下。所以,当每个人都急切地为自己寻求统治权和至高无上的地位时,世界就陷入了彻底的混乱中。这样,就有一些人教导人们创立行政管理机构,制定法律,使大家都愿意遵守法规。人类已经厌倦了生活在暴力中,苦于彼此争斗厮杀,所以他们早就愿意遵守法规和严格的法令条文。因为个人在暴怒之中的复仇远比现在公正的法律所允许的程度残酷得多,所以人们已经完全厌倦于充满暴力的生活。

从此以后,对于惩罚的恐惧就沾染了生活中一切的美好,因为暴力和伤害用它的天罗地网套住所有使用暴力伤害他人的人;动手作恶的人往往会受到同样的惩罚。而且,那些用恶行破坏了大众和平纽带的人也难以度过平静安宁的一生。即使他能够在诸神和人们面前隐藏自己的罪行,他也不能确定是否能永远地隐瞒下去,因为经常有许多人在睡梦之中或在昏迷错乱中说出真话,暴露了自己,将那深深隐藏的罪行全都公之于众。

4. 宗教的起源

对于以下这些事情也不难用语言解释清楚:是什么原因把诸神的威严遍布在许多伟大的国家,使城市里充满了神坛,建立了如今盛行于许多伟大的国家和城市中的习俗祭仪——正是这些东西在平凡的人类心中深深地种下了对于诸神的敬畏之情，这种敬畏又使得新的神殿在世界各地高高升起，并驱使着人们在节日里成群结队地对神灵顶礼膜拜。

事实上，即便是在那个［远古的］时代，人们也经常会在心灵清醒时看见有着俊美非凡、身材高大的英姿的诸神，在睡梦中看到的就更多了。所以，人们就将感知赋予他们，因为他们显得就好像也能够移动四肢，能够吐出与其杰出的美貌及强大的力量相匹配的骄傲话语；人们还将永恒的生命赋予他们，因为总是有连续不断的关于他们的幻觉浮现出来，在其中，他们的形体始终如一；尤其是人们设想，具有如此伟大力量的存在绝不会轻易地被外力所毁灭。因此，人们就认为诸神过着最幸福的生活，因为神不会为死亡的恐惧所困扰，同时也因为人们在梦中看见神不知疲倦地做了许多奇迹之事。

另外，人们观察到天空中众星的有序排列以及一年中四季的依次轮转，却不知道其中的原因。所以，人们就把所有的现象都归因于神灵之手，并设想只要他一点头，一切都会大功告成。人们还把众神的住所想成是在天上，因为人们看见黑夜和月亮都在天空中旋转——看见月亮、白天、黑夜和夜晚高天上威严的星辰，以及夜间天上飘游的火把、飞逝而过的流星、云朵、太阳、雨、雪、风、闪电和冰雹，雷霆的迅猛呼啸以及巨大的震撼。

哦，可悲的人类，你让诸神干这些事！你还让神充满痛苦的愤怒！这么一来，人们就为自己制造了多少呻吟，添加了多少创伤，为后代们带来了多少泪水和痛苦！虔诚并不是经常蒙住头以后转向一块石头，并到每个神坛跟前去磕头；也不是匍匐在地上，爬到神龛前面伸出张开的双手做礼拜；也不是用大量牺牲的鲜血溅湿神坛，并接连不断地祈祷求福，而是能用一颗平静的心去俯察万物。

因为当我们向上仰望浩瀚无边的星空，仰望那满是繁星闪烁的苍穹时，当我们想到太阳和月亮的运行轨道时，在我们那颗已经因为负载着其他担忧而憔悴的心中，就会有一种新的焦虑苏醒并抬起头来。这时，我们就臆测可能有某种来自神灵的无限力量在指挥着天上明亮的群星以各种不同的方式运动。心灵由于对这些问题茫然无知而疑虑重重，处于困惑之中：世界是否有一个诞生之日？它是否有一个限定的终点？世界之墙在这无始无终的运动辛劳中还能维持多久？是否神灵的法令赋予了它们永恒存在的伟大能力，以至于它们能蔑视无法量度的时间的强大力量而在岁月的长河中永远运行下去？

另外，当炙热的大地因为雷霆的巨大轰鸣而震颤发抖时，谁的心灵不会因为惧怕神灵而瑟瑟发抖，谁的四肢不会因为恐惧而瘫软？万国万民难道不是都在发抖吗，那高傲的国王难道不是也因为惧怕神灵而将蜷缩成一团，以为自己过去的罪恶行径和傲慢之言正在招来眼下的惩罚。

当海上猛烈的狂风挟着强大的威力席卷而来，狂风连同海浪一齐吹打着一位舰队司令和他强大的军团以及巨象①时，难道他不会发誓祈祷，请求神灵息怒吗？难道他不会全身颤抖着祈求狂风停息并送来顺风？但这一切都是徒劳，因为无论如何他还是常常会被凶猛的龙卷风所困住，并最终被推向死亡的险滩。所以看来真的有一种隐蔽的力量碾碎人类，践踏那些尊贵的木棍和残忍的斧头②，把它们当作笑料。

那么，当整个大地都在我们脚下颤抖的时候，当许多城市摇摇欲坠或已经崩倒的时候，如果这时人们感到自己很卑微，并承认神灵的巨大的惊人力量在统治着万物，这又有什么值得惊讶呢？

5. 金属工具和武器的发明

现在让我们接上以前的话题继续讨论。在大火烧山将大森林全都烧

---

① 指他的军舰。
② 罗马国家的权力象征。

光的时候，铜、金和铁都相继被发现，还有沉重的银和有用的铅。发生火灾的原因可能是天上的闪电雷击所致；或者是因为人们在森林中发生战争，其中的一方燃起大火试图将敌人吓跑；或者是因为此处土地肥沃，人们希望在此开垦出富饶的田野，使这块地方变成适合于放牧的草地牧场；或者是因为要猎杀其中凶猛的野兽，并使火烧之后的沃土能为他们所用，因为在使用罗网围捕猎物或用猎犬辅助打猎等方式之前，人们习惯于使用挖坑设陷阱和火烧的方式来追捕猎物。不管是因为哪一种缘故，熊熊烈焰夹带着劈劈啪啪的响声将整个森林吞灭，将它们连根烧毁，并将地面烧得干焦开裂。总之，这样就从地面空隙之处沸腾滚烫的大地血脉中缓缓地流出了金银，并聚集成一条小河流，其中也有铜和铅。然后，人们看到这些堆在一起的东西闪闪发光，他们就会被上面的可爱光泽所吸引，把它捡起来；他们发现每一块都能按照模子的样子，凹陷成一种中空的形状，于是就在其中空之处留下标记。然后，一种想法就在他们头脑中闪现出来：这些金属可以熔化，并且可以被做成具有任何形状的物体；通过进一步的锤炼，它们可以成为最锋利的刀锋、最尖锐的刺尖，可以制成工具来砍伐树木、修理木材，将木板削得更加光滑，还可以用来钻孔、穿透和凿洞。最初，人们也试图用金银制作的工具来做这些事，正如他们利用铜①的坚硬和锋利等特性一样。但是没有成功，因为金和银的力量会屈服，变得弯曲，无力胜任这些艰巨的工作。因而在那时，铜被认为是最有价值之物，金则毫无用处，因为用它而制成的工具很容易钝口而失去效用。但是，现在铜却被认为是没什么用处而黄金却获得了崇高的赞誉。所以，不断流逝的岁月改变着万物得意的时节。那些曾经一度极为珍贵的东西最终变得卑贱无用；而另一些东西则从卑贱之列脱颖而出，一天比一天更为人们所追求，它们一旦被找到就备受称赞，在

---

① 拉丁原文中的 aes 既可以指铜，也指青铜（铜与锡的混合金属）。在此，更宜理解为青铜，因为纯铜并不比金更适宜作工具。

人们中间享受极高的荣誉。

现在，麦米乌斯，你自己也容易明白，铁的本性是如何被发现的。古代人的武器是手、指爪和牙齿、石头，还有从森林中树木上砍下来的枝条木棒；自从他们认识了火以后，也曾用火来作为武器。后来又发现了铁和铜的威力，人们知道铜的用处比铁早，因为它更容易利用并且储藏量也大得多。人们用铜来耕耘土地，用铜来挑起战争的风浪，播撒沉重的创伤种子，掠夺牛羊和土地。一旦某些部落用铜器武装起来，所有那些赤手空拳的部落就会被他们制服。再到后来，铁剑逐渐普及，而铜制的镰刀则转而变成一件令人轻蔑的东西。这样，人们就开始用铁来耕种土地，而战争变得胜败难料，双方都有同等取胜的机会。①

这样，一个人就能全副武装地骑上马背，可以用缰绳来控制马的行进方向，而腾出右手来进行英勇的战斗，这种作战方式远远早于乘坐两匹马并驾齐驱的战车闯入战火之中。而两匹马的战车又早于四匹马的，也早于装备有镰刀的武士战车。后来迦太基人训练了脊背高耸的鲁加牛，②那长着蛇一样的手的怪物，经受战争的伤痛，震吓战神的大军。这样，悲惨的争斗就酝酿出一项又一项的战争发明，使得各地人民感到极度恐怖，并且一天天地给战争添加了新的恐慌。

人们也尝试着把公牛用于战争中，并且还试图将残暴的野猪放出来对付敌人。有些人还在队伍前面放出凶猛的狮子，全副武装的驯狮者和严酷的主人以皮带控制和指挥着它们作战。但这都是徒劳无益之举，因为在残酷混战厮杀场面的激怒下，狮子就会狂野地乱冲乱跑，从而使交战双方的队伍更加混乱。不管对朋友还是对敌人，它们都晃动着头上可怕的鬃毛直冲过去。骑手们既不能安抚住在咆哮中受到惊吓的战马，也不能勒转它们冲向敌军。暴怒的母狮到处乱跑并猛跳起来，直冲向那些

---

① 当铁的运用得到普及的时候。
② 即大象，罗马人首先在鲁加地区（Lucania）看见比鲁斯（Pyrrhus，约公元前 280 年）军队中的大象。

与它们正面遭遇的人，或者从背后将另外一些毫无防备的人从马背上扯下来并将他们紧紧抓住，重重地扔在地上，用它们强劲有力的爪牙按住不放，可怜的人们就倒在血泊之中无助地呻吟着。公牛也会将自己的朋友撞翻在地，踏在脚下，用锋利的双角顶破马的侧部和腹部，并以吓人的巨大威力扬起阵阵沙尘。野猪也用坚固的长牙把它们的友军戳出血来，在狂乱中它们的血溅满了那折断在它们身上的枪矛，并在血泊中爬滚、冲撞，给骑兵和步兵们带来更具毁灭性的打击。马儿们会躲向一边以避开野猪的长牙，或者前脚腾空，高声嘶鸣。但这也没用，因为你将看到它们全都倒塌在地，巨大的身躯重重地瘫倒在血泊之中。如果人们认为这些猛兽以前在家中已经被训练得非常听话，那么在实际的战斗中，他们就将看到这些猛兽由于受伤和喧嚣而被激怒，就会大声咆哮，四处飞奔，极度惊恐，处于混乱状态中，而驯养者们对此束手无策，无法召集起它们中的任何一部分。所有种类的野兽都将四处逃散，正如受到刀枪猛击的鲁加牛在对它们的许多朋友进行残忍攻击之后，常常会四处逃窜一样。

也许当真有人会将猛兽投入战斗。但我几乎不能使自己相信这一点：在可怕的惨剧真的来临之前，他们居然不能事先想象它必将发生。你还不如说这种事情可能发生在宇宙中的某个地方，发生在以不同的方式构成的不同世界中，而不是在你所中意的某一个确定的地球之上。而且他们这样做倒不是希望能克敌制胜，而是在寡不敌众的情况下想给敌人造成惊吓，即使自己也遭到毁灭。

简单地编织而成的衣服要比用布料纺织而成的服装出现得更早。纺织的布又比铁出现得晚，因为在安装织机时需要用到铁，另外没有铁也不能制造出如此光滑的踏板、纺锤、梭子和嗡嗡作响的卷线轴等纺织工具。而且自然使男人先于妇女从事纺织工作（因为男性整体说来在技术和聪明程度上都远远优先于女性）。直到后来强壮的农夫们开始轻视纺织之事，男人才同意让女人接手，而他们自己则下田干重体力劳动；而这种粗活使男人们的身体和双手变得更加粗壮。

播种生产和嫁接技术的创始人都是自然本身——万物的创造者。因为从树上掉下的浆果和橡子到了一定的时候,就会在地下萌生出一丛丛的小嫩芽,由此人们就想到可以将小枝条接插到树枝上,并在田野的泥土中遍栽幼苗。然后,他们又尝试了一种又一种的方法去耕植他们心爱的小园地,并且发现在细心的呵护和培养之下,地上长出来的野生果实味道变得越来越鲜美。就这样日复一日,他们迫使森林向高山撤退,让下面空出来的地方作耕地之用;于是人们就能在山坡和平原之上拥有草地、池塘、沟渠、庄稼和果实累累的葡萄园,就能在小丘、谷地和平原上伸展浅绿色的橄榄树的长带,担当耕地之间的分界线。就像你现在所看到的整幅美丽多彩的图像一样,这当中交叉纵横着许多甜蜜的果树,四周环绕着丰富繁茂的林木。

四 享受大自然的快乐

远在人们能够用富于旋律合乎节拍的歌声来愉悦自己的耳朵之前,他们就用口来模仿鸟类流畅的歌声。微风吹过空空的芦苇管发出的悦耳鸣声,首次教会庄稼人去吹毒芹的空管。然后,他们又逐渐学会了用指尖按住箫笛吹奏出凄美哀伤的乐调——这种箫笛是在人迹罕至的小树林和林中的空地,在牧羊人出没的偏远孤寂、安静平和的地方发现的。[就是这样,时间逐步将每样东西都带到我们跟前,而理性则将它提升到光明的境地。]

这些优美乐调抚慰了他们的心灵,在他们酒足饭饱之后带来欢乐,因为此时一切都备受欢迎。人们往往是三五成群,伸直双腿随意地躺在柔软的草坪上,在溪水旁边,在大树的枝叶下,他们并不破费就让自己的身体享受到快乐。特别是风和日丽的天气,春暖花开的季节将漫山遍野的草丛缀满鲜花，这可正是人们插科打诨、谈天说地、取笑逗乐的好时候，因为这时正充满了浓厚的田园风情。他们将在头上和肩膀上装饰起用花草和树叶编织而成的花环，即兴玩耍，并且欢快地跳起来，不合节拍地舞动着四肢，用沉重的双脚笨拙地跺在大地母亲之上。这样他们就感到很愉快，发出阵阵哄笑，因为所有这些都是新鲜惊奇而且大为流行的玩意。当他们清醒时，就这样来驱遣睡意：用弯曲的嘴唇在芦管末端吹唱出多种长音调以及那起伏错落的曲子。直到现在，值班守夜的人都还保持着这种传统，并且知道如何吹出各种不同的旋律；但是与过去那些土著居民相比起来，他们并不能从中获得更多的快乐。

在我们还没有遇到更可爱的东西之前，那些在手边的东西就给我们最大的快乐，并且看起来好像只要有它们就足够了。一旦后来发现了某种更好的东西，这些快乐就丧失了，我们对于旧东西的口味就变了。就这样，人们逐渐厌倦橡实，那些用杂草铺成、用树叶堆起来的旧床也被抛弃了。那些用野兽毛皮制作的衣服也受到了鄙视——我能想象这种衣服在当时激起过强烈的忌妒，以至于第一个穿上它的人一定会被谋刺，而皮衣也被撕得粉碎，沾满了鲜血而无法再穿。所以，那个时候令人困于忧虑和疲于战争的东西是兽皮，而现在则是黄金和紫袍。我想，在这方面更值得责备的乃是我们自己。因为，如果没有兽皮，寒冷将痛苦地折磨那赤身裸体的土著人。但是如果没有那用金丝和精美彩绘制作而成的紫袍，并不会构成什么伤害，只要有穷人穿的袍子裹护我们的身体就行了。所以，人类往往都是盲目地在苦役中徒劳而毫无所得，把年华消磨在虚幻的忧虑上。这只是因为他们不知道财产的占有到多少才是限度，也不知道真正的快乐增加到什么程度就会停止。就这样，无止境的欲望一点一点地将人类的生命拖到了大海的深渊，并从海底激扬起巨大的战争波澜。

但是日夜守护着世界的太阳和月亮，带着它们的光明环绕运行在那巨大的不断旋转着的天空之上，教导人们一年四季的更迭和万物都按照固定计划、依照固定次序运行的道理。

人们已经生活在用坚固堡垒围护好的地方，土地也被切割并分配开来以供耕种。深深的大海上也开始航行着众多扬帆的大船，人类已经在正式的契约之下互相结盟。诗人们也开始用诗文来记述流传中的英雄事迹，文字也刚刚被发明出来。就是因为这个缘故，我们的时代不能掉转头去回首以前所发生的事情，除非理性能在某个方向上为我们指明出路。

船只和农业，城防和法律，武器、道路、服饰和所有诸如此类的东西，所有生命的奖品，它们的奢侈繁华也是由始而终地发展过来的；诗歌和绘画，精美绝伦的雕像，所有这些都是当人们逐步向前发展的时候，由实践和活跃的心灵的尝试而教给人们。时间就是这样一点一滴地将每样单独的事物带到我们跟前，而理性则将它带到光辉的境界。因为人们在心灵中看到它们一个接着一个地形成并成长起来，直到他们攀上各种技艺的顶峰。

第六卷　天文地理和疾病

一　序诗

　　正是雅典这个声名卓著的城邦，在昔日首次将谷物散布到苦难深重的人类中，赠予人们一种新的生活，并制定了法律。她还首先给生命带来了甜蜜的抚慰，因为她生下了一个如此贤达的人。① 这个人曾经从宣教真理的嘴中倾吐出了所有的启示。虽然他生命的光芒早已熄灭，但由于他在很久以前所做出的伟大发现广为流传，所以直到今天，他的威名仍然远播于九天之上。

　　因为，当他看见尽管人类已经拥有生存所需的几乎所有东西，已经尽其所能地获得了安全保障；看到有些人在财富方面如何的富有，在荣耀和名誉方面如何显赫，并为儿孙们的好名声而骄傲，但是他们每个人在家中仍然忧心忡忡，焦虑不安。这种焦虑恶毒地折磨着他们的生命，一刻都不停息。以至于他们被压抑得无法忍受，愤怒而痛苦地抱怨。——这时他就认识到，造成错误的乃是这个容器② 本身，而所有那些从外面进入这个容器中的好东西，都会受到毒害并开始在内部腐败变质。他看到，

---

① 即伊壁鸠鲁。
② 此处的"容器"指心灵。

其中的缘由部分是因为容器本身是如此的破漏不堪，以至于没有什么东西能把它装满；部分是因为他察觉到容器已经受到污染，就像有人所说的一样，每件东西一进入其中，就会受到一种臭味的污染。所以，他用宣教真理的箴言净化人们的心灵，他给欲望和恐惧设立了一个限度，揭示出什么才是人心所向的至善，并为我们指出了达到至善的道路，那是一条我们无须拐弯就能通达的狭窄而笔直的道路。他提示了在人类事务中到处存在的恶，这些恶不管是由自然原因还是由人力所造成的，都以各种方式到处游走，因为自然已经作了这样的安排。他还指导我们应该从哪个门口冲出去与恶正面交锋；而且他还表明人类没有理由在绝大部分时间里都浸没在内心烦忧的悲伤浪涛之中。正如孩子们在一片漆黑之中惧怕眼前的所有事物一样，我们也有时在光天化日之下惧怕许多东西，而它们其实还没有孩子们在黑暗中所恐惧的以为即将发生的事那么可怕。所以这种心灵上的恐惧和乌云必须被消除——不是用太阳在白天发出的耀眼光芒，而是用自然的面貌及其法则来加以消除。因此，我将继续乐意地编织我的论证之网。

既然我早已表明宇宙中的广大区域终将走向死亡，而物质性的天也有其诞生之日；并且既然我已解释过大多数在其中发生和必定发生之事，现在请进一步来听听那些余下的部分。因为我既然[成功]地登上了[文艺女神]的光辉宝座，[我现在就将解释]暴风是如何发生的，它们又是如何平息下来，使一切都恢复原样，风平浪静。而且我还要解释所有其他发生在天地之间的现象，这些古怪的现象往往使人们处于恐惧和焦虑之中，使他们的灵魂产生了对于神灵的恐惧，并将他们压迫得匍匐于大地之上。因为对这些现象的产生原因的无知迫使着他们把所有的事情都归结于神灵的支配，把神灵奉为君王。[他们根本不能认清这些现象发生的原因，就臆想着有一个神圣的力量在创造着这一切。]虽然有些人已经正确地得知神灵过着一种无忧无虑的生活，但是只要他们对于万物的运行——尤其是对于那些发生在天上的现象——感到奇怪惊讶，他们就将重新转向古老的迷信教条，再次受到它们的残酷主宰。这些可怜的人相信神灵是全能的，而不知道什么能够存在，什么不能存在。总之，他们完全不知道各种东西的力量是如何被限定的，以及什么是那永不变易的界碑。所以他们全都被盲目的推理赶上了迷途。

除非你能把所有这些错误都从你心灵中驱除出去，并远远地离弃那些与神灵及其安宁幸福格格不入的想法，你就是在冒犯神灵神圣的威严，这就可能常常对你造成伤害。这并非因为神灵的超越力量能够受到人的侮辱，而神在激怒中对人实施的凶残的复仇，而是因为你设想那处于平和安宁状态中的诸神居然会卷起暴怒的波涛，以至于你不能带着安详的心态进入诸神的殿堂，也不能带着一颗安静的灵魂平和地面对诸神的伟大形象。这些形象乃是由神灵身上发出的，显明着他们的神圣形态是怎样的。这样，你可以很容易地看到，在这个错误之后，跟随而来的将是一种什么样的生活。①

尽管我已经喋喋不休说了很多，但为了让最正确的理性能将这种可悲的生活远远地抛在我们身后，还有许多东西要加以说明，还尚待我用流畅优美的诗文加以装饰。天的规律和本来面貌必须得到理解，暴风和闪电也必须加以说明——它们在做什么，它们由于什么原因得以在某个时候发生。这样，你才不会像那些毫无头脑的人②一样，将天空划分为众多的区域，并战栗着观察飞进而出的火花从哪一个方向闪现，而后又飞向天空的哪一半，或者它又如何穿过高墙围绕的地方，并如何在完全占据那里之后飞走。[人们不能认识这些现象发生的原因，故而认为它们乃是一种神圣的力量的作为。]

---

① 在该段中描述了伊壁鸠鲁哲学关于神与人关系的观点：旧宗教迷信对于神的看法对于那些不受人世事务骚扰而安宁度日的神灵，是一种侮辱。但这种迷信并不会引起神灵们亲自来惩罚人们——神的本性就是不介入人事、不为愤怒所动。这种迷信自身会使迷信者失去精神上的安宁，这就是惩罚了。

② 指伊特鲁里亚人(Etruscan，意大利中西部古国)将天空分为16个区域，观察闪电在哪里出现、在哪里消失，用以占卜凶吉。

卡来奥披（Calliope），精明无比的女神①，人类的慰藉和神灵的欢乐，请你走在前面为我指明道路，当我朝着我最终目标的白线赛跑前进时，请你明明白白地引导我，以便使我能够在热烈的喝彩中荣获辉煌的桂冠。

二　气象的解释

1.　打雷和闪电

首先，苍天之所以为雷霆所震撼，是因为当暴风猛烈地互相搏斗时，飘飞着的乌云因此在高天之上冲撞在一起。在天空中任何清朗明亮的地方都不会有什么雷声出现，而是哪个地方乌云聚集得更浓厚，巨大的雷声就会更经常地从那里传出来。另外，乌云既不可堆积得像石头和木材一样密集，也不能像薄雾和飞烟一样稀薄；否则，它们就必定或者像石头一样重重地摔落到地上，或者就像轻烟一样无法聚拢，也不能包藏冰雪和雹雨。

云在广阔无边的天宇上空弄出阵阵喧闹之声，这就好像那伸展开并覆盖在剧场上的大帆布一样，当它受到来势凶猛的大风的强烈吹打时，就在门柱和横梁之间发出劈劈啪啪的响声，就像纸张被撕裂时发出的声音（那种声音你也能在打雷时听到）；或者，就像旋风疾吹挂在绳子上的衣服，或是在空中飞舞的纸片被风吹打时所发出的声音一样。往往还会发生这样的情况：对面飞过的云朵没有正好迎面相撞，而是相互摩擦着身体交错而过，于是一阵干枯的闷响传到我们耳朵里，这种声音拖得很长很长，直到云朵挤过那局促的通道。

与此相似，万物经常被沉闷的响雷震得发抖，就好像那广阔的世界

---

① 这是司掌文艺的女神。

之墙突然间被撕裂而散开一样。这是因为一阵强烈的暴风聚集起来，顷刻之间钻进巨大的云层之中；当它被紧紧地裹在里面后，就不断地疯狂旋转，迫使整个云层越来越变成一个中空的物体，四周是厚厚的外壳；然后，当大风的力量及其凶猛的冲击将云层的外壳削得很弱时，云团就会被撕开并爆发出一种极其可怕的声音。当一个充满空气的小皮袋突然爆裂时，也常常会发出一种很大的声音。这并没有什么值得惊奇之处。

云层也可能由于另外一种原因而发出声音：那就是——当大风从它们之中吹过的时候。因为我们也确实常常看见天空飘着许多就像长有小枝丫的云朵，它们往往很粗糙。正如你所知道的，当一阵强烈的西北风吹过一片茂密的森林时，树枝就会相互摩擦碰撞，树叶就会沙沙作响。

有时它也会发生在这种情况下：一阵强风迅猛地吹进云层，把它撕得粉碎。烈风在天空中能做什么，就是从我们的日常经验中也能明显地推知出来。地面上的风儿吹起来已经算是比较温柔的，但是它还能将高大的树木卷起，甚至将它们连根拔出来。

在云层中也有很多波涛，当它们拍打的时候会发出阵阵吼声，就好像在水深的河流和壮阔的大海中，那滚滚巨浪汹涌拍打时所发出的声音一样。

当闪电的灼热力量从一堆云落到另一堆云上时，也会发生打雷的现象。如果那接受闪电之火的云层恰好浸满了水，它就会伴随着一声轰鸣将火光熄灭。正如刚从熔炉中取出来的白热的铁，要是我们将它放入旁边的冷水中，它就会咝咝作响一样。另外，如果接受闪电之火的云层是干燥的，那么它就会突然燃烧起来并发出一种巨大的声音，就好像在那长满了月桂树的山上，火焰被猛烈的大风吹送着，那么它就会迅速地蔓延开来将这些树木烧毁。而且，没有什么东西燃烧起来会发出比德尔菲的亚波罗桂树燃烧时更可怕的声音。

另外，当大量的冰雪断裂和冰雹落下时，也常常会在高空的巨大云层中发出一种巨大的声音。因为当大风将它们紧紧地挤压在一起，那些巨大的云的山峦就会被挤入一个狭小的空间，并混合着雹石一起碎裂开来，从而发出响声。

当云块由于相互碰撞而击打出许多火花时，同样也会产生闪电。就好像用石头或钢铁打击石头时，也会闪出光来，并产生四处乱溅的火花一样。

但是为什么我们总是先看到闪电，然后才能听到雷声呢？这是因为万物的声音传到我们耳朵的时间总是比它们的形象的呈现要迟缓一些。这个道理你可以从另外一个生活经验中得到印证：如果你站在远处观看某个人用双刃的斧头砍倒一棵茂盛的大树，那么你将先看到斧头砍下去，然后才能在耳朵里听到砍树的声音。同样我们也是先看到闪电然后才听到雷声，虽然两者乃是由于同一种原因、在同一时间产生的，并且它们都产生自同一个冲突。

通过这种方式，云彩也能用迅速的光浸透大地，而风暴则闪射出颤动的光箭。当风进入云层中并在其中盘旋搅动时，就使中空云层的外围变得越来越厚，就像我前面解释过的一样，这时候云层由于快速的运动而变热。正如你所看到的，每样东西都会由于摩擦运动而变热并最终着火。还有，当一个铅球被抛出很远之后，它也会由于高速运动而熔化。所以，当这一阵火热的风将乌黑的云层吹裂时，云朵就会把火的种子抛掷出来，看起来好像是由于受到猛烈的挤压而突然间从云层中迸发出来的，这就造成了那一跳一跳地闪烁着的火光。然后雷声也随之而来，它到达我们耳朵的速度比视觉到达我们眼睛的速度要慢得多。你可以肯定这种现象一定是发生在浓云密布的时候，而且它们还一层层地堆积到很高，形成一个巨大的云堆。你可千万不要被现象所欺骗——因为我们从下面看时，只能看到云层铺开的宽度有多大，而看不到云层堆积得有多高。如果你注意这些情景：大风把大山一般的云层在天空中运送过去，或者当你看到云在大山顶上堆积，一层层地叠压着，静静地躺在那里，并将风深深地埋在各个地方；这时你若仔细观察一下，就能辨认出云层堆积得有多么高大，就会察觉到在云山的拱顶部密布着类似于洞穴的东西。当一阵最强劲的风袭击过来时，愤怒的风由于被囚禁在云中而大声咆哮，撼人心魄的声音听起来就像关在笼中的野兽在怒吼一样。烈风在云层中时而朝着这边、时而朝着那边发出号叫，它们为了寻求一条出路而四处翻腾，从云层中迸出一团团的火种，然后把火的种子聚集在一起，并在中空的火炉般的云层里把火焰搅动着，直到它们最终冲破云层的牢笼并将叉形的火焰迸发出来。

那流动着的火的金色的光芒为什么会快速飞落到地面上，还有另一个原因，那就是——云层本身必须包藏有大量的火种。因为当它们完全没有水分的时候，它们的颜色通常是火一般闪亮耀眼。事实上，它们必然从太阳光中接受了足够多的火种，因此当然红彤彤的，并且源源不断地发出火花。所以当大风将它们驱赶着迫使它们紧紧地挤压在一块，并使它们在一个极其狭窄的空间中层层堆叠时，就会榨出火种子并喷射出去，于是火光一片，闪电大作。

当云层在天空中变得稀薄时也同样会产生闪电，因为当风儿轻轻地把飘动的云彩拆解和吹散时，那些导致闪电的火种就势必会落下来。这样闪电就会不带任何恐惧惊吓以及怒吼之声而出现。

2. 霹雳

另外，霹雳具有什么样的本性，可以从它的打击，从那留在被击中的东西身上的痕迹以及那些发出浓烈的硫磺味的焦痕中清楚地看出，因为这一切都是火的标记，而不是风或雨的标记。再者，霹雳也常常会使屋顶着火燃烧，由此而燃起的熊熊大火将很快会吞没整座建筑物。

让我来告诉你吧，这种火乃是所有火当中最为精细的一种。大自然用极为精微、迅疾的元素构成了这种火，以至于任何东西都不能阻挡它向前燃烧的道路。因为强大的霹雳能够穿透一座四壁高墙的房子，就像声音穿过墙壁一样轻而易举。霹雳还能穿透坚石、铜块，并且能在顷刻之间就将铜和金熔化掉。它也能使酒瓶中的酒突然间就消失得无踪无影，而瓶子却完好无损。无疑这是因为它的热量能轻易地使土制的酒器变得疏松而且多孔，然后它渗入酒器中，迅速将酒的始基分解并散逸出去。而这一点，你会发现太阳的热量在很长一段时间内也不能做到。尽管太阳光的热量也很强大，但相比较而言，霹雳的威力更加迅猛，更加势不可当。

霹雳是以何种方式而产生的，它为什么会具有如此强大的力量，以至于它们能够在一击之下就将碉堡劈开，将房屋掀倒，将横梁和木柱撕裂，将伟人的纪念碑摧毁而变成废墟，将人杀死，将成群的大批动物抛掷在各处，——霹雳是通过什么样的力量做到诸如此类的事情的？对于这些问题，我将马上向你解释清楚，不会仅仅用许诺来耽误你的时间。

我们必须承认霹雳产生于堆积在高空中厚厚的云层，因为它们既不会产生于晴朗的天空，又不会产生于云层较薄的情况下。显而易见的事实毋庸置疑地证明了这一点，因为在这个时候，密集的云层在空中堆积得如此之高，从而当暴风雨开始孕育它的霹雳的时候，我们会认为所有的黑暗都已经从四面八方跑出地狱，而充斥于整个苍穹之上。满天乌云密布，宛如可怕的黑夜，好像有恐怖的面孔出现在空中俯视着我们。

另外，大海上也常常会出现大片乌云，就像从天上倾泻下来一条沥青的瀑布，巨大的黑影一直覆盖到很远的地方，垂落在海面上，并且还带来夹杂着霹雳和暴风的暴风雨。它本身更是充满了大量的火和风，以致当它降落到地面上时，人们都会全身发抖并飞快地躲开以寻求庇护。所以，通过这一点我们就必须承认，风暴在我们头顶堆积得非常高，因为云块如果不是一层层堆积得很高，就不可能用这样巨大的黑暗遮盖住大地，把太阳的光线都全遮住了；而且，如果不是因为云层在天上堆积如山，强烈的暴雨也不能将大地完全吞没，以至于河流泛滥成灾，浸没田野。

那么，在这种情况下，一切都充满了火和风，因此到处是雷鸣和闪电。我已经在上文中明确阐述过，空空的云层中包藏有许多火种，而且它必定会从太阳光及其热量中吸收很多火种。所以，当大风正好把云朵集中在某处时，它就将压挤出许多热量的种子，并将它自己和那团火混合在一起。这时候，它已经变成了旋风，并进入云堆中那个狭窄的空间里飞快地打转，在火热的熔炉里打造锐利的霹雳。风由于双重的原因而被点燃，一个是它自己的快速运转所产生的极大热量，一个是与火的接触。然后，当风的力量变得越来越猛烈，而且火的强劲冲力又钻进其中时，那成熟了的霹雳在顷刻之间就猛然撕裂云层，迅猛的火焰喷涌而出，闪电的光芒也满满地笼罩了大地。接着一阵巨大的轰隆声随之而来，以至于头上的天空似乎突然间爆炸并猛烈地压倒在我们头上。这时，一种猛烈的颤抖摇撼着整个大地，而高空也响彻着轰隆的咆哮声，因为此时几乎所有的风暴都因巨大的震撼而颤抖，并激起更为猛烈的咆哮。震颤过后就迎来了倾盆大雨，以至于整个天空看起来好像都变成了巨大的雨池，并急骤地倾泻而下，使得大地再次回到了大洪水中。当电闪雷鸣之际，云层被冲破，引起了狂暴的大雨泛滥。

有些时候，当已被激起的风力从外面来到一堆厚厚的、正好孕育着成熟了的霹雳的云团上，那么，一旦狂风击穿云堆，就会出现急剧下落的火旋风，这就是我们的母语所称作的"霹雳"。这种霹雳也可以发生在云层的任何一边，只要是风力所朝向的地方。

有时候也将发生这种情况，即风力在最初加速的时候并不带有火，但在它长长的行程中却逐渐着上了火。在前进的道路上，它不断失掉一些太大的物体，因为它们不能很顺畅地穿过空气；同时它与空气剧烈摩擦并带上了其他一些很小的物体，两者混合在一起，就在飞行过程中产生了火。这种情况很像一只铅球在飞行过程中常常会变热，因为它会一边逐渐抛弃许多冷冰的物体，一边在空气中吸取许多火的微粒。

也可能是因为撞击的力量产生了火，因为冷冷地刮来而不带火的风突然间猛烈地撞击在某个物体上；毫无疑问，这种撞击的力量一定非常大，所以许多火的种子就能从风以及那受到巨大撞击的东西中同时流出来并汇集在一起。就好像当我们用铁棒敲击石头会冒出火花一样；并不会因为铁棒是冷的，它敲击出来的火种就不会聚集得那么快。所以，如果有某样与火相通的、易于燃烧的东西，那么它就完全能被霹雳点着。而且，这种从高空以巨大的力量释放出来的风，决不可能完完全全是冷的。即使它不是在路上就被火点燃烧着，它到达这里时也势必已经热得暖烘烘的。

霹雳的速度之所以这样快，它的打击之所以这样沉重，它落下时之所以往往如此迅疾，这首先是因为在云层中往往会激起一种力量，它不断聚集、壮大，然后筹备了往外冲的巨大能量。然后，当云层再也不能承受这越来猛烈的冲劲时，这股力量就将被挤压而出。所以它能以极其迅猛的速度疾驰，就像从一个强大的弩炮中所射出的炮弹一样。

另外，霹雳是由细小而光滑的元素所构成，并且任何东西都很难挡住这样的物质前进的道路，因为它能穿透狭窄的通道飞过。所以，很少有什么障碍物能减缓或阻止它，它就这样畅通无阻地飞速前行。

其次，所有的重量就其本性而言都要往下落；如果它们又加上了打击的力量时，下落的速度就将加倍，并且那最初的冲力也变得更为猛烈。所以，霹雳就将更疯狂更猛烈地一路打击着任何阻挡它们往下落的东西，并顺着原来的方向继续前行。

另外，因为它经过了一段很长的距离冲过来，它就必将不停地增加其速度，事物由于运动而加速；并且，它不断增加其强大的力量，加大其打击的力度。因为这［速度］使所有霹雳的种子都沿着直线方向带到同一个地方去，迫使它们全都挤入一个唯一的通道上去。① 或许在其运行

---

① 在长距离的运动中，所有的原子逐渐克服了那使运动迟滞的"内部运动"，而形成了一种同一方向的运动，所以整个霹雳的速度就增大。

途中，它从空气中吸取了某些物体，它们用撞击燃烧起它的速度。

另外，它之所以能在物体当中穿行却没有损害它们，在穿行过后仍使它们完好如初，乃是因为流动的火通过这些物体身上的孔道而穿过去。它能贯穿许多的东西，因为霹雳的微粒可以正好落在那些物体的内部颗粒互相联结点上。再者，霹雳可以在一眨眼的功夫就轻易地将铜分解，将金熔化。因为霹雳是由如此精细如此光滑的元素所组成，以至于可以轻易地钻入铜和金子之中，从而在其中畅通无阻，并一瞬间就将所有的联结和纽带都拆散、分开。

在秋天，闪烁着繁星的天宇大厦以及整个大地都很容易受到雷声的震动，那繁花盛开的春季也是一样。因为，在寒冷的日子里火很缺乏，而在炎热的日子风就很稀少，并且云的物质也没有那么厚。所以当天空的温度正处于这两种情况之间时，所有造成霹雳的不同原因都汇集起来。因为一年之中的逆流①混合了冷和热——这两者都是云层铸就霹雳所必需的条件，于是物质中就出现了不和谐和争斗，空气也在混杂着火和风的狂热骚乱中凶猛地咆哮起来。因为，热的开端恰好就是冷的结束，这就是春天；在此季节中，这些格格不入的东西混合在一块，必定互相混战厮杀起来。当那最后的热混合着最初的冷而出现时，就迎来了我们所谓的秋季，此时寒冷的冬就与炎热的夏发生冲突。这就是为什么这两个季节会被称作是一年中的逆流的原因；而且在这些时候霹雳最为常见，天空中也常常会激起许多狂乱的风暴，这也就没有什么值得惊奇了，因为在这种时候，一切都被势均力敌的双方混战所搅浑，一方是火焰，另一方是风与水。

这样才能理解火光闪闪的霹雳的真正本性和霹雳种种作为的力量过程；我们不能通过查阅伊特鲁里亚人（Tyrrhenian）的巫术书卷，徒然地

---

① "逆流"原指海岸间狭小的通道或是在两股逆向的涌流交汇之处的起伏不定的海洋与相互交错的潮流。在此，它被用来指代春季与秋季这两个一年之中过渡性的季节。

去寻找神灵隐晦意旨的征兆，观察天象：飞动的流火来自何方，朝哪一个方向消失；它如何钻入高墙紧闭之地，并在为所欲为之后又如何逃之夭夭，或者这来自天上的雷击到底能够带来多大的灾难①，等等。

但是，如果朱比特和其他神灵能够用可怕的巨响摇撼闪闪发光的天宇，能随心所欲地投掷火焰，那么他们为什么不用霹雳去轰击那些罪大恶极的狂妄之徒，让他们被烈焰穿透的胸膛喷出硫磺一般的火焰，以此来给人类一个严峻的教训？为什么那些并无卑鄙罪恶心思无辜之人反而被烈焰所包围，突然卷入从天而降的火的漩涡中，被火焰无情地吞噬。

为什么神灵们以沙漠荒丘为打击目标而白白浪费自己的精力？或者他们是想借此以锻炼自己的臂力和肌肉？为什么他们要使诸神之父的利箭在射向地面时锉钝？为什么朱比特自己对此也听之由之，而不保留火力以备杀敌？当天空万里无云一片晴朗时，为什么主神从不向地面射击并激起轰轰雷鸣？难道他一定要等到乌云密布之际才亲临其中，以便能近距离地指挥开火？他又是出于何种意图去轰击大海，轰击波涛和海水以及那浮动着的大平原？

另外，如果他想使我们在雷霆大作时有所防备，那他为什么不让我们在霹雳打过来时能够看到？然而，如果他要用烈火在我们毫无戒备的情况下粉碎我们，那他为什么又要在那个地方〔他发射雷的地方〕闹出轰鸣之声，以提醒我们注意躲避？他为什么还要事先集结那些黑暗以及那些爆裂声以及咆哮声？

而且，你怎么会相信他能同时向许多方向发出攻击？或者，难道你要大胆地反驳，说从来没有同时发生过众多的雷击吗？事实上，这种情况经常发生而且必定发生。就好像大雨同时降落在许多地方一样，霹雳也同时在很多个地方降下。

---

① 此处指的是宗教意义上的灾难。

最后，为什么主神要用致命的雷击将诸神的庙堂也击毁，甚至击毁他自己那辉煌的住所？为什么他要毁坏诸神的那些精美神像，并且用粗暴的伤痕毁掉他自己的雕像的庄严法相？为什么他总是轰击那些高耸之地，为什么我们经常在山顶上看到许多霹雳的痕迹？

3. 海旋、云、雨和彩虹

让我们继续讨论。根据这些事实我们很容易就能明白，古希腊人按照其特性而称呼的"海旋"①的东西是如何从天上下到海面上的。有时人们可以看到某种巨大的柱状物从天空中降下，落入大海之中，在它的周遭狂风大作吹起翻涌的浪涛。如果有条船被卷入这场轩然大波，就会受到剧烈的颠簸摇晃并陷入极大的危险之中。

这种现象是这样发生的：有时，激发起来的风的力量无法冲破它所试图冲破的云层，而是压迫着云层往下降，于是就像是有一根柱子逐渐地从天空降落到了海面上；仿佛天上伸下一个拳头和一条手臂往下按，把云潮海浪推进并拉长。②当风的力量最终撕开云，就喷发而出，直冲海面，在海面上激起壮观的沸腾景象。因为当旋风下降时一直转动，就把那柔软的云也随同带了下来。但是当它把大量的云推下来堆在海面上后，那旋风自己突然间就一股脑儿奋力地扎入水中，并且煽动起整个海洋，使它伴着巨大的咆哮声汹涌沸腾。

有的时候，风的漩涡也会把自己卷入云里，从空气中收集云的种子，然后以类似"海旋"的方式自天而降。当它落在地面上并且解体时，它会喷出旋风和风暴，造成巨大的暴乱场面。但是这种情况很少看到，而

---

① 希腊文中的"海旋"含有"火的旋风"的意思，但卢克来修此处没有提到火，而只谈其风和云的一面。这也就是通常所说的"龙卷"或"水柱"。

② 云原先并不是长形的。由于在云里面的风迫使着它下降，所以云越来越长，变成一条长长的柱状物。

且陆地上有山脉阻挡其肆虐的脚步；而在空旷的天空下，在开阔的大海上，这种情况就经常发生。

云的形成是由于：在那高高的天空中，大量飞走的种子突然相遇——它们有些粗糙，虽然它们只是轻微地纠缠，也还是能彼此联结，聚为一体。这些种子先是形成了小的云朵，然后小云朵们又互相交结起来汇集成群，并且随着不断的结合越来越大。它们随着风的吹动而不停地飞行，直到猛烈的暴风雨兴起。

有时还能看到：山峰的顶端越是接近天宇，它的高峰处就越会有浓黑的乌云缭绕。这是因为当云朵刚刚成形，因为极其稀薄还无法用肉眼看到的时候，风就驱使着它们来到了山顶。然后，它们通过聚合变得越来越大，最终集结成一大块，从而显形现身。此时，它们看起来就像是从山的顶峰冒出来升入空中的。当我们爬上高峰的时候，事实和感觉清楚地告诉我们，那空旷开阔的高处充满了疾风。

另外，晾挂在海岸边的衣物会吸收黏稠的湿气，这证明了自然从整个海洋中提取了大量的物质颗粒。从中也可以看出，当海洋的咸潮涌动时，许多颗粒可能一起往上飞升，从而使得云朵增大，因为可以说这两种潮气①有着近亲关系。

此外，我们看到所有的河流以及大地本身都会升起烟雾和水气，就像气息一样从这些地方呼出来并飘升上去，然后使得整个天空充斥着它们的黑色。当它们一点点地聚拢起来时，就为高处的云雾带去了补给。以太高空中的热又从上面向下压迫着云层，把它们压得更为紧致，就像是在蔚蓝的天空下编织了一层云衣。

有时也可能是这样的：那些构成云和风暴的物质颗粒从世界的外面进入我们的天空。因为我已经证明，它们［原子］的数目不可计量，而且深渊［虚空］的总和无边无际。而且我已经指出，这些物质颗粒以极

---

① "两种潮气"是指海洋的潮气和云层中所蕴含的潮气。

为迅速的速度飞驰着，它们能在一瞬间穿越无法言喻的巨大空间。所以，无怪乎风暴和黑暗常常能够在很短的时间内用悬挂于空中的巨大积雨云覆盖海洋和陆地。这是因为在天空所有方向上都有通道，就像是这个伟大的天宇的呼吸道一样，遍布着可供元素进出的出入口。

现在注意，我要来解释潮湿之气是如何在高空的云层中凝结，然后又是如何成为雨水降落到地面上的。首先，你要承认：随着云一起上升到空中的，还有很多来自各种各样的东西的水种子。云和它所包含着的水共同增长着，正如我们自己的身体和血液是按照比例共同增长一样，当然还包括汗液以及体内的其他液体。当云朵被风吹着漂浮在大海之上的时候，它们就像是悬挂着的羊毛一样，常常从海水中吸取大量的水气。同样，水气也以这种方式从所有的河流上升到云里。当许多的水种子进入到云朵之后，它们以多种方式聚积在一起。而且不断地有新的水种子从四面八方补充进来，所以水气充斥过度的云朵就会以两种方式释放出雨水来。一种是由于风的力量把云朵们推挤在一起，当集结得比寻常更大的云块形成后，它就会被风以及自己的重量压下来，雨水于是就落了下来。另外一种情况是，当云被风吹得变薄，或者由于太阳的热力从上面照射下来而变得疏松后，就会吐出雨水并滴落下来，就像放置在热火上端的蜡会迅速地融化为液体状。

当云层同时受到自身积聚的巨大重量的压迫以及疾风的猛烈冲击时，倾盆大雨就会狂暴地一泻而下。当众多水种子十分活跃，积雨云一层又一层、一堆又一堆地从各个地方飘聚而来，青烟袅袅的大地处处吐出水分时，大雨会倾注而下，并且会持续很长时间。

在这个时候，如果太阳光透过阴沉的暴风雨，照射到对面云朵所产生的雨水上，那么在乌云之中就会显现出美丽彩虹的光辉。

另外，关于那些在高空产生并形成的、在云层中聚拢而成的所有东西，无论是雪、风、冰雹、寒霜还是具有巨大力量的冰（它能把水冻结，使奔腾的河流到处停住脚步），只要你完全明白了它们的构成元素具有哪些特性,那么用心想一想,你就能很容易地发现这一切是如何产生以及为何如此产生。

三 地理"异常现象"解释

1. 地震

现在,请注意听我来解说地震的原因。首先,你一定要把大地底下看作和上面一样,到处充满着有风的洞穴,在她的胸膛里还包容着许多的湖泊和水潭,以及岩石和陡峭的崖壁。而且,还有许多的河流隐藏在地表之下奔流,猛烈地翻滚着浪花、拍打着鹅卵石。事实早已表明,大地的构造无论在哪里都是一样的。

因此,既然在大地的下面有这些东西交错排列着,那么,当岁月的侵蚀破坏了那些巨大的地下洞穴并使它们崩塌时,大地就会受到巨大的震荡,地表也随之震颤起来,甚至整座山都会坍塌下来。而且,由于震荡是如此的强烈,一阵阵的颤动迅速向远处传播开去。这其实很好理解,因为当分量并不重的车子驶过时,那稳稳地坐落于街边的整座房子都会随着车子震动起来;而当马路上的石块挡住任何一边的车轮的时候,车子也会颠簸跳动起来。

有时也会有这样的情况:当大块的岩石由于岁月的摧残从大地上剥落,滚入巨大深邃的水潭中,大地会因为水的波动而晃动不已。正如一个容器有时无法保持静止的状态,除非它里面的液体停止前后晃动。

另外,当风在地表下的那些空旷的地方聚集起来之后,它会从某个地方向前猛冲,以其巨大的力量猛烈地冲入那高高的洞穴;大地于是朝着风力闯撞的方向倾斜过去。于是,建造于地面上的所有房子都会朝着同一个方向倾斜。房屋建造得越高,就越倾斜地厉害,横梁也抽了出来,悬在半空似乎马上要向前冲出。然而，尽管人们看到大地上有大块的岩石土块倾覆垂吊，还是不敢相信竟会有一个毁灭期等待着这个伟大的世界。然而，如果风力不减弱的话，那就没有什么力量能够把这个世界从其毁灭的路上止住和拉回。不过，因为风是减缓和聚集交替着；时而重整旗鼓冲杀过来，时而又受到反击而撤退回去，所以，大地虽然时常有颠覆崩溃的危险，却又不会真的毁灭——因为大地会倾歪向一边，然后又会反弹回来；她会向前摇摇欲坠，之后又会恢复其平衡的位置。这就是为何所有的房子在摇晃的时候，顶端会比中间部分摇得厉害，而中间又比基础部分摇得厉害，最下面那层是摇晃得最轻的。

这种剧烈的震动还有另外一个原因：当风或是空气的另外一种巨大力量——无论它们是从外部形成的，还是产生于大地内部——突然间将自己抛进那些巨大的洞穴时，它们会先在那儿胡乱地咆哮着，四处旋转，然后那已经被激动起来的力量会朝外面喷发而出，同时把大地撕裂开，造成一道巨大的裂缝。这种事情曾在叙利亚的西顿（Sidon）以及希腊南部伯罗奔尼撒半岛的艾吉姆（Aegium）发生过①，这些城市被空气的这种喷发以及随后的地震所摧毁。还有许多其他城市的城墙由于大地的震动而倒塌，还有许多城市连同它的居民一起沉到了海底。

有时，虽然风力不足以喷薄而出，但是猛烈的空气和狂暴的风力也会通过大地上无数的空隙散发出去，就像冷颤一样把震动传遍大地。正如当寒气深深地侵入我们的肢体时，我们会不由自主地抖动起来，全身上下不停地打着寒战。因此，生活在城市里的人们由于承受着双重的恐惧而颤抖，他们既害怕着头上的房屋，又担忧着脚底下的洞穴，唯恐大地会在一瞬间把它们都打开，或是把她［大地］自己撕裂而张大着嘴巴，在一片混乱之中用她自己的那些断壁残垣来填满这道裂痕。

---

① 西顿地震大约发生在公元前 5 世纪，艾吉姆地震大约发生在公元前 373—前 372 年。

因此，就让他们去相信天与地是不会毁灭的，相信它们拥有永恒的生命吧。但是，有时近在眼前的危险力量会不时地用恐惧的刺棒捅一下他们：大地很可能突然从他们的脚下撤离并跌入无底深渊，随后万事万物纷纷土崩瓦解，直到整个世界陷入彻底的毁灭。

首先①，人类疑惑：尽管有那么多的水流进了海里，尽管所有的河流从四面八方汇集入海，为什么大自然还是没能使海洋的体积变得越来越大。再加上那到处漫游的阵雨，以及那飞驰的暴风雨，它们洒落于所有的海洋并湿透所有的陆地，另外海洋还有其自己的水泉。②然而，所有这些补给的水量与巨大的海洋相比，几乎只是沧海一粟；所以海洋不见增长也就不足为奇了。

另外，太阳的热度吸收了大量的水，因为我们的确看到在太阳猛烈的光线照射下，浸湿的衣物就能被晒干。但是，我们看到的海洋是如此之多，又是如此的广阔深邃，所以尽管太阳从海洋任何一个既定的点所吸收的水分是极其微量的，但在如此广阔的海面上，它从波浪中获取水分的总量是极大的。

进一步来说，风从海面上吹拂而过的时候，它能带走许多的水分。因为我们可以看到湿漉的道路会在一夜之间被风所吹干，泥泞的土地也会结成硬块。

另外，我已经指明：云也可以带着从海面上吸取的大量水分，在风的吹拂下远去，或是到陆地上去下雨，将水洒落到世界的各个地方。

最后，既然大地具有多孔渗水的躯体，既然她与海洋相连并以海岸把海洋包围着，那么，正如水会从陆地流入海洋，同样水也必然会从咸的海洋渗入陆地。海水中的盐分被过滤掉了，水分则一直渗透，最后在河流的源头全部汇集起来。这时它又成为新鲜甘甜的水流，然后再次从

---

① 该段前后不连贯，一般认为是由于作者没有修订，而不是篇章上的缺损。
② 海洋底下的泉水，作为水源补充着海水。

那里出发,并沿着那曾经为运送水流而开辟的河床再次流经陆地入海。

2. 火山爆发,尼罗河泛滥

现在,我要来解释一下:为什么疯狂无比的火焰有时会从伊特那火山的咽喉喷发出来。那出现在西西里原野上的君临万物的怒火的风暴,其破坏力是非比寻常的。它吸引着邻近各国的所有眼球;人们看着整个天空都冒着浓烟和火花,心中充满了恐惧,以为自然正在制造宇宙大毁灭。

在考虑这些事情的时候,你应该眼光开阔,视野深远,而且要审视所有很远很远的地方,这样你才能记住万物的总量①是多么的深不可测,认识到我们的天空②在整个宇宙中是多么微不足道的一部分,甚至还比不上一个人在整个大地上所占的比例。如果你能够把这点铭记于心,清晰地看着它,明白地理解它,你就不再会为许多事情感到惊奇了。

如果有人得了热病,全身发起了高烧,或者是其他什么疾病而使他全身疼痛,我们中间有谁会为此感到惊奇?有人脚突然肿胀了起来,于是强烈的剧痛折磨他的牙齿,或者侵入他的双眼;那被诅咒的火焰③会突然出现并在全身蔓延开,使它所占领的每个部位燃烧般地疼痛起来,而后蔓延到整个身体。这丝毫不足为奇,因为存在着的种子有无数的种类,而这个大地和天空又产生了足够多的有害疾病,由此就可以衍生出不可计量的疾病。因此,同样我们必须相信整个的天空与大地能从无限的宇宙中获取所有东西的供给,足以使大地在瞬间震动起来,使急速的旋风横扫陆地和海洋,使伊特那山喷发出火焰,整个天空燃烧在一片火海中。有时也会发生这样的情况:天空燃烧起来了,而暴风雨却更为急剧地下着,这是因为当时雨水的种子正好聚积起来导致了这样的效果。

---

① "万物的总量"(summam rerum)指的是整个宇宙。
② "我们的天空"(caelum unum)指的是我们这个世界。
③ "被诅咒的火焰"指某种"丹毒"之类的病毒。

"但是，大火燃烧起的那种狂暴的火焰实在是太巨大了。"是的，如果一个人以前从未见到过更大的河流，那么他所见到的最大的河流也是巨大的。一棵树和一个人也有这样的情况，反正人们所见的任何一类事物的最大者，都会被认为是巨大的，尽管所有这些——连同大地、海洋和天空在内——对于整个宇宙来说，是多么的微不足道。

下面我将要解说的是：火焰是如何被激起，然后突然间从伊特那山巨大的火炉喷发而出的？首先，整座山峰的底下是空的，绝大部分是靠玄武岩石形成的岩洞所支撑着。在这些洞里面漫溢着风和空气，因为当空气受到搅动后就变成了风。① 当风由于摩擦变热以后，就会把热传递给它所接触的周边岩石，直至使大地也变得热起来，于是它们击打出了迅速吐着火舌的烈焰。火焰升上来，通过山峰的咽喉笔直地向上蹿出。就这样，火焰被送得远远的，烟灰抛洒在各处，又厚又黑的浓烟翻滚着，同时还抛出来重量惊人的石块。所以，你可以确信这是由于空气的狂暴力量所致。

另外，这座山的山根部有很大一部分为海水所环绕。海浪拍打着它，然后又吸回浪花。海底有许多的洞穴，它们正好能通达山峰那高高的咽喉的底部。我们必须承认，混杂着水的风进入了这个咽喉，而这种情况又迫使它们往上升。于是，它们从外面的大海深深地穿透至海底，然后又吐出来，并高高地喷出火焰，把石块抛掷上去，冒出沙尘土云——在山峰的最顶端有他们称为"臼钵"的火山口，也就是我们所说的"咽"或"口"。②

另外，对于别的许多事情也一样，仅仅指出一个原因是不够的。我

---

① 卢克来修认为空气和风是两种不同的东西，虽然在实质上它们是相近的。他认为空气运动之后会失去一些自己特有的原子，而获得别的一些原子，这样就转化成为了风。

② 这里的"他们"指西西里岛的希腊人，"我们"指的是罗马人。"臼钵"的原意是用来捣搅用的拌臼容器，其形状确实与火山口相似。不过卢克来修似乎认为这个名称的合适还在于火山熔岩是沙土石块以及火焰在地下洞穴中的搅拌混合。

们需要举出很多的原因，其中之一必然是真正的原因。比如假设你看到一个人的尸体躺在远处，你会觉得有必要列出导致死亡的所有可能原因，从而使他的真正死因能够因此被提及。虽然你不能确切证明他是死于利器还是寒冻，又或是疾病还是毒药，但是我们知道他的死亡一定是由这类原因所导致的。我们在其他的许多场合下更加要这么谈说。

在夏天时，那全埃及的尼罗河就会涨潮泛滥，淹没所有的平原，这种情况在世界上是独一无二。在整个仲夏最炎热的时候里，尼罗河都会灌溉全部埃及。这要么是因为夏季刮的北风——人们称那个时节的风为季风①——正好对着尼罗河口吹，阻滞了河水的流向，使得它的水倒灌着往上流，从而河水鼓涨起来并停止了入海的脚步。因为毫无疑问，这些从极地寒冷的星座吹过来的风的确是逆着水流吹的。这条河发源于南方炎热的国家，那是日中地区②的心脏所在，位于太阳的曝晒下的黑人族落中间。

这也可能是由于海洋在狂风的吹动下，卷起了泥沙推向内陆，从而大量的泥沙堆积起来堵住了河口、拦住了水流，结果河口就不那么畅通，河水也就不怎么容易奔流入海了。

同样，还有可能是因为在这个时节，河流的发源地的雨水更为充沛。当季风从北方吹过来时，它把所有的云块都聚集到了这些地方。你可以确信，风把云层驱赶到了日中地区聚拢起来，最后云集在高山顶上，并且受到猛烈的压迫［从而下起雨来］。

或许，河水的涨涌起源于埃塞俄比亚的高山之间，因为当光芒四射的太阳用它的光辉照耀着万物的时候，山顶的积雪就融化成水，流入平原。

---

① 夏季的季风在爱琴海上刮的时间是从天狼星出现后开始，延续大约 40 天。
② "日中地区"（media ab regione diei）指的是靠近地球赤道的南方地带。

3. "无鸟之湖",奇特的泉水

现在,我将解释那些被称为"亚味拿斯"的地方及其无鸟的湖泊①,它们到底具有哪些性质。

首先,"亚味拿斯"这个名字得自于这些地方对所有的鸟类都是很危险的特点。因为当鸟类径直飞到这些湖泊上去的时候,它们会忘却鼓动翅膀,放慢飞行的速度,脖子软弱无力地垂着,直挺挺地往下坠,最后掉落在地上——如果那儿正好是陆地的话;如果下面正好是一个"亚味拿斯"湖,那么它们也可能掉到水里。在库马(Cumae)附近就有这样一个地方,那里的山峦之间遍布着许多的温泉,弥漫着烟雾和刺鼻的硫磺味。

在雅典城内也有一个地方,位于卫城的顶部,就在生命的赐予者——特莱顿②的雅典娜神——的神庙旁。聒噪的乌鸦从来都不会飞近这个地方,甚至当圣坛燃起了祭祀品的香烟的时候。它们之所以小心谨慎地避开飞行,并不是像希腊诗人所吟唱的那样,因为雅典娜对于它们的过分警惕性感到愤怒③,而是这个地方的本性使然。

据说在叙利亚也能看到这样一个地方,只要四脚的野兽一跨进去,就有一股自然的力量迫使它们重重地瘫倒在地,就像它们突然之间被杀翻在地,用来祭献那些阴间的神灵。

---

① "亚味拿斯"(Avernus)是意大利的一个湖泊,据说是通往幽冥之门,它散发出有毒的气体,把所有飞过的鸟类都杀死,所以古代把它与"无鸟的"(Averna)联系起来。卢克来修用该词指所有对鸟类来说是致命的地方。

② 特莱顿(Tritonian)是古典神话中半人半鱼的海神,后来又指和他同样形状的他的侍卫们。

③ 奥维德的《变形记》II,第542—565页。雅典娜把装有厄丽克顿尼亚斯(Erichthonius)的婴孩的箱子交给刻克洛普斯(Cecrops)的三个女儿看管,但不许打开。她们违反她的命令打开了箱子。有一只乌鸦看到之后向雅典娜报告,但女神却因为它们侦察过于殷勤而大为震怒,把乌鸦永远驱逐出卫城。

但是，所有这些事情都是由于某种自然的原因而发生的，导致它们产生的根源也是显而易见的。所以，我们不应该相信在这些地方敞开着通往地狱的大门，也不要想象地下的神灵会突然在此把生灵拉下到地狱的周边，好像那敏捷的麋鹿常常用鼻孔的呼吸把爬行类动物从洞穴中吸出来一样。要知道这种想法远远背离了真正的理性。下面我将尽力把事实的真相告知你。

首先，正如我以前常说的那样，大地包含着各种事物的元素，其中许多可以构成食物，有益于生命，也有许多给我们带来了疾病，并且加速死亡的到来。我以前已经说明，由于不同的事物具有不同的性质，不同的结构组织和基本形状，不同的事物适合于不同动物的生活目的。许多有害的元素进入了耳朵，还有许多危险的而且触摸时感到粗糙的东西竟然钻进了鼻孔；另外还存在着不少东西是不能碰触、不能观看或是不能品尝的。

其次，你还可以看到有许多的东西令人讨厌而且十分危险，能使人类产生极其有害的感觉。首先，有某种树木的树荫处是非常危险的，如果有人躺在它下面的草坪上的话，就会头疼起来。在希里康的那些雄伟的高山里也有一种树，它惯于用花朵的恶臭气息把人弄死。这些事物的原因都来自土壤，对此你可以深信不疑；因为大地具有很多事物的许多种子，它们以多种方式混合在一起；当大地释放它们时，它们就相互分离。夜明灯刚刚熄灭之际，会有强烈的气味侵入鼻孔，这会使患有癫痫症的病人当场麻木晕倒。当一个妇人在她的经期闻到调味瓶那浓郁的味道时，她就会瘫倒在床，昏昏入睡，精美的手工活也从她那柔软的指间滑落。另外还有许多的东西也能够使柔软的全身四肢松弛下来，而且使得灵魂在它的栖息之所内摇摆不定。再者，如果你在饱食之后就马上长时间地洗热水澡，那么你很容易就会在热水沐浴的过程中晕厥过去；还有，木炭的浓烟是多么容易地进入我们的大脑，除非我们先喝些水。但是，当一个人的四肢为燃烧般的高热所征服的时候，酒的味道就能对他产生致命的打击。你难道也没有看到，硫磺是在大地自身中产生的，而沥青则凝结成团并散发着恶心的气味？还有，当人们为了追寻金与银的矿脉而手持工具在地壳的最为隐秘的地方到处搜索的时候，斯卡普顿苏拉①从地下发出多么恶臭的气味！从那些金矿散发出来了何种的有害气体！它们竟然使人们变成什么样子，什么肤色了！你难道没有看到过或听说过，那些为生计所迫干这种活的矿工们是如何在很短的时间内就死去，他们的生命力是如何丧失的？因此，所有这些有毒的气体都是从大地里涌流而出，而后到达开阔的地面上以及相应的空中。

同样的，那些"亚味拿斯"的地方也必定向鸟儿发散出致命的毒气。这种毒气从大地升到空气中，然后毒化了一部分的天空。因此，一旦鸟儿鼓动着翅膀向这个地方飞过来，就会被这隐形的毒气所阻止并劫持，然后朝着毒气散发出来的地方径直地坠落下去。当鸟儿掉落在地上的时候，同样的力量就把它体内所残留的生命力一并带走。因为起初这种毒气使鸟类产生一种晕眩的感觉，然后，当它们坠落在那毒气产生的源头时，就不得不把生命彻底放弃，因为那儿围绕着它们的毒素实在是太多了。

有时候，"亚味拿斯"所散发出来的力量和气息驱走了地面和飞鸟之间的空气，几乎造成了一个真空地带。当鸟儿正好飞到这里的上空时，它们翅膀的拍打就会立即停止，失去效用，两翼的任何努力都徒然无益。在这种情况下，既然它们无法依靠双翅获得浮力和支撑，那么自然就迫使它们由于自身重力而坠落下来。它们躺在那里，灵魂从躯体的所有小孔散发出来，飘散在那真空区域中。

进一步来说，夏季的时候水在井里会变冷，因为土地受热会变得稀疏，并且把它所拥有的热种子散发到空气中去。因此，土壤的热量耗尽得越多，隐藏在它里面的水的温度就会变得越发冰冷。再者，当整个大

---

① 斯卡普顿苏拉（Scaptensula）是一个以矿藏闻名的小镇，位于色雷斯(Thrace，爱琴海至多瑙河之间的巴尔干半岛东南部地区）。

地因为寒冷而收缩变形，并且仿佛凝结为一团的时候，很自然就会有这样的结果——大地在收缩中把它所带有的热挤出来，进入到井里面。

据说，在阿蒙神①的神庙旁边有一眼泉水，它在白天的时候是冷的，但到了晚上就变成热的。人类对于这眼泉水感到无比的惊奇，有人竟然还认为，当夜晚用可怕的黑暗将大地遮盖时，地底下那猛烈的太阳把泉水烧沸腾起来。但是这与真正的推理相距太远。因为当太阳直接照射在毫无遮盖的水体上时，尽管它的光线中包含着巨大的热量，还是不能使水的上层变热。所以，当太阳在如此粗厚的大地下面时，它怎么能穿过土层，使水充满高温？尤其是，众所周知它的热量几乎不能够穿透房屋的墙壁，即便它的光线是多么的热烈。

那么，究竟是怎么一回事呢？可以肯定，那是因为泉水附近的土地与别的地方相比，具有更多的小孔，而且在那里还有更多的火的种子。因此当夜晚用它那带着露水的浪潮淹没了整个大地时，大地就会立即通体变冷并且收缩起来，于是把它所具有的所有火种子挤进泉水里，就像有人用手握拳榨取一样，这使得泉水变热并冒出蒸汽来。再者，当太阳升起来以后，它的光辉搅动了泥土，使得大地由于和光线的混合而变得稀疏，于是所有的始基都复归原位，水中的所有热量也都撤回到土地中。因此，泉水在白天的时候就会变冷。

此外，流动的水也会被太阳的光线摇晃不已，所以曙光那颤抖的热浪会使水变得稀疏多孔。这样，水就把它所包含着的火的种子都释放出来（就像它经常释放出自身所包含的寒冷一样），而且把冰融化，把它的结打开。

还有，在一个叫做多多那（Dodona）的地方有一眼冷泉。如果在它上面搁一条绳子，那么泉水中就常常会有火焰蹿上来，一下子把绳子点

---

① 阿蒙神（Ammon）为古代埃及的太阳神。希腊人把他看作是宙斯，罗马人把他看作是朱比特。

燃。如果是火把放在上面的话，也会立即着火，然后在水面上燃烧着，并随着风的吹拂而四处漂浮。毫无疑问，这是因为水里有许多火的种子，在大地自身的深处也会冒出许多的火的颗粒，它们穿过整个泉水向外涌出，同时又像气息一样呼出上升到空中。不过，它们的数量并不是太多，不足以使泉水变热。此外，还有一种力量迫使着它们突然从水里冲出去，消散在外面，然后又在水面上汇集在一起。

这就像位于大海之中的亚拉杜斯①泉，它能够与周围的苦涩海水相隔离并涌出甘甜的清泉。在别的许多地方，大海在一片咸水中也涌出甘泉，为干渴的水手们提供及时的援助。同样，那些火种子能通过别的水泉喷发出来；然后，当它们在绳索上相汇合或是黏附于火把之上的时候，就很容易在瞬间燃烧起来，因为绳索和那漂浮的火把本身就带着许多火的种子。

你难道未曾见过这样的情形：如果你把刚刚熄灭的蜡烛芯靠近灯火，它会在碰到火焰之前就着火；火把也是一样。还有许多别的东西，它们在离开吞噬的火苗还有一定的距离时，就会由于接触到热而燃烧起来。我们必须相信这种情况也发生在那眼泉水那里。

4. 磁石

接下来，我要开始讨论是什么自然法则使得铁能够被一种石头所吸引——希腊人按照那种石头出产地把它命名为"马奈特"（magnet，磁石），因为人们是在马奈特人②的地界发现它的。这种石头令人大惑不解，因为

---

① 亚拉杜斯（Aradus），位于腓尼基（Phoenicia，地中海东岸古国）附近的一个海岛。

② 磁石的拉丁文名是 magneta。"马尼西亚"（magnesia）位于小亚细亚西部。但近代研究对于这种因产地而得名的说法提出怀疑，而说它得名于其发现者 Magnes。磁铁现象一直让希腊哲学家入迷，泰勒士把它归因为"灵魂"，恩培多克勒、德谟克里特和伊壁鸠鲁用"流射"说解释其力量。卢克来修这里的讨论可能受到柏拉图《伊安》533D-E 的影响。

它经常能吸吊起一连串的小铁环。有时，你可以看到五个或是更多的小环相连悬垂着，随着微风的吹拂而摇摆；它们一个接着一个，环环相贴，每一个环都能直接或间接地受到磁石吸引力的作用；磁石的力量可以渗透贯穿如此之远！

你在解释这一类事物之前，必须首先把许多的法则建立起来；所以，你必须走一条长长的迂回之路。故此我要求你全身心地注意听我讲。

首先，我们所见到的任何东西的内部都必定有物质颗粒不停地流动，并且向外释放散布出来。这些颗粒撞击着我们的眼球，从而引起了视觉。某些物体还会不断地冒出气味来，就像从河流里冒出寒气，太阳冒出热气，海浪在拍打海岸时冒出雾气一样。各种各样的声音也一直渗流于空气中，从未停息过。还有，当我们漫步于海边的时候，带有咸味的湿润气息常常会进入我们的嘴里；当我们看着苦艾与水调和的时候，我们就会感觉到苦味。所以确信无疑的是：所有的事物都有各种的物质流失并向四周消散。这个过程不会出现任何放慢和停歇，因为不断地感受到它：我们每时每刻都能看到各种事物，能闻到它们的味道，并且能听到它们的声音。

而且，我还将再一次重复：所有的事物都具有一个如此多孔的身体，这一点我曾经在第一章中阐明过。因为事实上，尽管理解这一点对于许多问题都很重要，但是就我现在将要讨论的问题而言，尤其有必要一上来就先确定这一点：我们看见的任何事物都是由混杂着虚空的物体构成的。首先，我们看到洞穴顶上的岩石在湿漉漉地流汗，并且还渗出一颗颗水珠滴下来；汗水也从我们身体的各个部分渗出来；我们长着胡子；我们的四肢以及全身都覆盖着毛发；食物被输送到全身的各条管脉，营养和滋长着身体的各个部位，远至小小的指甲。我们感到寒冷和温暖能穿过铜；当我们手里拿着满满的酒杯时，还感到它们穿透了金和银。再者，在一个房子里面，声音能够穿过屋子的石壁，气味也能渗透进来，还有寒冷和火热——火强大得能穿透铁。此外，在天空的盔甲所包围着的场所，云的种子和风暴的种子都穿透进来，还有一些病毒也从世界之外进来了。大地和天空兴起的暴风雨会自然而然地重新撤走，再次回归到天空和大地之中；故而没有任何存在的东西不是由多孔的物质所构成的。

另外，不是所有从事物中被抛出去的东西都对感官产生同样的作用，或者对所有的东西都同样地合宜。首先，太阳烘烤着大地使之干燥，但是它会使冰块解体，并且用它的光线把那堆积在高山上的积雪融化掉。其次，当蜡块放置在太阳的热力之下时，就会融化成液体。同样，火也能使铜熔化，把金溶解，不过它却使皮肤和肉体收缩并褶皱起来。液体的水把刚从火里取出来的铁变硬，但是受热变硬的皮肤和肉体则又因为水而软化。野橄榄树给那长须的山羊带来了巨大愉悦，它们就像是在饱餐神的食物，沐浴在琼浆玉液之中一样。然而对于人类而言，世间再也没有什么其他树叶比橄榄树的叶子更加苦涩了。再次，猪闻到茉沃剌娜油的气味就会赶紧逃开，它害怕任何一种油膏。这些有时能让人获得新生的东西，对于长着鬃毛的猪来说却是剧毒的。反之亦然，尽管泥浆对于我们来说是最为可恶的污秽，却能给猪带来无比的欢乐，以至于它们乐此不疲地在其中打滚。

在我开始谈正题之前，还有一个问题最好先说一说。既然不同的事物都具有许多的小孔，而且这些小孔势必各不相同，各自有独特的本质和路径。① 事实上，生物具有多种感官，每一种感官以其特有的方式感知事物。比方说，我们观察到声音是从一个感官进入，味道则从另一个感官进入，气味又是从别的感官进入。此外，我们看到一种东西能够渗过石头，另外一种东西能透过木材，还有别的东西能穿过金器，另外还有东西则能够渗透银和玻璃——正如我们所看到的，事物的影像能够穿过玻璃，温暖能够穿过银制品。而且即使对于同一事物，有的东西也比别的东西能更为迅速地通过。显然，这是小孔路径的性质迫使这种情况发

---

① "小孔的性质"指小孔的形状；"小孔的路径"指小孔的方向。

生的，因为正如上所述，由于本性和组织方式的不同，这些小孔千差万别，不可胜数。

现在，所有这些原则都已经被完全确立起来，可以很方便地供我们运用了。剩下来要做的事情就非常容易了。我们将借助这些前提推论出一个解释，以便清楚地揭示磁石吸引铁的全部原因。

首先，从磁石里必定流出了许多的种子，或者说是一股磁流；它用它的击打把磁石和铁之间的所有空气驱走。当这个空间被弄空后，两者之间就形成了一大片真空；于是铁的始基马上就滑了过去，互相联结着掉入那个真空里，结果铁环本身也这样跟随着行进，作为一个整体移了过去。而且，也的确没有任何东西的始基能像坚固的铁那冰冷粗糙的物质一样纠缠在一起，紧密地黏结着。正因为如此，这就更不足为奇了……如果大量的微粒从铁中涌出后不能进入真空，如果没有铁环紧跟其后……① 但是事实上它们能够，而铁环也跟在后面，直至抵达磁铁，被那无形的束缚力紧紧贴住。在任何一个方向上都可以发生这种状况，无论这个真空是在哪里形成的，不管是在磁石的侧面还是在上面，附近的种子都会立即被吸入真空中。事实上，它们是被别的方向来的撞击所推动的，它们并不能靠自己的力量升到空气中去。②

进一步来说，这个过程之所以很容易地发生，是因为还存在其他的影响。情况是这样的：一旦铁环前面的空气变得稀疏，那里的空间变成了真空，所有在铁环后面的空气就会立即把它往前送，好像从后面推着它一样。因为事物周围的空气总是永不停息地击打着它们，但为何空气能推进铁环的原因，就在于铁环有一侧出现了真空，可以把它接纳进去。我所说的这一空气以微妙的方式迂回潜入铁环内部的大量空隙中，直至到达它的那些细小的颗粒，然后就驱策和推动着铁环，就像风吹着帆使

---

① 此处原文不清。

② 在真空里面不存在任何抵抗撞击，所以一旦真空出现，真空边上的种子就会被从别的方向来的撞击推入到真空里，这并非种子自身的自动运动（那是不可能的）。

船行进一样。再者,既然所有的事物都具有多孔的结构,它们自己的躯体里面必定都有空气;而且,所有事物四周都被空气紧紧包围着。因此,那深藏在铁环里面的空气总是受到不安分的运动的刺激,所以毫无疑问它们会撞击铁环,并且从内部使得铁环动起来。可以相信,当[这些动力使得]铁环向某个方向蓄势欲动时,它们就会朝那个方向跃进,并冲进那个真空中。

有时,铁也会从磁石退离开,它总是时而逃离,时而紧随。我曾经看到过萨摩色雷斯(Samothracian)的铁环跳舞。当磁石放置在铜碗下面的时候,碗里的铁屑就疯狂跳动起来,看上去非常急于从磁石逃开。当铜搁在这两者之间的时候,就会导致它们的骚乱。无疑那是因为铜碗中的颗粒流首先释放出来,占据了铁的空闲着的通路。等到后来磁石颗粒流到来时,发现铁里面所有的空间都已经被充满了,于是找不到它以前可以流过去的路径。因此,磁石被迫用它自己的颗粒流来撞击铁的组织。就这样,磁石就排斥铁并且透过铜使它们跳动起来,而在没有铜在场的时候,本来磁石是吸引铁的。

在此,你千万不要对于磁石流不能推动别的东西的事实感到大惊小怪。因为有些东西凭借自身的重量就站得稳稳当当,例如黄金;还有些东西有很多的孔,可以让颗粒流毫无阻挡地通过,这些东西也就无法被推动,比如我们常见的木材。介乎于这两类东西之间的是铁,当铁获得了一些铜颗粒之后,磁石的颗粒流就能把它推动。

有些东西相互之间特别有亲和力,而对别的东西就没有,对此我能找出很多合适的例子来解说。首先,你看到只有灰泥能把石块接合起来;木材只有用牛胶才能黏牢,而且黏得如此之牢,以至于牛胶的接口在松开之前,木板已经先破裂开了。葡萄汁很容易和泉水混合在一起,但是却无法与浓稠的沥青以及清淡的橄榄油混合。贝壳的紫颜色与羊毛这种物质的结合是那么的紧,它们到哪里都无法被分开,即便你用大海的潮水也不能使它复原,即便用整个海洋的水都不能把它洗掉。再者,难道金和金不是由一种东西①焊接起来的,难道铜和铜不也是由锡所连接起来的吗?我们还能找到许多别的这样的例子,但这毫无必要。你完全不需要绕这么大一个圈子,我也没有必要在这一点上浪费精力,最为合适的方式是把许多事情用几句话简要地概括一下:当事物的组织结构互相契合,这个事物空隙的地方正好与那个事物密实的地方相合,而那个事物空隙的地方又与这个事物密实的地方相合,那么就会有最好的连接。另外,有些事物也可能以环与钩的方式彼此互相连接着,在磁石和铁之间发生的情形看来就是这样的。

四　疾病与瘟疫

1. 疾病的原因

现在,我要来解释疾病的原因,以及疾病的力量是从哪里突然集结产生,给人类和牛羊牲畜等带来毁灭性的大灾难的。首先,我在前面已经说明,在这个世界上有许多的种子存在着,它们维持着我们的生命。但是另一方面,世界上也到处飞舞着带来疾病和死亡的种子。当这些种子偶然集结在一起时,就会把天空投入一片混乱之中,而且使空气充满了病毒。所有这些疾病和瘟疫的力量要么是从世界的外面来的,就像云和雾一样从天而降;要么是从大地本身中集结并上升的,土地在失调的雨水和阳光的打击之下会由于潮湿而变得腐败。

你难道没有看到,远离祖国家乡的人会因为水土不服而生病,这正是因为各地的气候与水质等情况的差异太大了。我们难道看不出英国

---

① "一种东西"指硼砂。

的气候如此的不同于那位于地轴下倾之处①的埃及的气候？它们又与本都（Pontus）②和加地斯（Gades）③以及那些被烤黑了皮肤的黑人部落的气候如此的不同。正如我们看到的，在四种风以及天空的四个区域下，就有四种不同的气候。所以我们看到人们的肤色以及面貌大不相同，并且疾病也根据不同的种族各有差异。例如，在埃及中部尼罗河流域，有一种"橡皮病"的疾病，但这种病在别的地方却没有发现过。在阿提卡(Attica)，人的脚部会常常得病，而在亚该亚（Achaean）地区，眼睛则经常会受到袭击。因此，对于不同的部位和器官而言，不同的地区所具有的危险程度是各不相同的，这都是由于空气的不同种类所导致的。

因此，当一个对人类不相宜的天空碰巧开始运动起来，而且一股危险的空气开始蠕动蔓延开来，它就会像云或是雾一样缓慢地潜行着，每到一处就引起混乱，迫使变化发生。当这股危险的空气进入到我们这个天空后，就很可能把我们的天空毒化成和它一样，而与我们格格不入。

于是，一种新的灾难或是瘟疫就突然地降临了，它要么降落在水面上，要么停息在谷物或者人类别的食物或牲畜的饲料上；有时这种力量甚至就悬浮在空气里，当我们呼吸的时候，就会吸入那被毒化了的气体，毒气就进入到了我们的身体里面。瘟疫也常常会以同样的方式来到牛群中，大瘟热甚至不放过懒散的羊。不管是由于我们旅行到了一个对我们身体不利的地方，换了一处天穹；还是由于自然本身给我们带来了一个被毒化的天空或是别的什么我们所不习惯的从而容易受其侵袭的新东西，[瘟疫就降临了]。

---

① 古代人认为地轴是倾斜的，北极是最高点，南极是最低点，而且向埃及斜下去。
② 本都，黑海南岸古王国。
③ 加地斯，西班牙的地名。

2. 雅典的瘟疫

这样一种病因[①]，这样一种带来死亡的气流，它曾经使刻克洛普斯[②]的疆域尸横遍野，道路荒弃，城郭耗尽。它起源于埃及腹地，穿越了广阔的天空和大海，最终灾难性地降临在潘地安[③]的人民的身上，结果使他们被大批大批地交给了疾病和死神。

最初的时候，他们觉得头部火烧难耐，双眼充血，因为眼底处处上火；喉咙红肿发黑，声道溃疡阻塞，舌头——心灵的发言人——也渗出血来，疼痛虚弱，沉重难举，摸上去很粗糙。在这之后，疾病通过咽喉进入并充满胸膛，等到它进入到病人那痛苦万分的心脏的时候，生命的所有防护墙就分崩离析了。呼吸会从口中送出恶臭的气味，就像那抛弃在荒野的腐尸所散发出的刺鼻的臭味。这个时候，心灵所有的力量和整个身体都变得虚弱无力，处于死亡的边缘。这些无法忍受的苦楚还伴随着焦虑的痛苦以及哀伤的呻吟。日以继夜的呕吐使肌肉和四肢不间断地发生痉挛，使它们几近衰弱，最后拖垮了那些几乎精疲力竭的人们。

然而，你并不能在任何人的皮肤表面上察觉出有很高的热度，用手摸上去只会给人一种微温的感觉；同时，全身都会因为溃疡而发红，就像被灼伤了一样，肢体犹如遍布了那受诅咒的火焰。[④] 但是，人体内部却一直燃烧到骨头，胃部里也有火焰在燃烧，就像是在火炉里烧那样。任何轻盈或稀薄的东西都无法用来遮盖身体，除了那冷风还能使痛苦缓

---

① 在这里，卢克来修描写了公元前430年雅典那次著名的瘟疫，其描述肯定参照了修昔底德的《伯罗奔尼萨战争史》的2.47—52。但是卢克来修把这场瘟疫放在全文结尾写，有自己的伊壁鸠鲁派哲学治疗的目的。

② 刻克洛普斯（Cecrops），希腊传说中的英雄，雅典创建者、第一任国王。

③ 潘地安（Pandion），传说中的雅典国王。

④ 这就是所谓"丹毒病"。

和些。①有些人把自己染上瘟疫而发着高热的躯体抛进冰冷的溪流,赤身裸体跳进水里。还有很多人一头扎进那深深的水井中,大张着的焦渴嘴巴最先入水。一种无法平息的干渴吞噬着他们的身体,再多的水都无济于事。

痛苦的折磨从未有过片刻的停歇,使那精疲力竭的躯体只能卧躺不起。药品也无能为力,只能在无声的恐怖中低声嘟囔;因为显而易见,人们时时滚动着张大的眼睛,那些眼睛由于长时间的失眠以及患病而燃烧。

而且,那时还出现了许多其他的死亡征兆:在极度的悲伤和恐惧中混乱失常的心灵,阴沉的额头,疯狂暴躁的面容,在折磨下充满嗡嗡作响声的耳朵,急促的呼吸或是间歇很久才发出的沉重呼吸;潮湿的汗珠挂在脖子上闪闪发亮,稀薄的唾沫颜色发黄并带着浓浓的咸味,伴着嘶哑的咳嗽从喉咙里艰难地咳出来;双手的肌肉不停地扭曲,四肢不断地抽搐,冰凉的感觉从脚趾开始一步步地蔓延至全身。到了后来时,鼻孔也受到压缩,鼻端变得削尖,双眼深陷下去,两鬓凹进,皮肤也变得冰冷僵硬,嘴巴张开着并向嘴角下垂,额头却始终紧绷着。不久,他的肢体就会变得僵硬死去。一个人得病后最多还有八天可活,或者最大限度到第九天就得放弃生命。

而且,即使他们中有什么人能侥幸逃过这一死劫,以后那些污秽的溃疡以及那从肠胃里排泄出来的黑色污物仍然会慢慢消耗他的生命,死亡仍然等候着他。或者,他那堵塞的鼻孔里常常会流出污血,并伴随着头痛,从而使他的所有力量和生命物质都随之流失。进一步说,如若他还能从这污血横流中幸存下来,疾病还是会转而进入到他的肌肉、肢体甚至生殖器中。有些人是如此害怕靠近死亡的大门,竟然用刀割去男根而活了下来;还有些人没有了手或是脚,却仍然要滞留在这个世界上;

---

① 病人不能忍受任何的衣物,不管它是多么的轻;唯一的缓和剂是冷风。

有些人则双目失明地活着。他们对死亡的恐惧是何等的强烈！此外，还有些人失去了一切记忆，甚至不记得自己是谁了。

尽管未曾埋葬的尸体一个叠一个地堆在地面上，成群的飞鸟和野兽要么远远地跑开以躲避那恶臭的气味，要么咬了一下尸体后立即晕倒在地并很快死去。其实，在那些天里几乎见不到飞鸟，也见不到阴郁的野兽从森林里出来。它们大多由于患病而变得虚弱甚至死去，其中最为严重的就是那忠诚的犬类。它们四处躺卧在街上，十分不情愿地吐出最后一口气息，因为疾病的力量把它们的生命从肢体中猛扭出去。

孤单的葬礼一个个仓促地草草了事，无人出席哀悼。也没有什么行之有效而且普遍适用的治疗方法，因为那吸入空气和仰望天空的治疗方法曾经给某些人带来生命的力量，但是对于别人来说却正如毒药，并带给他们死亡。

但是，在这种情况下，最为悲惨最为令人为之长太息而掩泣的乃是：当一个人发觉自己染上瘟疫时，就会觉得自己被判了死刑，于是伤心欲绝卧床不起，满脑子想着死亡，直到他的灵魂最终抛弃了他。的确，这种贪得无厌的瘟疫一刻不停地蔓延着，它一个个地掳掠了无数的性命，好像他们不外是牛羊一样的牲畜，也正是这样的传染性使得死尸上堆着死尸。如果有谁由于太过强烈地渴望生命、恐惧死亡而逃避责任不愿照顾染病的亲人，那么，对职责的懈怠自然会惩罚他们，使他们卑鄙下贱地死去，被人遗弃，得不到任何帮助。那些服侍生病的亲人的人也会染上疾病死去。他们的良知以及病人的恳求呻吟和时不时的责备都迫使他们承受那辛劳的看护工作。所有那些高尚的人都是以这种方式死去的。

……人们奋力埋葬了死去的大量亲人，死尸一个堆着一个。他们在哭泣和哀伤中精疲力竭地回到家中，然后很多人就因为忧伤而躺下了。在那样的一个时候里，没有任何一个人没有受到疾病、死亡或是忧伤的侵袭。

此外，这时牧羊人、牧牛人以及那健壮的耕犁农夫都病倒了；他们身体蜷缩在一起，躺在农舍的角落里，由于贫困和疾病而死去。有时，你还能看到死去的父母的尸体压在死去的孩子身上，或者相反，孩子躺在父母的尸体上死去。

［其实，］这场灾难很大程度上是从乡村传入城市的，由患上重疾的农民带来的，他们身染瘟疫然后从各地聚集到城市里，挤满了一切场所和建筑物。所以在窒息的闷热中，死亡轻而易举地把一大堆挤在一起的人都带走。许多人由于干渴而倒下，在街上打滚，在泉水旁边伸展着身体躺着，并为水的甘甜过度欣喜得透不过气来。在所有公共场所和街道，你都能看到许多处于半死状态中的身体，它们四肢垮掉，满身污秽，披着些破布条，在自己排出的龌龊中奄奄一息，几乎只剩下皮包骨头，掩埋在恶心的溃疡和污泥之中。

此外，死亡使所有神灵的圣庙都堆满了尸体，因为神庙的看门人接待了很多的人，把所有的地方都塞满了，所以后来每个天神的庙宇都装满了死尸。因为眼前的悲伤太过于强烈，人们就不再那么敬重神灵，不再那么崇拜神的力量。那些以前这个民族的人所恪守的埋葬仪式，在这个时候也无人遵守，因为整个国家都陷于极度的紊乱与恐慌之中。每个人都在悲伤中视时间和情况的允许埋葬亲人。突然的急需以及贫困会导致许多可怕的权宜之计的产生：他们会大声地哀号着，把自己亲人的尸体放在别人用来火葬的柴火堆上，然后点燃火焰。他们常常宁可争吵、斗殴、流血，而不愿抛弃那些尸体。

译名对照表

A

Achaean，亚该亚
Acheron，亚基龙
Acragas，阿克拉格斯
Aegium，艾吉姆
Aeneas，爱尼亚斯
Agamemnon，阿伽门农
Agemarchus，阿盖莫多
Alexander，亚历山大
Alinda，阿林达
Ammon，阿蒙神
Amynomacus，阿米诺马克
Anaxagoras，阿那克萨戈拉
Ancus，安克斯
Anima，灵魂
Animus，心灵
Aradus，亚拉杜斯
Arcadian boar，阿卡狄安野猪

Aristoxenus，亚里斯多克塞努斯
Artemis，猎神阿特米斯
Attica，阿提卡
Aulis，奥里斯
Auster，南风之神
Avernus，亚味拿斯

B

Bacchus，巴克斯
Bate，巴特
Bistonian，比斯多尼亚
Boeotia，波埃提亚

C

Calliope，卡来奥披
Cecrops，刻克洛普斯
Centaurs，山陀尔

Ceos,西奥斯

Cerberus,塞尔拜努斯

Ceres,塞里斯

Chaldeans,查尔丹占卜家

Chimaera,喷火怪

Cilician saffron,西里西亚的藏红花

Corybantes,科洛班特

Cybele,西拜尔

Cumae,库马

Curetes,丘勒塔

D

Danaids,丹尼亚斯

Delphi,德尔菲

Demetrius,德摩托里欧

Democritus,德谟克利特

Diana,狄安纳

Dicte,狄克特

Diogenes,第欧根尼

Diomedes,狄欧米得斯

Dodona,多多那

E

Empedocles,恩培多克勒

Ennius,恩尼乌斯

Epicurus,伊壁鸠鲁

Epilecta,艾比来客顿

Erichthonius,厄丽克顿尼亚斯

Etesian,季风神

Euhius Euan,酒神

F

Furies,复仇女神

G

Gades,加地斯

Gamelion,梅塔盖特连月

Geryones,格里奥尼

H

Helicon,希里康山

Hellebore,黑勒波

Hemlock,毒参

Heraclitus,赫拉克利特

Hercules,赫库勒斯

Hermacus,海尔马格

Herodotus,希罗多德

Hesperides,海斯柏里得斯

I

Idomeneus，伊豆麦纳
Iphianassa，伊菲娅纳撒
Ismara，伊斯玛拉

J

Jupiter，朱庇特

L

Lerna，勒纳
Liber，利柏尔
Lucretius，卢克莱修
Lucania，鲁佳地区
Lycon，里科

M

Magnesia，马尼西亚
Mars，马尔斯
Matuta，玛图达
Meliboea，美利波
Melite，麦利得
Memmius，麦米乌斯
Menoeceus，梅瑙凯
Metrodorus，梅特洛多诺

Mitylene，米蒂来那欧
Molossian Hounds，摩罗斯犬
Myrrh，没药
Mys，米斯

N

Nemean lion，奈米安狮子
Neptune，奈普顿
Nicanor，尼卡诺
Nicias，尼基亚

O

Oinoanda，奥依诺安达
Orcus，奥尔库斯

P

Pallas，巴拉斯
Pan，潘神
Pandion，潘地安
Paris，帕里斯
Pasteur，巴士德
Pergama，帕迦马
Phaedrium，菲德莉恩
Phaethon，法松
Philocrates，菲洛克拉蒂

Phoebus，福布斯

Phoenicia，腓尼基

Phrygians，弗里吉亚

Pierides，派伊莉亚仙境

Polyaenus，波力阿诺

Pontus，本都

Poseidon，波赛冬月

Potamos，波他米

Propontis，普洛庞提斯海

Pythocles，皮索克勒

Pythia，皮索

Pyrrhus，比鲁斯

R

Rhea，瑞亚

S

Samothracian，萨摩色雷斯

Satyre，萨提尔

Saturn，沙特恩

Scaptensula，斯卡普顿苏拉

Scipio，西比阿

Scylla，斯基娜

Sidon，西顿

Silena，塞里娜

Sisphus，西希弗斯

Strabo，斯特拉波

Stymphalian，斯提姆法利亚

T

Tantalus，但达罗斯

Tartarus，跶跶鲁斯

Theban，忒拜

Thessalian，帖萨利

Thrace，色雷斯

Timocrates，狄莫克拉蒂

Tityos，提抬乌斯

Tritonian，特莱顿

Tyrrhenian，伊特鲁里亚人

V

Vatican，梵蒂冈

Venus，维纳斯

Volturnus，瓦尔特努斯

X

Xerxes，薛西斯

Z

Zephyr，西风之神